異議あり！
都立高校の統廃合

私たちが望む高校改革

編著
都立高校のいまを考える
全都連絡会編集委員会

異議あり！都立高校の統廃合 ――私たちが望む高校改革　目次

はじめに
統廃合に異議あり！――2回の都民集会　1

1. 第二次実施計画策定の狭間で――1999年10月　2
財政赤字を教育に押しつけないで／高校生は統廃合にノー／高校が不足しているのに統廃合は変

2. 再びこだました熱い想い――2000年10月　4
私たちが望む学校像の創造を／なぜ情報開示ができないの？／手を携えて教育を守る／国際的に見ても異常な40人学級／思い出の詰まった母校／高校に行けない子が減るように／該当校だけの問題ではない／子どものことを考えていない計画／地域から学校の存続を求めて／大阪から、埼玉から、連帯を込めて

第1章　3分の1が廃校に！
都立高校に何が起っている？　15

1. "改革"に名を借りた大規模統廃合――「都立高校改革推進計画」の内容　18
生徒の多様化と少子化が課題／「都立高校改革推進計画」の主な内容／「第二次実施計画」では

2. 「都立高校改革推進計画」と二次にわたる「実施計画」の問題点　22
第一次・第二次実施計画だけで、都立高校の4分の1が統廃合・改編の該当校／「地域の高校」がなくなる／通学範囲を無視した「統廃合計画」／定員の少ない区で大きく削減するアンバランス／2011年まで40人学級！／本当に高校は余っているのか？　達成されない就学計画／定時制高校は、全日制以上に近くて便利なことが必要…東京弁護士会の勧告では通学時間30分以内／定時制の空白地域ができる／モデル校が消えてゆく不思議

i

3. 生徒や卒業生を傷つける「発展的統合」とは？　32
発展的統合の実態は

第2章　異例の『都立高校白書』　35

1. 新しいタイプの高校づくりによる統廃合策？　36
入試の時期に統廃合の第一報／統廃合へのプロセスは／都立高校、4分の1が空き家？／都立高校、30人学級なら3校不足／全世帯に配布された統廃合宣言／『広報東京都』では

2.『都立高校白書』　41
都道府県レベルで初の高校白書／都立高校過剰時代で始まる『白書』／「就学計画」は都民への約束というが／具体性に欠ける学校・学級規模論／生徒急増期に都立高校は増設、だから削減？／財政面での課題でもある統廃合／分析とビジョンがない「生徒の多様化」論／「高校多様化」への自賛／定時制は"お荷物扱い"／都教委は昼間定時制をPR／アットホームな教育環境を子どもたちへ／夜間定時制高校は勤労青少年の学校ではなくなった？／行政の責任には触れない『白書』

第3章　紛糾した都立高校長期構想懇談会　59

1. 都立高校長期構想懇談会とは　60
公募委員の募集／設置目的と諮問内容／月2回のペースで審議／長期懇は統廃合などを前提にしない

2. 長期構想懇談会に都民の声の反映を求めて　64
都民懇談会の発足／都民の意見反映を求めた都民懇談会／東京都高校問題連絡協議会の要望／公聴会を求めた定時制高校を守る会

3. 異例の形で出された長期構想懇談会「答申」 68

「こんなふうに議論が進んだか疑問」／内容面においても貴重な指摘／審議延長を求めた7委員要望書／拙速な答申は問題／答申は都民的論議の出発点に／答申・議事要旨・座長談話は三位一体／座長談話の重み／委員の想いが語られた最終回／長期構想懇談会の答申

第4章　統廃合は許せない
計画の見直しを求める動き　81

1. 第一次実施計画が発表された　82

「長期計画」に都民の声の反映を／「暑い夏」が始まった／全国に先駆けた高校再編

2. 次つぎに異議申したてが　86

定時制守る会が申し入れ／始まった都立高校PTA関係者の動き／永福高校関係者の取り組み／10校中4校がなくなる北区では／「要望書」に返事がない！／この学校の匂いが好きです

3. 策定後も続々とあがる市区議会意見書　94

長期計画をこんなに簡単に決めていいの？／引き続く市区議会からの意見書／次つぎと地域の「守る会」が誕生／全都的な交流を目指して

第5章　広がる反対の声
第二次実施計画発表から　101

1. 第二次実施計画発表と同時にわき上がった反対の声　102

一次を上まわる二次計画該当校／「統廃合案」撤回を求める声明／該当校のPTAでは／市区議会の意見書採択を求めて／水元高校関係者の取り組み／定期試験の時期に該当校名を発表…子どもの気持ちを考えているの？／全都連絡会の結成／都議会が計画策定前に説明を求める／都高P連、決定延期を求める／都民集会／再び策定を強行

2. 都議会での請願審議では　116

「理解を求めた上で」決定した?／2万人の署名が2千人に?!／地元の自民党都議も発言／あきらめずに頑張りましょう／審議が終わるまで回答できない／保護者代表は「一部の声」?

3. 基本計画検討委員会をめぐって　125

基本計画検討委員会の設置／全体像の見えない中間のまとめ説明会／農業科の存続をめぐって対立した青梅地区説明会／説明会開催すら知らせない「開かれた」都教委／何が問題! 都立高校の統廃合／都教育庁への要請／弁護士会勧告に回答は不要／専門部会では／専門部会委員の「辞任」表明も／教育委員会に報告／説明責任が問われた都議会審議

4. 都議選でも争点に　145

春のステップアップ集会／都議選立候補者へのアンケート／東京の「教育政策をきく」集い／3回目の水元高校の存続を求める集会／統廃合問題、都議選の争点に浮上

第6章　全国に広がる公立高校統廃合とその問題点　155
公立高校は余っている?!

1. 急速に広がった統廃合計画　156

生徒減を理由に／再編・多様化と統廃合の組み合わせ／統廃合…二つの進め方／「地方財政危機」と公立高校統廃合

2. 40人学級を据え置く統廃合計画　159

本当に高校は余っているのか?／学級規模縮小の有効性は実証済み／30人学級は国民的世論、各府県の審議会でも強い声／学級規模の縮小は自治体の判断で出来る

3. 学校規模はこのままでいいのか　163

ミニスクールによる教育改革／大規模校は生徒た

ちにいいのか／アットホームな雰囲気を持つ小規模校の教育力／小規模校でも多様な教育活動ができる／地域と結びついて教育活動を豊かに

4.「地方財政危機」は本当に高校統廃合を必要としているのか？　168

「財政危機」の原因と責任はどこに?!／30人学級化のために必要な費用は？／一部の豪華な校舎よりもみんなの創意を生かした学校改装を

第7章 どんな高校改革が求められるのか　171

1. 保護者が求める高校像　172

(1) 都立高校への期待と評価は高い　172

「地元の学校」である都立高校／「都立だから」「自由な雰囲気だから」この学校を／学校への評価は高い／「たくさんの友だち」と「高校時代しかできない体験」で「充実した学校生活」を

(2) いきいきと学ぶためには
　　　もっと少人数の学級を　176

5割を越える保護者がもっと少人数の学級を／大きな規模の学校を望む声は少数／施設では食堂と冷房設備を

(3) 望まれる高校改革のあり方は　178

ほとんど知られていない「新しいタイプの高校」／「いまある高校の充実」を望む声

(4) 過半数が希望者全入を
　　　都立高校入試のあり方　180

学区制度は意見が分かれる／希望者全入　内申書の比重は低く

2. 都立高校改革のあり方と望まれる高校像　182

豊かな人間関係に支えられた高校／生徒の積極的な参加や体験を豊かに含んだ授業改革／将来の進路や生き方を探す学習／多様な授業や部活動などを地域の高校同士の連携で／生徒や保護者・地域

の人々の学校参加を　生徒は学校の主人公／地域に根ざした都立高校を／都立高校全体の極端な多様化をやめ、いまの学校の充実を／職業高校の充実・改革を／様ざまな困難や特別なニーズに応える高校の十分な配置を／生徒や保護者、教職員、地域住民の声が届く高校改革を

終わりに
三次計画に向けて、さらに反対の輪を　　193

三次計画に向けて始動／都立高校の学区が無くなる／全日制高校が足りない！／「都民のニーズ」と矛盾？／引き続く見直しを求める動き

資料		
	『都立高校白書』のポイント	42
	都立高校長期構想懇談会への「諮問事項の説明」	61
	都立高校長期構想懇談会の答申にあたって（座長談話）	75
	「統廃合・改編」該当校一覧	202
	東京都教育委員会の「第二次実施計画」策定強行にあたっての声明	204
	全都連絡会・東京都教育庁要請記録	206
	「都立高校改革推進計画」関連の市区議会意見書・要望書	211
	統廃合該当校の選定基準	222

あとがき　　223

はじめに
統廃合に異議あり！── 2回の都民集会

1. 第二次実施計画策定の狭間で
——1999年10月

　1999年10月1日・都民の日に、"都立高校をつぶさないで！"と、高校生・保護者・教職員・地域住民など600名の熱い想いが池袋の豊島公会堂にこだましました。

　この日の"集い"は、6月29日に該当校（案）が発表された都立高校統廃合・改編の「第二次実施計画」が、10月14日の東京都教育委員会（以下、都教委）で正式に策定される直前という緊迫した時期に開かれた。また、8月2日に発足した都立高校のいまを考える全都連絡会（以下、全都連絡会）が主催する初めての「都民集会」でもあった。

　午後6時20分、97年の「第一次実施計画」で統廃合該当校となった明正高校の生徒・卒業生・保護者・教職員が一体となって奏でる勇壮な和太鼓が響き、集会が始まった。
　主催者である全都連絡会からの経過報告が終わると、70名を超える高校生が客席のあちらこちらから壇上へ。99年の「第二次実施計画」で統廃合該当校となった北野高校T君の司会で、68歳の芝商業高校定時制3年生が、戦争で学校に行けなかったと定時制の存続を訴えたのをはじめ、高校生が次々と発言。

財政赤字を教育に押しつけないで

　「私は志村高校が統廃合され、新しい単位制の高校になるということを新聞で知った時、思わず、『なぜ？』という言葉が浮かびました。クラブ加入率が8～9割もあって、生徒は伸び伸びと、楽しみながら学校生活を送っています。伝統と個性のある母校をどうして無くそうとするのか。
　2つの高校をつぶして1つの学校にすると、例えば100人都立に入れるところが50人になってしまう。残り50人は、お金のかかる私立か、遠くの都立に行かなければなりません。そうすると、経済的に余裕がない人は高校に行けなくなってしまいます。

これ以外にも、現在私立学校への助成金を減らすということも進められていて、これでは本当に高校に行きたいのに行けない人がでてきてしまうと思います。さらに定時制もたくさんつぶされ、これでは働きながら、夜、学校に行くということもできなくなります。
　東京都の赤字財政を、これからの日本に一番大切な子どもの教育に押しつけるのはどういうことなのか、すごく悔しいし、怒りを覚えています。今日はたくさんの人が会場に来ているので、みんなで声を大きくして、統廃合反対、頑張っていきましょう。」

高校生は統廃合にノー

　「私たちの館高校は創立20周年を迎え、それを機に、制服検討委員会が設置され、制服の改正に向けて動き出しました。また、先日行われた文化祭には悪天候にかかわらずたくさんの人が訪れ、大成功に終わりました。一般の方の反応もとてもよく、中学生からは『ぜひ館高校に入学したい』という声も聞きました。
　しかし、東京都は統廃合計画を進め、その中で私たちの学校をつぶそうとしています。
　校内では生徒会と有志によって、統廃合反対の署名を行いました。その結果、半数以上の生徒から署名を集めることができました。つまり過半数の生徒が母校をなくしたくないと考えているのです。
　私たちにできることはとても限られていますが、できる限りのことはしたいと思います。そして一言いいたいことは、私は先生や生徒を含め、館高校が大好きなので、この学校を絶対なくしたくないということです」など、該当校の生徒10名から怒りの訴え。
　該当校になっていない学校の生徒7名も、
　「今の高校生は卒業できるのだから関係ないと言われたが、弟や妹たちの為にも都立高校を無くさせない」「統廃合は該当校だけの問題ではない」と、該当校の生徒と同じ思いでいると訴えた。

高校が不足しているのに統廃合は変

　続いて会場には、「学校は学びたい人、教えたい人がいるから成り立つ

もの。無駄に使うお金は惜しいが、教育に使うお金は惜しくない」と、山田洋次監督のビデオメッセージが流れた。

該当校の保護者からも、

「都への意見書採択の陳情が市議会の委員会で否決されたが、あきらめずに議員さんに働きかけ、本会議では逆転して可決された」「高校が余っているのならまだわかるが、不足しているのにつぶすのは許せない。子どもたちのために1％でも可能性があればあきらめない」などの発言が、9時過ぎまで続いた。

最後に全都連絡会事務局から、「『はじめに統廃合ありき』から出発した『改革推進計画』を許すわけにいかない」というアピールと、都立高校統廃合・改編反対の都議会請願署名に取り組むとの提案が、600名の拍手で確認された。

2. 再びこだました熱い想い ——2000年10月

そして、00年10月28日。

再び、"都立高校をつぶすな！"という300名の熱い想いが、吉祥寺の武蔵野公会堂でこだました。"なにが問題　都立高校の統廃合・私たちが望む高校改革"をテーマに、全都連絡会が主催した2回目の「都民集会」だ。

午後6時30分、「これまで98年10月以来、実行委員会主催の3回を含めて全都的な集いを4回行った。今日は5回目、特に昨年の「都民集会」で提起した都議会への請願署名を一筆でも多く集め、都教委に統廃合計画の見直しを迫るという課題を抱えている」との、経過報告で集会が始まった。

経過報告が終わると、4名のパネリストが壇上に。

私たちが望む学校像の創造を

　元東京都公立高等学校PTA連合会副会長の稲吉さんは、

　「97年7月に『第一次実施計画』該当校（案）が発表されたときには、二人の子どもの母校である国分寺高校の名前がなかったので、該当校のPTAの方たちはびっくりしているだろうなと、他人事にしか思っていませんでした。

　しかし8月になり、国分寺高校を『地域のニーズ』に応えて進学重視型単位制高校とする計画を知り、地域のニーズとは何なのか、どういう目的で国分寺高校を進学重視型単位制にするのだろうか、これから必要なのは予備校型の高校ではないのではないか、誰が望んだのだろうか、というような疑問が沸々とわいてきたのです。

　PTAに深く関わった一人として、本当に2、3人から、生徒や保護者を含めた学校関係者の意向を大事にしてもらいたいと、統廃合・改編問題に関わり始めました。それがいまこうした輪となって広がってきています。

　都立高校の統廃合について、小学校・中学校の保護者の方へはほとんど知らされていないことを実感しています。統廃合・改編問題への取り組みは、私たちがどんな子どもを育てるのか、どんな学校を望み、創るのかを問う運動ではないでしょうか。本当に、おかしいことはおかしいと言える大人の姿を子どもたちに見せて行きたいと思って、活動を続けております」と、統廃合問題は、私たちの望む学校を創造する運動と話した。

なぜ情報開示ができないの？

　「第二次実施計画」で統廃合該当校となった志村高校同窓会長の鳥井さんは、

　「7月に、同窓会・PTA・PTAOB・教職員・旧教職員などの5者で『志村高校を存続させる会』を発足させ、夏の暑い中奮闘し、3ヶ月程で統廃合反対の署名を約5万5千筆集めました。それにもかかわらず、99年10月14日に、都教委は統廃合計画を策定しました。正直申し上げて、非常に落胆をし、何を言っても全然聞いてくれないのじゃないかという、無力感に包まれました。

　しかし、他の該当校の方々と交流する中で、『第二次実施計画』策定後

も、いろんな方々が、地域地域において、異議申し立てを続けていることがわかり、統一の都議会請願署名に取り組むことになりました。そして、00年6月に都立高校統廃合計画の見直しを求める該当校連絡会（以下、該当校連絡会）が正式に発足しました。

該当校連絡会の署名では、私たちの願いを一点に絞ってます。都教委が、地域住民、学校関係者の意見を聞かずに、情報開示もせずに統廃合計画を進めることに反対しているだけです。そういう意味では、情報開示を求めながら一緒に議論を、ということです。

00年の夏休み直前に行われた『新しい高校の中間のまとめ説明会』についても、地域の自治会長さん、町会長さん、小中の関係者の方々などに、丁寧に、広範囲に呼びかけてはいない。都立高校の再編計画は、地域住民にとっても、私たち該当校廃校関係者にとっても非常に大きな問題です。跡地の問題を含めて情報開示し、議論をしていく問題であると思います。

この間、この運動に関わってきた中で見えてきたことは、統廃合問題は教育改革ではない。これは財政改革そのものではないだろうかということです。金のかかる教育はやめようということを、都の方がはっきりとおっしゃっていただければいい。そうであれば、私たちもそれを基本的な視点に据えていいたいことは言える。

『一人はみんなのために、みんなは一人のために』、皆さんとともに頑張っていきたいと思います」と、統廃合は財政問題であることを強調した。

手を携えて教育を守る

定時制高校教員の由井蘭さんは、

「都立高校の統廃合攻撃は、92年秋に定時制高校から始まりました。

都教育庁は、93年度からの3ヶ年で、1年生の募集人員を7,000人から4,000人に減らすとして、廃校・廃科を打ち出したのです。その理由としては、経済効率が上がらない、少人数教育は効果が上がらないなどということを述べておりました。

これに対し、私たちの組合である東京都高等学校教職員組合（以下、都高教）が学校ごとの守る会結成を提起し、定時制高校のほぼ半分にあたる50数校で守る会が結成されました。地域での署名や区議会請願などが進め

られ、94年3月には、都立定時制高校を守る会連絡会が発足しました。

　守る会連絡会は、都立高校長期構想懇談会（以下、長期懇）が96年1月に発足すると、都議会各会派や都教委とあわせて、長期懇に対しての要請行動を行いました。この取り組みもあり、長期懇『答申』には、現在行われている定時制教育の良さを大事にして検討すべきだということなどが書かれました。

　しかし、都教委は、定時制高校が働く者の学校でなくなった、役割は終わったとして、大規模な統廃合案と教育予算削減を打ち出してきております。

　統廃合に関しては、97年の「第一次実施計画」、99年の「第二次実施計画」を合計するだけで31校の定時制高校を統廃合、あるいは単純廃校しようとしているのです。今後も「第三次実施計画」や石原都知事の「東京構想2000」によって、更に大幅な定時制の削減が行われていくという恐れがあるわけです。

　教育予算削減について一例をあげますと、定時制高校がアットホームな学校であるとすれば、それをもっとも象徴するのが、食堂で給食を教員も生徒も一緒に食事をする。温かいものを食べている。それが自校方式だと思います。その給食が打ち切られようとしております。

　いま都立高校の教職員全体にかけられている管理攻撃はすさまじいものだと思います。

　定時制高校では職員の数が少ないですから、職員会議でも直接民主主義的に一人の生徒のこともみんなで議論しあい、みんなで取り組むということもやって来ました。それが、校長のリーダーシップの確立の名の下で、職員会議を都教委の考え方を押しつける場に変質させようとする動きも急速に強まってきております。さらに、教職員を5段階に評価し、業績評価につながる人事考課制度も出されてきております。

　この様な職場をめぐる状況のなかで、定時制の現場におりますと、定時制の教員をやっていくのがいやになるような毎日です。けれども私たちは、生徒と保護者と、地域の皆さん、卒業生の皆さんと一緒に手を携えて、元気を出して定時制教育を守り続けなければならないと思っております」と、定時制高校を守る会の取り組みと定時制をめぐる状況について話

した。

国際的に見ても異常な40人学級

　日本教育学会の「学校・学級の適正編制に関する総合的研究」（編制研）プロジェクトチームに参加した三島さんは、そこでの研究を中心に紹介するとして、

　「アメリカでは、クリントン大統領（当時）が98年1月27日の議会への『年頭教書』で、小学校の低学年（1年、2年）を18名学級にする。そのため、7年間で10万人の教師を採用し、120億ドル予算化すると発表し、大きな衝撃を与えました。

　00年3月に日本で行われたG8の教育会議に参加したアメリカのライリー教育長官は、アメリカで行われている18人学級推進の中で、大規模クラスに比べて、児童どうしの友情、学校と親とのつながりがより親密になり、教育効果がはっきり表れている、と言っております。

　アメリカの高校の学級規模はどうなのか。奈良教育大の八尾坂氏の資料を見ますと、ミズーリ州は上限33、望ましい基準が28人、ハワイ州が上限20、カリフォルニア州が上限25などとという数字が出ています（93年現在）。

　フランスについては東北大学の夏目氏が、リセ——日本でいう普通高校ですか——上限が35人で、公立高校が29.3人、私立高校が25.6人というのが平均値だと紹介しています。

　では、日本はどうか。40人学級のまま進む姿勢を崩していません。

　文部省の『教職員配置の在り方等に関する調査研究協力者会議』が最終報告を出しました。ここで30人学級にしない理由として二つあげています。一つはお金がかかるという財政上の理由。もう一つは、学級規模を小さくしたからといって子どもの学力が向上するとは限らないということです。

　松山大学の藤井氏の研究によれば、イギリスでも、保守党政権のサッチャー首相及びメジャー首相は日本と同じような理由をあげていたそうです。しかし、97年に、私には政策が三つある。第一が教育だ、第二が教育だ、第三も教育だと言って労働党が勝利し、今のブレア内閣が誕生しまし

た。

　ブレア首相は、アメリカのテネシー州のスタープロジェクトと言われる実験結果を高く評価している。クラスサイズと学習成績について相関があるという研究です。

　しかも、『幼児期から小学校３年生までの４年間を、平均15人程度のスモールサイズクラスで授業を受けた子どもたちの学力は、22人から26人までの学級編制の子どもたちよりはるかに良く、その後においても継続的な効果が顕著にみられる。また、教育困難地域などにスモールサイズを導入すれば、顕著な効果をあげることができた』（テネシー州立大学『クラスサイズと学習成績に関する長期研究についてのその後の成果』）ということです。

　そしてブレア内閣は、01年から小学校低学年の５・６・７歳の学級規模を30人にするという法律を国会で通しました。当然、財源の問題が出ますけれども、私立中等学校進学奨励金制度というエリートのための奨励金を廃止して財源にまわしたのです。

　日本の文部省（当時）は、テネシー州のスタープロジェクト研究については研究があるということは認めます──それは国際的に周知されていることですから──。しかし、『学級規模と学力とは関係ない』という考え方は変えませんでした。

　イギリスの姿勢と、今の日本の姿勢との違いは明確だと思います。イギリスの場合は、相関がないというデータを取るのではなくて、あるというデータを取って、それにともなう財政保障をしたというところが違うわけです。日本の場合は、相関関係がないだけを主要な原因にして、後は一切耳を貸さないという態度のところに、国際的に見ても異常な40人学級というのが現在あるわけです。

　学級規模の縮小ということと、学校の統廃合をやめさせるということは極めて重要な内容だと思います。しかも、国際的にも確認されているというなかで、私たちは日本の中でも頑張らなければいけない」と、話された。

　パネリストの発言に続いて、フロアーからのリレートークが続いた。

思い出の詰まった母校

　高校生は、統廃合問題を多くの人に知ってもらおうと訴える。

　「3年間というとても長い時間で友人たちとともに学び、築きあげてきた思い出の沢山詰まった水元高校が無くなってしまうのはとてもつらく悲しいことです。

　統廃合問題が出てきて最初のうちは、どうせ無くなる学校だからとあきらめムードが蔓延し、学校を大切にしない生徒もいました。生徒総会を開き統廃合について理解してもらい、これから僕たち水元高生が何をするべきか、何ができるのかをよく考え、行動していくと決めました。

　この計画を白紙にもどしてもらうために沢山のことをしました。生徒会を中心に、一般生徒に協力してもらい月に1度のペースで駅前署名を行い、地域の人たちにも反対を呼びかけたり、他校との交流会のときに他校の生徒会に呼びかけたりしました。おとといの木曜日にも金町駅で署名活動をし、1時間で300もの署名が集まりました。

　僕たちの水元高校を守るために、沢山の人の水元高校を無くさないでという声が集まるよう、僕にできうることを一生懸命頑張っていきたいと思います。」

高校に行けない子が減るように

　「今日の集会に参加して、都立高校の統廃合についてのいろいろな発言を聞き、石原都知事や東京都は、子どもたちのことを考えているのかと、すごく怒りを感じました。

　私が通う稲城高校は第二次実施計画で、05年に近くの南野高校と統廃合されます。このことが発表されて初めて統廃合というものを知り、東京都の無茶苦茶な計画を知りました。自分たちの高校が無くなってしまうなんてと、ショックを受け、こんな計画をやめさせなくてはいけないと思い、運動をしています。

　一人でも多くの人に、こんな無茶苦茶な計画があるということを知ってもらいたいと思います。そして、少しでも高校に行けないという子が減るように、東京都にしてもらいたいと思っております。」

該当校だけの問題ではない

「私の通う永山高校は統廃合計画に該当していません。でもこの問題は該当校だけでなく、都立高校全校に関わってくる問題だと思います。

永山高校の生徒会では、近年になっていろいろな行事や活動などに力を入れるようになってきました。そんななか、私たちは去年都立高校統廃合についての話を聞きました。その中には永山高校から最も近い稲城高校と南野高校の統廃合の話も出ていました。永山高生として協力できることはないだろうかと思い立って、去年、ビラ配りや、稲城高校生と話し合いをしたりしました。そして今日は、みんなで雨の中、ビラ配りや署名を一緒にやりました。このことが、少しでも力になれたらと思っています。

今日の"集い"があると聞いて、去年もらった資料を見て思ったことですが、この計画について、何よりも高校生や今から進学をしようと思っている中学生や、地域の人たちの意見をほとんど聞かずに計画を実行するのはやっぱりおかしいなと思いました。これからも統廃合問題について話し合いをしていったりして、協力していきたいと思っています。」

子どものことを考えていない計画

高校生の発言を皮切りに始まったリレートークでは、該当校保護者や都内各地域からの発言、全国状況の中での東京の統廃合問題を位置づけた発言、東京都公立高等学校PTA連合会(以下、都高P連)が実施したアンケートから「都民のニーズ」を分析した発言、東京都の教育政策に関わる発言などが続いた。

統廃合該当校の保護者は、「一次計画の時にはバラバラで運動していたが、運動が広がり、全都の連絡会ができたことは画期的であり、頼もしく思う」「小中学校の子どもたちのためにも頑張っていかなければいけないと思っている」「住民とか、都民とか、子どもたちのことを考えないで統廃合が進められていくことに憤りを感じる」など、今の想いを率直に語った。

地域から学校の存続を求めて

地域の会からは、

「町田では、土地探しも含めた住民の運動で70年代から5校を新設してきた。いまは該当校がないが、第三次実施計画も予定されているので名前がでてからでは遅いと、5月25日に会を発足させた」「統廃合の該当校となった八王子高陵高校をつくるとき普通高校を求めたが、ニーズにあった高校としてコース制高校にするといわれた。それが10数年で廃校になることに怒りを覚える」

「3学区では、2回目の区議会陳情に取り組んでいる。計画が強行されても、地道に運動を続けることが第三次実施計画を阻止し、該当校を浮上させないことにつながる」などの決意が、次々と語られた。

大阪から、埼玉から、連帯を込めて

また、この日の「都民集会」では、全国で吹き荒れている高校統廃合の嵐を反映して、大阪府の「門真の3つの高校を存続させる会」からは、「本日の皆様方の集会が都立高校の統廃合に待ったをかける運動の跳躍台となり、皆様方が望む高校改革の運動が大きく発展していくことを心より願っています」という連帯のメッセージが寄せられた。

お隣の埼玉県からは、生徒15人という県立寄居養護学校が地域を巻き込みマスコミにもとりあげさせて廃校を阻止した、「小さな小さな学校が、埼玉全体を大きく動かした」経験を踏まえた連帯の挨拶が行われた。

リレートークを受けて、4人のパネリストのまとめの発言が行われ、熱気あふれる「都民集会」が散会したのは9時をまわっていた。

* * *

都立高校の「統廃合・改編」計画は、関係者や地域への丁寧な説明のないまま、あまりにも拙速に行われている。都議会文教委員会では他県の例と比較して批判され、教育庁の説明責任も追及されている。そして、延べ21の意見書（要望書2含む）が市区議会で採択され、東京都知事・東京都教育委員会委員長宛に提出されている。

該当校の保護者からは「唐突すぎる」「どうして、うちの学校なのか」などの疑問が続出している。それに対し、教育庁から納得のいく説明はさ

れていない。

　00年7月に行われた「第二次実施計画」にもとづく「新しいタイプの高校等基本計画検討委員会中間のまとめ説明会」（「第一次実施計画」では開催していない）においても、参加者からの「施設・設備は」「メリットを言うがデメリットは」などの質問についても、明確な回答はされなかった。

　水元高校を守る会は01年6月に、過去最高の参加者で「第3回・水元高校の存続を求める総決起集会」を開いた。

　全都連絡会は、01年6月に行われた都議会議員選挙に向けて「立候補予定者へのアンケート」と「立ち会い演説会的集会」を行った。該当校連絡会と全都連絡会は、それぞれ2回目の都議会請願署名を開始した。そして、10月27日には3回目の「都民集会」を開く。

　都教委及び事務方である教育庁は、「都立高校改革推進計画」＝都立高校リストラ計画の「第三次実施計画」を、「推進計画」総まとめの意味も含めて02年度に策定するとしている。

　都立高校改革推進担当部長は、都立高校リストラ計画の出発の号砲をならした『新しく生まれ変わる都立高校──都立高校白書──』を学務部高等学校教育課長として編集した山際成一氏である。01年4月1日、教育庁は定数削減が行われている東京都のなかで都立高校改革推進担当課長を1人から3人に増員した。01年6月から7月にかけて、都立高校の全校長を対象に、「第三次実施計画」に向けたヒヤリングを行った。

　本書では、三次まで実施計画が続くとされる都立高校の大規模なリストラ計画＝「都立高校改革推進計画」の問題点と、「推進計画」をめぐる東京の動向を草の根のからの市民運動に視点をあてながら、特徴的な動きを報告する。

第1章

3分の1が廃校に！

都立高校に何が起っている？

97年7月10日付『読売新聞』は、10年度までに「全日制66校を順次、統合・改編することによって削減する」都立高校統廃合・改編計画が東京都教育庁内部で固まったと報じた。66校といえばいまある全日制高校の3校に1校が廃校になる。「そんな大規模な」「本当に？」とこれを見たほとんどの都民が思った。しかし5日後の7月15日、「都立高校改革推進計画」の案さえも示されないまま、その「第一次実施計画」該当校(案)が教育庁から発表された。
　全国に先駆けた都立高校の大規模な統廃合・改編はこうして始まった。
　「実施計画」は三次にわたって発表されることとなっており、99年6月29日には「第二次実施計画」該当校（案）が発表された。一次・二次合わせてこれまでに明らかにされた統廃合・改編の該当校は全日制44校、定時制31校にのぼり、新設される学校との差し引きで全日制21校、定時制21校が削減される。（「統廃合・改編」該当校一覧は202ページ）
　さらに02年度には「第三次実施計画」の発表が予定されているが、このまま推移すれば、208あった全日制高校の約3分の1、104あった定時制高校の半数近くが廃校になりそうだ。

都立高校改革推進計画による全日制高校の削減計画数

		1997年度の学校数	2011年度の学校数	増減数
	普通科	146	119	-27 (18.5%減)
	専門学科合計	54	42	-12 (22.2%減)
職業に関する学科	工業	27	19	-8 (29.6%減)
	商業	19	14	-5 (26.3%減)
	農業	6	5	-1 (16.7%減)
	家庭	(5)	(4)	(-1)
その他の学科	芸術	1	1	0
	国際	1	2	+1
	体育	(1)	1	+1
	総合学科	1	10	+9
	島しょ	7	7	0
	学校数計	208	178程度	-30程度 (14.4%減)　島しょを除くと14.9%減

( )は、併置校のため、学校数に算入しない。

「新しいタイプの高校等」の設置計画

課程	設置する新しいタイプの高校等の種類	設置する学校数	設置する地域	設置する学校の開校時期		
				前期 97〜01年度	後期 02〜06年度	計画継続期間 07〜11年度
全日制	総合学科高校 単位制高校 科学技術高校 中高一貫6年制学校 体育高校 第二国際高校 総合芸術高校	18	区部・多摩	1	13	4
	選択幅の拡大や弾力化により一層特色化を進める高校	21	区部・多摩	3	7	11
定時制	チャレンジスクール	5			2	3
	単位制高校(昼間定時制)	1	多摩		1	
通信制	通信制課程	1	多摩		1	

＊総合学科高校は各学区に1校程度設置する。
＊全日制課程の単位制高校に進学を重視するタイプも設置する。
＊科学技術高校は大学等への進学を前提とした「新しいタイプの工業高校」。
＊チャレンジスクールは単位制の昼間定時制独立校。「自分にチャレンジする学校」と位置づけられ、教育課程の特色として「ボランティア活動や福祉活動など体験学習を重視」し、「実務代替措置、企業研修」などを推進するとしている。マナーの習得等を内容とする「生活実践」を生徒全員が受ける科目に設定して話題になった。

第二次実施計画までの統廃合・設置計画数

	全日制課程			定時制課程		
	第1次	第2次	計	第1次	第2次	計
統廃合等	17	27	44	17	14	31
設置計画	8	15	23	4 (3)	6 (2)	10 (5)
差引	-9	-12	-21	-13	-8	-21

（ ）は、チャレンジスクール、単位制(昼間定時制)で内数

1. "改革"に名を借りた大規模統廃合
——「都立高校改革推進計画」の内容

　「柔軟で多様な高校教育の展開のために」とのサブタイトルがつけられたこの計画は、「都民の期待に応えるため、都立高校の課題に対応し、今後の展望を明らかにする都立高校改革の総合的な計画」とされている。
　そのため①「新しいタイプの高校」の設置など特色ある学校づくりの推進、②開かれた学校づくりの推進、③統廃合・改編を中心とした都立高校の適正な規模と配置、④教育諸条件等の整備などの計画について示している。

生徒の多様化と少子化が課題

　「都立高校改革推進計画」によれば、都立高校の直面する課題は生徒の多様化と少子化である。これが都立高校の抜本的な改革が求められる理由である。
　「多様化」については、96％（定時制を含む）を超える高校進学率のもとで生徒の能力・適正、興味・関心、進路などの「多様化」が進み、学校生活に適応できない生徒も見られる。その対応のために、既設校の「改編」（進学重視型単位制高校）と統廃合により開校する「新しいタイプの高校」の設置をはじめとした都立高校の「個性化・特色化」を推進し、「多様で柔軟な高校教育を展開」するとしている。
　少子化については、長期的かつ大幅に生徒数の減少が続き学校の小規模化が進行する。学校の活力を維持するための「適正規模」の確保が求められる。
　削減にあたって、全日制普通科高校については学区間の生徒受入率の均衡を図り、全日制職業高校については交通の利便性（工業科・商業科はおおむね学区を想定）や地域の特性などをふまえて「適正配置」を確保していく。定時制については、多様な入学希望者の就学の機会を確保するために、学科ごとのバランス、交通の利便性、地域の特性を配慮して、全都的にバランスよく配置するとしている。

「都立高校改革推進計画」の主な内容

　計画の主な内容はおよそ次のようなものである。

　①計画期間については、基本的には97年度から06年度までの10年間であるが、「規模と配置の適正化」（統廃合）については11年度まで視野に入れる。実施計画は、3年ごとに策定し三次計画まである。

　②全日制の「適正規模」は、1校あたり18学級（1学年6学級）、生徒数720名を基本とする（40人学級）。ただし、工業高校や商業高校などは生徒数630名（35人学級×1学年6学級）、農業高校は525名（35人×1学年5学級）。

　③全日制高校の削減計画は、計画進学率（96％）と、公私比率（59.3：40.7　原文ママ）を現行通りであることを前提に、97年度「教育人口等推計」を根拠にして11年度までに30校程度削減する。

　④定時制高校の「適正規模」は、1学年複数学級を基本とする（「目指す」という表現だが）。

　⑤定時制高校の削減計画は、チャレンジスクールと単位制の昼間定時制を設置し、周辺の定時制高校を統合するとして、13校程度削減するとしている。

　しかし、単学級校については周辺の受け入れ可能な定時制高校があれば統合し、2年連続で入学者（5月1日基準）が10人以下の学校（学科）は募集停止するという規準も示しており、実際には「一次・二次」計画だけでも21校削減される。

　⑥「新しいタイプの高校」はパイロットスクールとして、既設校の「発展的統合・改編」を基本として設置する。

　⑦普通科高校の特色化の推進については、多様な選択科目を開設し、類型の設置を推進する。また、既存のコース制の見直しを行う（98年度検討委員会設置）とともに、福祉や体育などの学科の併設を検討する。なお、コース制検討委員会は「第二次実施計画」策定時には発足していなかったと思われる。

　⑧専門高校の改善（特色化）の推進については、職業に関する学科の改善（97年度検討委員会設置）を行うとともに、国際科、福祉や介護に関する学科、芸術に関する学科の設置を検討する。新しいタイプの工業高校

(科学技術高校)に高卒後に学ぶ専攻科を設置するとともに、再編後の工業高校への設置を検討する。

⑨定時制高校の改善(特色化)の推進については、昼間定時制独立校(チャレンジスクール及び単位制高校)を統廃合を進めながら設置する。また、学校間(全・定・通)連携やボランティアなどの校外の学習、英語検定や簿記検定などの成果による単位認定を推進、実務代替の拡充などにより、3年間で卒業可能な教育課程を編制する。

⑩「個性化・特色化」を推進する学校には、予算の重点配分と教員配置の増員を推進する。

⑪進路指導の充実としては、進路指導に活用するインターネットを全校に導入する(98年度)。また、進学重視型の単位制高校を設置するとともに、普通科高校に職業科目を開設し、職場体験学習、専門高校との学校間連携を推進して、望ましい勤労観・職業観を育成する。大学進学に対応した工業高校(科学技術高校)を設置するとともに、大学進学に対応した商業高校についても検討する。

⑫ホームルーム定員については、全日制の職業に関する学科のホームルーム定員を段階的に35人として06年度に完成する。また、普通科高校の一部についても、学級の弾力的展開によりホームルーム定員の少人数化を図る。

⑬中途退学問題については「高校教育全体の重要課題」としてとらえるとしたうえで、習熟度別学習などの少人数指導の拡充、スクールカウンセラー(非常勤)の配置、チャレンジスクールの設置、進級・卒業規定の弾力化の推進、転入学・編入学などの制度上の改善など図る。

⑭「入学者選抜制度」(入試制度)については、面接・作文・実技検査などの多様な選抜方法の採用を拡大し、各学校ごとの特色化入試を推進する。男女別募集枠について「学力差」が生じる場合には入学決定方法の弾力化を図る。また、推薦枠の拡大や地域推薦の実施を検討する。隣接学区枠の拡大、分割募集実施などの受験機会の拡大・複数化を希望する学校に認める。

⑮開かれた学校の推進としては、「地域・社会に開かれた学校づくり」として、学校施設の開放や公開講座、中学生の体験入学、PTA等への授業

公開、ボランティア活動の推進や社会人講師拡充などを、「生徒に開かれた学校づくり」として、教育活動について生徒の声を聞くとともに学習希望に応じた多様で弾力的な教育課程編制を推進し、転校・転科を容易にし、再入学制度も改善することなどをあげている。なお、01年度から全校実施になった「学校運営連絡協議会」について触れていない。
　⑯教員採用方法の改善として民間企業の人事担当者を採用時の集団討論の面接委員に起用し、教員の研修として行政機関や民間企業に派遣する長期社会研修の実施などをあげている。

「第二次実施計画」では

　99年10月14日には、「第二次実施計画」が策定された。これは、「都立高校改革推進計画」を実現するための、00年度から02年度までの3年間を計画期間とする実施計画だ。内容についても、「改革推進計画」を継承している。
　新規に計画化された事業として25件あげているが、18件が「都立高校の適正な規模と配置」＝「統廃合・改編」計画である。全日制27校と定時制14校を「統廃合・改編」の該当校として廃校にして、あらたに「新しいタイプの高校」を全日制15校（進学重視型単位制高校2校・中等教育学校1校含む）と定時制6校を開校する。差し引き、全日制高校が12校、定時制高校を8校削減するという内容である。
　その他の新規事業として、①外部評価の推進として、「保護者や地域関係者等を含めた『学校運営連絡協議会』を」01年度から全校に設置する（「推進計画」では触れていないが99年度から試行）。②「入学者選抜制度の改善」として、普通科全日制高校の他学区受験についての隣接学区指定を廃止し、全都から募集可能にするなどがある。
　①、②とも、総合的な長期計画とされている「推進計画」の策定後に具体化された施策の追認だ。

2. 「都立高校改革推進計画」と二次にわたる「実施計画」の問題点

第一次・第二次実施計画だけで、都立高校の4分の1が統廃合・改編の該当校

　　第一次・第二次実施計画を合わせると、208校ある全日制高校の44校、104校ある定時制高校の31校が廃校になる。その代わりに、総合学科高校・単位制高校・チャレンジスクール（昼間定時制）などの「新しいタイプの高校」を全日制23校、定時制5校、昼間定時制5校（チャレンジスクール4校を含む）新設するという。

　　その結果、「第三次実施計画」が未公表の現段階だけでも、都立高校の約4分の1が「統廃合・改編」の対象となり、全日制高校が21校、定時制高校が21校削減されることになる（学級数及び定員で見れば、全日制では1,256学級（97年度）ある学級のうちの約120学級、50,220名（同）ある定員のうち約6,600名分が削減されると推計される）。

　　都教委はこの計画を、全日制については「生徒の減少にあわせて各学校の規模を確保する」とともに「学区や地域のバランスを考慮」する、定時制については「教育活動を効果的に進める」「多様な……入学希望者の就学機会を確保するため、バランス」を考慮するとしている。しかし、次のような重大な問題点が指摘できる。

「地域の高校」がなくなる

　　現在までの「実施計画」で廃校対象となっている学校には、地元の生徒たちが多数通う「地域の学校」が多く含まれている。全日制の44校には学区に属する普通科25校が含まれ、大森東・千歳・大泉北・北野・館など9校は同じ区市内の中学校出身の生徒が過半数を占めている。またそれ以外の、専門学科や普通科コース制など都内全域からの通学が可能な学校でも、同一区市内の中学校出身者が過半数を占める羽田工業・本所工業・八王子高陵など、実際には近隣から徒歩や自転車で通学する生徒が多い学校が少なくない。

　　こうした「地域の学校」が廃校になれば、今後はいまよりも長時間・長

距離通学を強いられる生徒が増加することは明らかだろう。

通学範囲を無視した「統廃合計画」

　一方、工業高校など都内全域を通学区域とする学校の中には、現在通学する生徒の居住地域が全く異なる学校どうしを統廃合する無理な計画もある。

　例えば、「世田谷地区工業高校」は小石川工業高校（新宿区富久町）と世田谷工業高校（世田谷区成城）を統廃合してつくられることになっているが、小石川工業は新宿区をはじめ板橋、江戸川、足立など東京都東部の地域からの生徒が多数を占めている。一方、世田谷工業高校は世田谷区をはじめ調布・多摩・狛江・町田・稲城など多摩地区からの生徒が多数を占めており、両校の通学範囲は大きく違う。同じように「大田地区単位制工業高校」は港工業高校（港区西新橋）と鮫洲工業高校（定時制単独校、品川区東大井）・羽田工業高校（定時制、大田区本羽田）などを統廃合してつくられることになっているが、港工業には江東・江戸川・足立など下町

統廃合該当校生徒の出身地域

学校名	生徒数	出身中学		通学		学区外
		区市内	学区内	40分以内	徒歩・自転車	
〔全日制・23区内〕						
【第1学区】						
城　　　南	561	17%	79%	30%	6%	
港　工　業	422	3	57			江東44, 江戸川28, 足立20, 葛飾13, 板橋11, 北・目黒10
南	555	41	64			目黒28, 世田谷25, 江東21
大　森　東	592	65	93	85	49	
羽　　　田	210	52	72			世田谷9, 目黒9
羽　田　工　業	151	74	91	78	74	目黒4
【第2学区】						
小石川工業	507	13	20	29	7	板橋55, 江戸川48, 北42, 足立34, 江東29, 練馬26, 大田20
新　　　宿	747	11	77			
千　　　歳	713	57	80	48	48	
明　　　正	714	51	86		36	
玉　　　川	541	46	74	42	28	
世田谷工業	494	32	43			調布55, 多摩29, 杉並・狛江・町田25, 稲城24

学校名	生徒数	出身中学		通学		学区外
		区市内	学区内	40分以内	徒歩・自転車	
烏山工業	442	14%	17%			八王子68, 調布52, 府中46, 三鷹35, 多摩29, 日野26, 杉並24, 稲城21
砧 工 業	469	23	31	43%	28%	大田105, 品川50, 町田39, 調布31, 狛江22, 稲城20
【第3学区】						
永 福	673	42	66	69	45	三鷹56, 世田谷29, 武蔵野23
桜 水 商 業	591	10	16	19	15	世田谷80, 調布60, 府中38, 八王子31, 日野29, 三鷹26, 狛江22, 渋谷21
大 泉 北	583	57	74	53	61	保谷21, 東久留米17, 清瀬14, 田無12
大 泉 学 園	583	32	40			板橋59, 東久留米37, 田無23, 東村山15, 保谷・清瀬・荒川13
【第4学区】						
牛 込 商 業	546	10	39		4	練馬139, 新宿29, 清瀬21, 江東19, 足立16, 中野・東久留米14, 江戸川11
城 北	306	29	77	54	40	その他70
池 袋 商 業	516	15	49		15	足立55, 練馬38, 江戸川34, 江東22, 中野14, 荒川12
北 野	686	55	95	48	38	練馬12
志 村	806	50	96	62	66	
【第5学区】						
忍 岡	597	23	84	52	20	
上 野 忍 岡	460	8	46		16	葛飾63, 江戸川36, 江東36, 北30, 墨田22, 板橋15
【第6学区】						
墨 田 川	975	18	91	45	44	足立39, 台東14
墨 田 川 堤	588	22	92	51	32	台東15, 足立11
水 元	542	52	80			足立71
本 所 工 業	493	66	83	68	88	足立79
墨 田 工 業	475	29	84	69	39	足立32
化 学 工 業	140	42	82	67		足立8
江 東 工 業	40	30	83			中央5

〔全日制・多摩地区〕

学校名	生徒数	出身中学		通学		学区外
		区市内	学区内	40分以内	徒歩・自転車	
【第7学区】						
館	842	71	97	41	30	
八王子高陵	799	62	78	37	39	昭島24, 青梅・立川22, 多摩18, 府中16, あきる野15
【第8学区】						
砂 川	960	21	99	55	45	
武蔵村山東	942	7	99		33	
青 梅 東	619	30	95	54	41	
農 林	586	23	60	29	19	府中35, 日野33, 八王子25, 小平・稲城19, 国立16, 東村山15, 三鷹13, 国分寺11, 小金井10
秋 川	86					(全寮制高校)
【第9学区】						
久 留 米	832	22	85	69	78	他の多摩54, 23区59
清 瀬 東	637	12	60	47	41	練馬71, 青梅20, 府中18, 東大和15, 立川・昭島10
国 分 寺	995	16	77	52	72	

学校名	生徒数	出身中学		通学		学区外
		区市内	学区内	40分以内	徒歩・自転車	
【第10学区】						
南　　野	770	26%	76%			八王子92, 町田59, 日野12
稲　　城	647	7	75			
〔定時制〕				30分以内	通勤学区内	
日 比 谷	87	3%	36%			中央・江東11, 世田谷5, 葛飾4, 新宿・板橋・千葉・神奈川3
三　　田	67	43	87	23%	76%	
芝 商 業	57	11	56			
港 工 業	31	10	55			
鮫洲工業	98	38	92			
羽　　田	59	92	97	83%	43	
羽田工業	50	96	100	94	39	
小石川工業	104	16	29			練馬9, 中野7, 多摩6, 北5, 豊島・東村山3
都大附属	87	34	76		56	大田8, 神奈川6
青　　山	57	23	65		31	
代々木定	71	7	28			杉並7, 練馬・町田4, 狛江3
代々木三部	432					
第一商業	94	17	50			品川10, 港4
明　　正	20	85				
世田谷工業	91	24	25			多摩19, 調布13, 狛江6, 町田5
牛込商業	64	28	59	66	29	練馬12, 新宿4
城　　北	85	49	93			
池袋商業	58	29	76		70	練馬3
赤羽商業	66	47	82		38	足立7, 埼玉4
北　　園	134	64	90	75	65	練馬6, 埼玉5
北　　野	178	66	67			練馬50
上野忍岡	82	33	76	74	43	88 葛飾4, 江東3
墨 田 川	67	67	93	88		91
深川商業	141	31	82			89
深　　川	147	67	90			千葉8
東	85	71	100	80	49	
墨田工業月島	87	20	60			足立11, 板橋6
北 多 摩	181	25	66	60		多摩地区180
昭　　和	134	55	92			
農　　林	175	62	93	66	70	
多摩奥多摩	3	3	3			
久 留 米	201	37	93	81	70	

＊（『学校要覧』99年度より）

から多数の生徒が通学している。

これらの学校ではそれぞれ、現在小石川工業や港工業に多数の生徒が通っている地域からの今後の通学は不可能か非常に困難になることが目に見えている。

定員の少ない区で大きく削減するアンバランス

区や市ごとに見たアンバランスも重大な問題だ。とくにもともと区内の子どもの数に比べ都立高校定員の少ないところでの大幅な削減が目立つ。

たとえば世田谷区では、統廃合前には1,600名あった区内全日制普通科の定員が統廃合後には880名（学区に属する普通科）に減ってしまう。また板橋区では、全日制普通科が1,640名から1,120名に、全日制全学科が1,840名から1,360名へと約3割前後削減されるが、子どもの数は現在の年齢別人口で見る限りもっとも少ない満5歳（99年1月1日現在）でも減少率2割ほどだ。

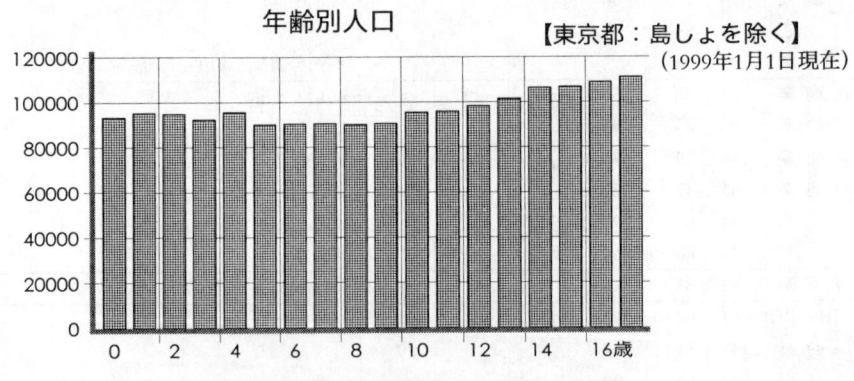

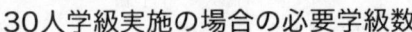

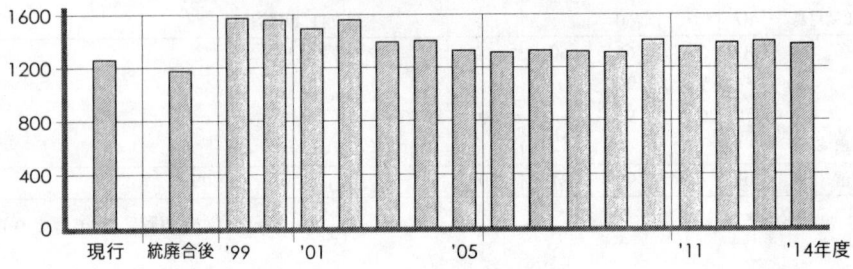

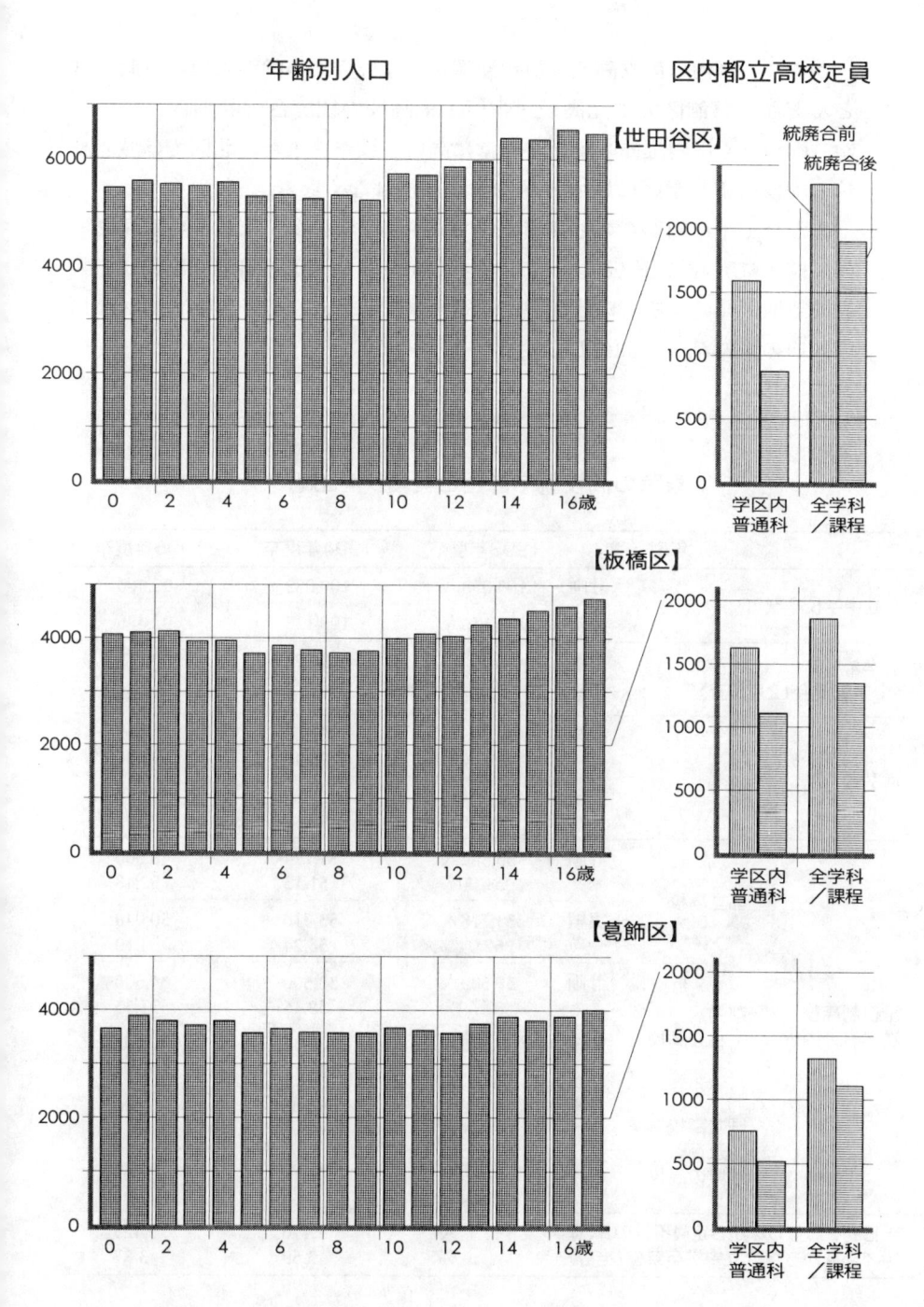

年齢別人口   区内都立高校定員

【世田谷区】
統廃合前
統廃合後

学区内普通科　全学科／課程

【板橋区】

学区内普通科　全学科／課程

【葛飾区】

学区内普通科　全学科／課程

さらに、区内の都立高校定員が極端に少ないうえ年齢別人口に変動のほとんどない葛飾区で水元高校・本所工業高校の統廃合が計画されているが、両校とも区内生徒の割合が非常に高い学校だ。また、北区では城北高校の廃校により学区に属する区内普通高校はなくなる。
　また八王子市内からの通学者だけで6〜7割を占める八王子高陵高校・館高校が統廃合該当校となっている。しかし、八王子・日野地区では、大規模宅地開発による人口社会増が依然続いており、八王子市の予測では15歳人口の大幅減は当面生じないとされている。

東京の高校就学計画と実績（全日制）

	年度		1993年度卒	1994年度卒	1995年度卒
公立中学校卒業者		計画	105,058人	100,083	92,400
		実績	105,136人	100,135	92,486
進学希望率〈中学校長会12月調査〉		全体	－ %	96.29	95.73
		都立志望	68.6%	72.07	71.83
進学者		計画	99,280人 94.50%	95,579 95.49	88,300 95.56
		実績	98,191人 93.39%	92,950 92.82	85,112 92.02
全日制高校進学者の内訳	都立高校	計画	53,582人 51.00%	51,174 51.13	48,500 52.48
		実績	54,718人 52.04%	53,316 53.24	50,040 54.10
	都内私立高校	計画	39,500人 37.59%	38,500 38.46	34,500 37.33
		実績	37,348人 35.52%	33,842 33.79	29,903 32.33
	国立高校及び他県の高校	計画	6,198人 5.89%	5,905 5.90	5,300 5.73
		実績	6,125人 5.82%	5,792 5.78	5,169 5.58
全日制を志望しながら定員不足の為、進学できなかった公立中学卒業生（推計）			－ 人 － %	3,470 3.59	3,425 3.87

2011年まで40人学級！

　最大の問題は、計画の前提が2011年度まで1学級40名（定時制30名）という大きな学級規模を維持することとしていることだ（職業学科は35人規模に漸進的に改善）。

　しかしグラフにも示されるように、現在の進学率と私立高校との割合を維持したままでも、30人学級を実施した場合00年4月時点で約300学級、15歳人口が最低となる09年でも約60学級の不足となる。逆に現行学級数を維持し続けた場合、1学級あたりの平均は05年に34人、09年に32人になると推計できる。

1996年度卒	1997年度卒	1998年度卒	1999年度卒	2000年度卒
90,535	89,209	88,444	85,872	82,744
90,656	89,324	88,502	85,976	82,847
95.62	95.03	95.73	94.56	94.78
73.76	71.81	73.19	73.33	73.10
87,000	85,700	84,900	82,500	79,500
96.09	96.06	95.99	96.07	96.07
83,734	82,806	81,483	78,792	75,801
92.36	92.70	92.06	91.64	91.49
48,500	48,100	47,800	46,600	45,000
53.57	53.91	54.04	54.26	54.38
50,122	49,751	49,387	47,977	46,201
55.28	55.69	55.80	55.80	55.76
33,300	32,600	32,400	31,600	30,600
36.78	36.54	36.63	36.79	36.98
28,818	28,527	28,023	26,968	26,118
31.78	31.93	31.66	31.36	31.52
5,200	5,000	4,700	4,300	3,900
5.74	5.60	5.31	5.00	4.71
4,794	4,528	4,073	3,847	3,482
5.82	5.06	4.60	4.47	4.20
2,951	2,079	3,240	2,507	2,721
3.40	2.45	3.66	3.08	3.46

本当に高校は余っているのか？　達成されない就学計画

　01年3月の都内公立中学校卒業者のうちで全日制高校を志望しながら定員不足のため進学ができなかった子どもたちが約2,700人いたと推計される。この数字はここ数年ほとんど変わらない。

　東京では、72年から設置されている「公私連絡協議会」（正式名称：東京都と東京私立中学高等学校協会との連絡協議会）の合意に基づいて、都内公立中学校卒業生の全日制高校への計画進学率や公私受け入れ分担数を含めた「高校就学計画」を策定している。

　公私連絡協議会の合意した計画進学率と、東京都中学校長会進路対策委員会が都内公立中学校3年生全員を対象に12月中旬に実施し、年明け早早の1月初旬に発表する調査による全日制高校への進学希望率とは、ほぼ一致している。95年の入試における計画進学率95.5％に対し、進学希望率が96.29％（実績は92.82％）、5年後の入試でも計画進学率が96％に対し、進学希望率が94.56％（実績は91.64％）である。

　「高校就学計画」が達成されない最大の要因は、計画達成の前提条件である都立高校と私立高校の受け入れ分担比率が長年にわたり非現実的なまま放置されてきているからである。

　95年の私立高校の実際の受け入れた人数は計画の87.90％、4,658人も少なかった。結果として、計画ではほぼ進学できるはずの都内公立中学校卒業生の全日制高校進学希望者の内3,470名（卒業生の3.59％）もが定員不足のため進学できなかったと推計される。

　都立高校の統廃合・改編計画が進行するなかでも、この傾向は改善される気配すら感じられない。01年入試でも、私立高校が受け入れた人数は計画の85.35％、4,482人も少なく、定員不足のために全日制高校に進学できない子どもたちが、95年とほぼ同率の2,721人（同3.46％）もいたと推計される。

　東京の「高校就学計画」は、進学実績を見ればわかるように、都立高校が「過剰」として統廃合計画が進められている中でも達成される見通しが立たない「幻の計画」である。

　毎年、翌年の高校進学希望者を予測した「高校就学計画」が私学経営者も加わって作られている。しかし表にも示されるように長らく実績が「計

画」を下回り続けており、しかもその開きは拡大している。その主要な原因は私立高校が計画を大幅に下回る都内公立中学校卒業生しか入学させていないためである。けれどもこれだけ長いこと「計画」と実績とが食い違い続ける以上、「計画」の見直し、特に都立高校の割合の引き上げが必要ではないか。このことに一番責任を持っているのが、都教委と教育庁であるはずだ。

定時制高校は、全日制以上に近くて便利なことが必要
……東京弁護士会の勧告では通学時間30分以内

定時制は全日制普通科のような学区の制限はないが、「昼間働いている」「ハンディキャップがある」「電車などに乗れない」など生徒の持つさまざまな事情から通学可能範囲はいっそう狭まる条件にある。

したがって定時制の場合、通学時間・距離が長くなることは多くの生徒にとって通学そのものを断念させられることにつながり、文字通り学習権を奪うことになる。学習権保障の観点からみて、学校が、自宅や勤務先から近いこと、交通手段が便利であることは決定的な要素になる。98年3月には、東京弁護士会から都知事宛に定時制に通う生徒の学習権を保障するために通学時間を自宅・職場から30分以内とするよう「勧告」が出されている。

地図上の距離にかかわらず電車を何回も乗り換えて通う生徒はごく少数にすぎない。実際、今回の該当校でも、「学校要覧」で通学時間のわかっている学校はすべて、生徒の3分の2以上が通学時間が30分以内だ。

また、数校の定時制が統廃合されて作られることになっている「チャレンジスクール」には、夜間部は各1学級ずつしか置かれないという。これでは、統廃合対象となる定時制の現在の生徒数をはるかに下回る。通学の利便性だけではなく、定員削減という側面からも問題は大きい。

定時制の空白地域ができる

「第一次・第二次実施計画」だけでも定時制の空白地域がいくつも生まれている。

たとえば中央区・港区・目黒区から定時制がなくなる。電車の沿線で見

た場合には、東横線沿線及び山手線の渋谷から内回り方向、御徒町までの定時制がなくなってしまう。

専門学科ごとにみると、第1学区・第2学区・第4学区に定時制商業高校がなくなり、山手線の内側に定時制工業高校の基幹三科（機械・電気など）がなくなるという状況だ。

「改革推進計画」においても、「勤労青少年をはじめ、多様な定時制入学希望者の就学機会を確保するため、学科ごとのバランス、交通の利便性、地域の特性を配慮して、全都にバランス良く配置する」と書かれているのだが。

モデル校が消えてゆく不思議

さらに不可思議なのは、これらの該当校の中にはつい先頃まで都教育庁が「新しいタイプの学校」のモデルとしていた普通科コース制（羽田・八王子高陵・南・大泉学園など）や「3年で卒業可能」と宣伝された定時制高校（第一商業）などが含まれていることだ。とくに普通科コース制単独校は7校中の4校が該当校となっている。都教育庁自ら多様化の新しいモデルケースと唱ったこれらの学校をなぜ廃校にするのか、きちんとした説明が求められる。もし「不人気だから」というのであれば、これまでの教育庁の高校改革は、生徒・保護者の要求に沿っていなかったということになる。

このような朝令暮改のもとで、今回も17ページの表のように「新しいタイプの学校」の新設が予定されているが、これが果たして生徒・保護者等の求めるものになるのだろうか。この点については第7章でもう一度詳しく考えたい。

3. 生徒や卒業生を傷つける「発展的統合」とは？

発展的統合の実態は

都立高校の「統廃合」は「発展的統合」という名のもとで行われている。計画のほとんどは、複数の該当校を統廃合して一つの新しい高校を作

るというものだ。新しいタイプの学校を作る際に、これまであった学校をいったん廃校にして、校名も新しいものを作るというやり方は、東京では10年ほど前から始まった。その際、教育庁は関係者等にはこれを「発展的統合」と説明するが、その実態はどうなのだろうか。

これまでに「発展的統合」がおこなわれたケースでは、廃校になった学校の「卒業証明書」には、「東京都立X高校は、平成Y年3月31日に廃校となり、その事務は東京都立Z高校に引き継がれました」と明記されていた。

すでに経験した「発展的統合」の姿を、京橋高校と京橋商業高校を「発展的に統合」して誕生した晴海総合高校に見てみよう。

96年4月、京橋高校と京橋商業高校を「発展的に統合」して、都立として最初の総合学科高校である晴海総合高校が誕生した。京橋と京橋商業の最後の生徒は、新校舎の工事のために校庭や体育館もないプレハブ校舎で学び、最後の1年間（96年）は晴海総合の校舎を「間借り」しながら学んだ。

京橋高校の最後の生徒は、晴海総合高校一期生を自分たちの後輩として迎えようと対面式を準備した。しかし、京橋高校生徒代表の祝辞は「新入生の皆さん」から「晴海総合高校の皆さん」へと、書き換えられた。

日常の学校生活でも、京橋高校と京橋商業の生徒の間には、晴海総合中心に動いているという不安感と苛立ちがあったという。

クラブ活動の伝統を生かす方策として、1年生との交流を期待したが、体よく拒否された。晴海総合の生徒会室は広く施錠もできるのに、京橋高校の生徒会室は「ホームベース」という名のロッカー室があてがわれただけ。晴海総合の半分で扉がないために施錠もできない。新校舎は、晴海総合の方針で「一足制」となり、すでに持っていた上履きが無駄になった。晴海総合は二学期制のため、10月1日から5日まで秋休み。京橋高校と京橋商業は三学期制で授業が行われているが、食堂と売店は「赤字の恐れ」を理由に閉店。

京橋高校と京橋商業への電話は、事務室ではなく職員室で受ける。授業中は出られないことも多く、京橋高校では「何回もかけたが通じなかった。廃校になったのかと思った」と指定校推薦のある大学から言われ、貴

重な指定校推薦枠が危うく取り消されるところだった。特別教室の鍵は、晴海総合の職員室に取りに行ったという（最初は、ホームルーム教室や進路指導室の鍵も）。

生徒の間には「無視されている」「差別されている」「同じ授業料を払っているのに」という、不平不満が広まったという。

廃校まで京橋高校に勤務したTさんは、「ほとんどの生徒にとって京橋は最終学歴校。仕事の途中、母校の前を通りかかったら思わず涙が溢れてきたと言って、しみじみ電話をかけてきた卒業生がいた。月島駅を通りかかったら、つい降りてしまったという卒業生もいた。母校を失ってゆく生徒・卒業生に対して、教師はいったい何ができるのか。今、真剣に悩んでいる。京橋や京橋商業から、晴海総合の開設準備室へ異動した教員はいなかった。京橋からは、誰一人として校長からは誘われなかった」と語った。

自分たちの母校が発展することは、生徒にとっても卒業生にとっても大きな誇りだ。しかし「発展的統合」のこれまでの実態は「もう君たちの学校はだめだから廃校にする」ということのようだ。何よりも生徒や卒業生の心を傷つけるような方法での「発展的統合」が「都民の期待に応え、都民に信頼される」高校教育改革といえるのだろうか。

第2章 異例の『都立高校白書』

1. 新しいタイプの高校づくりによる統廃合策？

入試の時期に統廃合の第一報

いま東京で進行している都立高校の大規模な削減計画＝統廃合・改編計画の第一報が報じられたのは、95年の入試の時期であった。

95年2月10日、都区市職員を主な読者対象とする都政情報紙『都政新報』が、一面トップ記事で「都教育庁　全日制都立高校の統廃合検討」と見出しを付けて次のように報道した。

> 東京都教育庁は……将来的にも生徒数が減少するとの予想をもとに、各都立高校の実態調査に乗り出すとともに、統廃合を含めた都立高校の長期構想づくりを開始。具体的には、現在進めている総合学科など新しいタイプの高校づくりによる統廃合策を取り入れながら、各都立高校の適正規模や統廃合後の跡地利用計画などを検討する。教育庁では「将来の生徒数減少に伴う都立高校の適正規模やその必要性などについて、まず都民に理解してもらわないといけない」とし、今秋までに統廃合についての基本方針をまとめることにしている。しかし、都立高校には歴史のある伝統校が多いうえ、統廃合による学区域の変更問題などが絡むことから、地元住民を中心に反発が予想される。

2月は、中学3年生にとっては高校入試の真っ最中だ。

都立高校の入試制度は、94年の入試から、全日制普通科高校が「グループ選抜から単独選抜」へと変わるなど、今日まで毎年のように変動してきている。

都立高校の統廃合の第一報が報じられた95年の都立高校入試は、前年から実施された全日制普通科高校の単独選抜に続き、推薦入試が全日制普通科高校及び商業科にも導入された入試でもあった。

この年の都立全日制高校入試は、推薦入試・一次募集・二次募集を合計すると延べ3万人を超える不合格体験者（延べ受験者の35.45％）を出し、二次募集の不合格者だけでも2,236名におよんだ。そして、12月時点で全

日制高校を志望しながら定員不足のために入学できなかった都内公立中学校卒業生が3,470名（中学卒業生の3.59％）にも達したと推計される。全日制高校進学率は、92.82％であった。

都立高校の統廃合が報道された95年春の入試を終えて、定員不足のために全日制高校に進学できなかった中学校卒業生のあまりの多さに、統廃合より先に、「15の春を泣かせない」現実にあった高校進学計画を策定することが、都の教育行政の責任ではないかと痛感した人は少なくなかった。

統廃合へのプロセスは

東京都議会は、議員の委員会分担を毎年9月頃に変えるのを慣例としている。

95年10月12日、市川正教育長は都議会文教委員会において新しく選ばれた委員への教育庁の事務事業説明を行った。その中で「規模や配置の適正化」という表現を使って都立高校の統廃合に向けたプロセスについて言及した。

市川教育長は、公立中学校卒業者の大幅な減少と生徒が極めて多様化している状況を踏まえ、都立高校のあるべき姿について検討を行っている。

「年内にも都立高校の現状や課題を内容とする白書を作成し……平成8年早々には学識経験者などによる懇談会を発足させ、21世紀における都立高校の長期構想を策定」する。

「この構想に基づき、高校における教育内容の一層の充実を図るとともに、既設校の規模や配置の適正化、教職員や施設設備の改善等の教育条件整備などを進める」と述べた。

さらに市川教育長は、都立高校の個性化・特色化の一環として設置する「新しいタイプの高校」は、既設校の統廃合・改編により設置する趣旨の答弁も行っていた（95年11月21日・都議会文教委員会）。

都立高校、4分の1が空き家？

95年11月16日には、『朝日新聞』が「都立高、14年後は4分の1"空き家"」「都教委試算　統合へ懇談会設置」というショッキングな見出しを付けて報道した。

全国紙である『朝日新聞』が報道したことや、49校余ると具体的な学校数を記していたこともあり、都立高校関係者や高校問題に関心がある人々などの間で話題となった。しかし、具体的な学校名が触れられていないことからか、多くの人々にとっては切迫感が感じられなかったというのが実状だろう。この点は教訓として残る問題だ。
　『朝日新聞』が報じた内容は、具体的な数字も示され、今日の都立高校の統廃合問題に直接つながる内容を含んでいるので、全文を紹介する。

　　東京都内にある全日制都立高校209校のうち49校が14年後には「カラ」になる——こんな生徒減少の試算結果を受けて、都教育委員会が都立高校の大幅見直しに乗り出す。焦点は、学校の統廃合と、新しいタイプの高校への転換をどう進めるか。年明けに学識経験者らの懇談会を設け、都立高校長期構想を作る考えだ。
　　都教委によると、都内の公立中学の卒業生は、第二次ベビーブーム世代が卒業した1987年春がピークで約15万7千人を数えていた。ところが、今春は約10万人で、ピーク時に比べ36％減った。このペースでいくと、2009年春の卒業生は約6万7千人になり、ピーク時の42％まで落ち込む見込みだ。
　　この推計をもとに、都教委は都立高の必要数を試算した。学校規模や進学率、都立高と私立高の生徒受け入れ比率を現在のままと仮定した単純計算だが、今の209校のうち必要なのは160校だけで、残りの49校が余る、という結果が出た。
　　高校の統廃合には父母らの反発もある。「都立は金太郎アメ」との陰口が聞かれる画一教育や、普通科と職業学科だけで選択の幅が狭い現在のカリキュラムなどを見直さなければ、都立高復権の道はないという指摘もある。
　　都教委は来春、新しいタイプの晴海総合高校（中央区）と飛鳥高校（北区）を、既存校を統合する形で開校する。晴海総合高校は、普通科系と職業学科系の科目を自由に選択できる。飛鳥高校は単位制高校で、生徒が自分で科目を選び、3年間で必要な単位を取れば卒業できる。都教委は、これらを今後のモデルケースとして、新しいタイプの高校の新設

をテコに統廃合を進めたい考えだ。

　懇談会では、学校や学級の規模、新しいタイプの高校と既存高校の必要数と配置などを検討する。学識経験者、学校管理職、教職員組合、生徒の父母代表らを委員に選び、来年1月から11月まで討議し、最終報告を出してもらう。この結論を受けて、97年度から10年間の都立高校長期構想を策定する。

都立高校、30人学級なら3校不足

　この『朝日新聞』の記事は、95年11月21日の都議会文教委員会の審議において取り上げられていた。

　藤田愛子都議（生活者ネット）は「新聞記事で……14年後は4分の1は空き家というような書き方で出ております。この中にも、単純計算だがというのがありましたが、40人学級でとかということが書いてありまして、どうしてこういう発想しかないのか」と、貧困な教育政策を指摘していた。

　そして、植木こうじ都議（共産）は「35人学級、あるいは30人学級でシュミレーションした場合は」と質問した。これに対し、加島俊雄学務部長は「35人学級の場合は181校が必要となる。現在と比べて28校の減……30人学級の場合は212校が必要になりまして、現在と比べて3校増という計算になります」と答弁した。

　加島部長の答弁は回りくどい言い方だが、『朝日新聞』が報じた14年後には都立高校の4分の1が「空き家」になるのは40人学級を前提にしたシミュレーションの結果であり、30人学級でシミュレーションすれば3校不足するということである。

全世帯に配布された統廃合宣言

　95年12月1日の朝、『広報東京都』（12月1日号）の記事が眼に入った。「生徒減少期における都立高校の充実と発展にむけて都立高校白書を発行します」と題する記事だ。

　『広報東京都』は、都内全世帯を対象に新聞の折り込みなどで配布される東京都の広報紙だ。この日から、今日の都立高校の大規模な削減計画＝

統廃合・改編計画について、都教委及び事務当局である教育庁としての動きが公然と始まった。

『広報東京都』では

　『広報東京都』の内容を、次に紹介する。

　『都立高校白書』を初めて発行する理由は、都民に「都立高校のありのままの姿をお示しすることにより、都立高校が抱える課題についての理解を深めていただき、率直なご意見をいただく契機とするため」であるとしている。また『白書』は、都立高校のあり方についての長期構想をまとめていく一環として発行するものであり、現在の取り組み状況を説明するとともに、「改革の方向性について提案する」と述べている。

　都立高校の長期構想を検討する上での課題として、都立高校は「生徒数の大幅な減少」と「生徒の多様化」という「二つの大きな問題」を抱えていると分析している。

　「生徒数の大幅な減少」については、都内公立中学校卒業生は第二次ベビーブームのピーク以降減少を続けており、今後も「長期にわたり大幅に減少していくと予想され」都立高校の過剰時代がくる。

　「生徒の大幅な減少期は、教員の配置や施設面等で、都立高校の教育の諸条件を改善する好機でもあります。しかし他方で、高校の小規模化、さらには過剰も生じ、統合を含めた都立高校の規模や配置の見直しが避けがたい課題」と、論を進めている。

　「生徒の多様化」については、高校進学率が「96％（筆者注：定時制高校等含む）を越えており、都立高校に学ぶ生徒（の能力・適正、興味・関心、進路希望等）はきわめて多様化」している。

　大部分の生徒は有意義な学校生活を過ごしているが、「学習の遅れがちな生徒や学習意欲に欠ける生徒、自分の進路を見いだせずに迷っている生徒」もいる。「そうした生徒への対応が十分でないため、問題行動を起こし、あるいは中途退学した生徒も少なからず」いる。生徒の多様化に対応するために、「従来の画一的・一律的な教育を改め」「都立高校の個性化・特色化」を進めていかなければならないというものであった。

　『広報東京都』の内容は、次に述べる『都立高校白書』の基本トーンで

もあった。

　95年12月1日は、都立高校の大規模な削減計画を『広報東京都』で宣言するとともに、それを推進するために教育庁学務部内に都立高校改革推進担当セクションが新設された日でもあった。そして、初代の都立高校改革推進担当部長には、特別区人事・厚生組合参事であった阿部伸吾氏が発令された。

2. 『都立高校白書』

都道府県レベルで初の高校白書

　95年12月14日、都教育庁は『新しく生まれ変わる都立高校──都立高校白書』を発表した。A4版のカラー印刷で本文が101ページにおよぶ都道府県レベルで公立高校に関して出された初めての『白書』である。

　全部で3万部発行され、都内公立小・中・高校、都内区市町村教育委員会、他道府県教育委員会、文部省などに配布された。

　『都立高校白書』を発行した目的について、加島俊雄学務部長は95年12月19日の都議会文教委員会において次のように説明した。

　「都立高校に学ぶ生徒は極めて多様化しており、また、今後も生徒数は長期的かつ大幅な減少」が見込まれる。このような状況のもとで「都立高校の改革を推進し、生徒や保護者にとって魅力ある学校づくりを進めていく必要がある」。そこで、「都立のありのままの姿をお示しして、都立高校が抱えている課題についてご理解いただき、さらに都立高校の改革について率直な意見とご協力」を得るために発行したというのである。

　『白書』の編集を担当した山際成一学務部高等学校教育課長（現都立高校改革推進担当部長）も、「都立高校の直面する課題」として「①少子化による生徒数の減少②生徒の能力や適性、興味、進路の多様化」の2点をあげた。その上で、都立高校の改革の方向としては「生徒の多様化する希望に合わせ、個性を伸ばす高校教育を展開していく必要がある」と『白書』刊行の意図を語っていた（『日本経済新聞』95年12月30日付）。

　『都立高校白書』は、「はじめに」「第1章　都立高校の現況」「第2章

都立高校教育の現状と課題」「第3章　定時制・通信制教育の現状と課題」「第4章　教育諸条件の現状と課題」「第5章　教育財政」「第6章　都立高校の改革に向けて」で構成されている。

　各章は、小項目ごとに、現状の解説と都教委の見解や方針が問答形式で整理されている。「新しいタイプの高校とはどういう学校ですか」「中途退学が問題になっていますが」「生徒の減少と学校及び学級の小規模化がなぜ問題なのですか」「学校規模はどのくらいがいいのですか」などと。

『都立高校白書』のポイント

(1) 生徒数の長期的な減少に伴い、「近い将来、都立高校が過剰となる」ことが予想される。
(2) 社会の変化や生徒の多様化の進行に対応し、都立高校における教育内容を改善してきたが、中途退学問題などに見られるように、都立高校はなお多くの課題を抱えている。
(3) 今後、既設校の規模・配置の適正化と併せて新しいタイプの高校の設置など、生徒や保護者にとって魅力ある学校づくりを進め、来るべく21世紀に向け、「新しく生まれ変わる都立高校」を合言葉に、都立高校の改革を推進していく。

都教育庁「『都立高校白書』の発行について」（95年12月14日）より

都立高校過剰時代で始まる『白書』

　『都立高校白書』は、本文が「都立高校過剰時代がやってくる！」（「はじめに」第1項目）という小見出しで始まっている。「都立高校過剰時代」から書き始められているところに、都立高校の大規模な削減計画＝統廃合・改編計画のために刊行された『白書』という性格が端的に示されている。

　そして、冒頭で、

　「少子化が進行し、中学校卒業者数は年々減少を続けています。

　このまま進めば、近い将来、都立高校が過剰となる時代がやってきます。」と、記述する。

　続いて、都内公立中学校卒業生が、95年（『白書』が発行された年）には約10万人であったのが、08年には約6万7千人となり、約3万3千人、33％減少すると推計する。

中学校卒業生の減少を、40人学級や、都内公立中学校卒業生についての公立高校と私立高校の受け入れ比率（56：44）などの現在の教育条件の基準をそのまま単純にあてはめて計算すると、40校以上の都立高校が余り「都立高校が過剰」になることは「冷厳な事実」であると、論を進める。
　その上で、40校という数値には議論はあるが、「いずれにしろ、都立高校の適正な再配置が必要不可欠な課題」として、都立高校の適正配置＝統廃合を「緊急かつ重大な問題」と、『白書』は強調する。
　今ある都立高校を「統合」する理由については、「一定の生徒数により学校の適正な規模を確保し、教育環境の整備・充実を図るため」としている。生徒減少期に都立高校を統廃合するのは、教育環境（教育条件）の充実のために適正な学校規模を確保するためというのである。
　ここで注意しておきたいのは、都内公立中学卒業生が第二次ピーク時（第二次ベビーブーム）の86年には15万7千人、それが94年には10万人（5万7千人減）になり、08年には6万7千人（9万人減）になると推計されていることである。すなわち、第二次ピーク時と08年を比べた場合、94年時点で減少者の約3分の2がすでに減少している。残りは3分の1である。
　これまでは学級減などで対応してきたと教育庁はいうかも知れないが、なぜ今の時点で「都立高校が過剰」と強調するのか、疑問だ。近年の「教育人口推計」をみると小学生は増加傾向を示し始めている。都立高校の削減を行うことにより、将来高校が足りなくなる可能性がないのであろうか。その時増設では予算の無駄遣いである。
　より本質的には、「都立高校が過剰」の根拠が問われなければならない。「都立高校が過剰」の根拠は、現状の「高校就学計画」と40人学級を前提に試算した結果だ。

「就学計画」は都民への約束というが

　『都立白書』は、都内公立中学校卒業生の高校進学率は95年春には96.3％（筆者注：全日制は92.8％）となり、今や高校は「準義務教育化していると言われている」と指摘する。また、東京都中学校長会の調査では、「全日制高校への進学を希望する生徒のうちの約70％」が「都立を第一希

望」としていると述べている。

　さらに、東京の公立中学校卒業生の「高校就学計画」について都立高校は計画を達成してきているが、私立高校は計画に比して5年間の平均で91.7％の受け入れにとどまっている。就学計画は「都民の皆様に生徒の受け入れを約束しているものであり、その達成に最大限の努力を」しなければならないとも記している。

　この、就学計画「達成に最大限の努力」という文言は、都の教育行政にとって非常に大切と思われる姿勢である。是非「最大限の努力」をして、現状では「幻の計画」といわれる就学計画を達成するために、私学の責任にするのではなく、東京全体の教育に責任を負う教育行政の責任において、現実的で具体的な、達成できる就学計画を策定して欲しいものである。現実的な「高校就学計画」を策定すれば、都立高校の受け入れ分担比率を増加せざるを得ない。そうすれば、都立高校削減計画＝統廃合計画を見直さざるを得ない。

具体性に欠ける学校・学級規模論

　「教育環境」の重要な柱である学校規模や学級規模（学級定員）について、『都立高校白書』はどのように記述しているのだろうか。

　学校規模（学級数あるいは生徒数）について『白書』は、「活気ある教育活動が展開され、その教育効果が最大限に発揮されるようにするため」に一定の規模を確保すること必要であると述べる。

　学校規模が小規模化すると、教職員の配当数が少なくなり多様な選択科目の設置が困難となり、教職員の学校業務負担も増大する。また、文化祭・体育祭などの学校行事、部活動などの集団活動においても活気がなくなる。そして、「学校全体として活気が失われ、教育活動が停滞して期待される教育効果を上げることができなくなる」というのである。

　果たしてそうだろうか。学校規模を考える場合、定時制高校の実践が示しているように、見かけの「活気」ではなく、人間が成長する場として、人と人の触れあいが大切にされ、一人ひとりの子どもにとって居場所と出番があるというアットホームな環境から考えることが必要なのではないのだろうか。

学校規模について、生徒急増期には「一律的に1学年6～8学級（全学年では18～24学級、生徒数810～1,080）程度の規模」で考えてきたが、今後は「各学校や生徒の実態に応じて学校の規模を検討していく必要がある」。「その際、一定の生徒数の確保が学校の活性化に極めて重要であることから、学級の数だけではなく、生徒総数として学校規模を検討することも必要」とも述べている。

　しかし、望ましい学校規模について『白書』では具体的な数字と明確な根拠に裏付けられた指摘はない。が、その後の都教育庁の方針として、全日制普通科高校では学年6学級＝240人を標準として施策を進めている。

　学級定員についてはどうか。

　学級定員に関して『白書』は、新制高校発足時（50年）の50人学級から始まり、96年度に40人学級が完成するまでの歩みを解説する。そして、小中学校の40人は学級人数の上限だが、高校は40人が学級の定員であり空きがあると募集すると、小中学校と高校との学級編制基準の違いについて説明している。英語・数学などの一部の教科では習熟度別学習指導を行っているなど、少人数の学習も実施していることも紹介している。

　しかし、現在求められる学級定員については、「適正と考えられる規模を一律に想定することは難しい」とまとめた東京都立教育研究所の『学習集団と教育効果に関する研究』（91、92年度）に基づいて、「教育効果からみて学級定員は何人が適切かということは大変難しい問題」と、詳しい論及は行っていない。そして、「外国の例なども参考にしながら、国の動きや他県の状況などを踏まえて、今後検討していく必要がある」とは述べているが。

　『白書』の展開する学級定員論も学校規模論と同様に、国内外の研究成果にきちんと裏付けられて語られてはいない。「国の動きや他県の状況などを踏まえて」という表現が象徴するように、現状の施策追認の内容となっている。

生徒急増期に都立高校は増設、だから削減？

　『都立高校白書』は生徒急増期には私立は1校あたりの募集定員増で、都立は1校あたりの募集定員増と学校の増設で生徒を受け入れてきたと述

べている。

「都立高校は、これからも公立高校の役割として、『学ぶ意欲と熱意のある生徒を一人でも多く受け入れていく』」が、「長期的に続く生徒の減少を考えると、都立高校は今のままでよいのだろうか、今後の都立高校をどのような姿にしていったらよいのか、大きな課題」であるとしている。

「課題」として記されている内容は、生徒急増期に増設してきた都立高校は、生徒減少期には、私立高校との関係で「統廃合」もやむなしとも読める。が、これは読み込みすぎなのだろうか。

財政面での課題でもある統廃合

『都立高校白書』は、財政面からも都立高校の「規模や配置の適正化」＝統廃合は避けられない課題と述べている。

95年度の東京都の一般会計予算総額は6兆9,700億円であり、教育庁所管予算は9,206億9,000万円で13.2％を占める。都立高校の運営に要する経費は、施設設備費を含めて計算すると2,339億3,827万円で教育庁予算額の約25％。一校あたりの経費は、93年度の決算で見ると全日制高校は約10億3千万円（在籍生徒一人あたり122万4,749円）、定時制高校は約4億4千万円（同306万9,102円）であると記述する。

その上で、「多額な経費を必要とする……都立高校の規模や配置の適正化を行い、より一層、効率的な運営を図ることは、財政面からも避けられない課題」というのである。

都立高校改革推進担当者は、97年7月15日の都立高校の大規模な削減計画＝統廃合・改編計画の「第一次実施計画」該当校（案）公表以来今日まで、「都立高校改革推進計画」は教育改革と言い続けている。しかし、「改革推進計画」の出発点ともいえる『都立高校白書』で「財政面からも避けられない課題」と表現しているように、財政改革と行政改革の一翼を担っている計画である。

このことは、次に紹介する都立高校改革の動きが行財政改革の動きと密接に連動していることによっても読みとれる。

『都立高校白書』が95年12月14日に発行される前には、96年度予算の副知事依命通達とともに都政リストラを宣言した『転換期を迎えた都財政

──東京都財政白書』(95年7月27日)と、都政コーディネーター論を展開する『都民と共に拓く都政──21世紀への行政改革』(95年11月30日)が発表された。

　長期懇が96年1月29日に発足すると、都立高校の規模と配置の適正化を97年度に実施すると明記した『行政改革大綱』(96年3月29日)が公表され、11月27日には『行政改革大綱』を具体化した『都財政健全化計画』が発表された。

　「都立高校改革推進計画」が97年9月11日に都教委で策定される直前には、『東京都財政健全化計画実施案』(8月14日)が公表されている。

　『都立高校白書』の財政の項目とこれらを重ねて読むと以下のような疑念がわく。

　一つは、「建築費・土地購入費(債務償還費を含む)・備品購入費・図書購入費等」が全日制高校では約30％だが、定時制高校では約40％と膨れあがっていることについてである。

　全定併置校の施設の維持費、建築費、土地購入費等、課程別に区別できない経費は生徒数比で計算していると『白書』は述べている。備品購入費や図書購入費は全定別々だろうが、圧倒的な比重を占めるのは建築費と土地購入費だ。そこで、なぜ10％も差がつくのか。新設された単位制高校の建設費などが定時制の部分に相当な額が含まれて、全日制高校に比して10ポイントも高くなったのであろうか。

　次に、『白書』では、東京都の一般会計予算に占める教育予算(教育庁所管予算)の比率について95年度の13.2％のみを紹介していることである。

　表(49ページ)のように76年から87年までは17〜18％台であったが、88年度に一気に14％台になり、89年度以降12〜13％台で推移している。

　88年はバブル景気の最中であり、「まさに『開発都庁』に変身したかのように、臨海部開発に執心する」(佐々木信夫『都庁』岩波新書)と称されるハコモノ都政の目玉である臨海副都心開発が具体的にスタートした年であった。3月に「臨海副都心開発基本計画」(東京テレポートタウン構想)が発表され、11月には事業の担い手として第三セクターの東京都臨海副都心建設株式会社が発足した。

　東京都の教育予算(教育庁所管予算)比率は、臨海副都心開発の本格化

とともに急速に比重を下げていった。都立高校の「規模や配置の適正化」は「財政面からも避けられない課題」と位置付ける『都立高校白書』において、この点の検討も避けては通れないはずのものであった。そうでなければ、臨海副都心開発とハコモノ行政のツケを教育にまわしたといわれるであろう。

『白書』は、「都民にとってより一層魅力ある学校」とするために予算を重点化し、学校の「個性化・特色化」への積極的な推進を図るとも述べている。予算の、特定の学校への重点配分が都民の願いなのだろうか。同じ課程の高校なら（全日制高校を全日制課程、定時制高校を定時制課程、通信制高校を通信制課程という）、どこの学校でも同じ条件の予算が配分され、安心して都立高校へ通えるというのが都民の本当の願いであろう。

予算の重点配分化は、2校（以上）を廃校にして「新しいタイプの高校」1校を開校するスクラップ・アンド・ビルド政策である都立高校の統廃合計画にこそ端的に表れているといえる。

分析とビジョンがない「生徒の多様化」論

「都立高校過剰時代」に続く『都立高校白書』の第二のポイントは、「新しく生まれ変わる都立高校」を合言葉にして、「新しいタイプの高校」設置など、「個性化・特色化」した「魅力ある学校づくり」を進めていくということである。

「個性化・特色化」した高校が求められている理由として述べられているのは、「社会の変化」と「生徒の多様化」の進行である。

では、生徒の「多様化」について『白書』はどのように分析しているのだろうか。

社会の変化と、中学校卒業者の96％が高校等に進学する状況（筆者注：定時制を含む）のもとで、「都立高校に学ぶ生徒の能力・特性、興味・関心、進路希望等が多様」になっていると分析する。

そして、大部分の生徒は有意義な高校生活を過ごしているが、「中学校卒業者のほとんどが高校に進学するようになり、教科によっては、中学校の学力を備えていない生徒もかなりいる」。「50分間椅子に座っていられない、時間を守れないという生徒がいるのが事実」と、学習意欲に欠ける生

徒、学習に遅れがちな生徒、進路の目標を見いだせずにいる生徒、学校不適応をおこして「問題行動や中途退学に至る生徒も少なからず」いると記述している。

中途退学問題については、全日制高校では88年度以降中退率が上昇する傾向にあり、94年度には調査開始以来最高の3.3％（5,542人）に達した。中途退学者は、1年と専門学科に多い。また、中退者の多い学校と少ない学校とで大きな差があり、94年度には多い学校の上位50校で中退者全体の61％（約3,400人）を占め、少ない学校の上位50校は全体の約3％

東京都の一般会計予算と教育予算の推移 （単位：百万円）

年度	教育費(a)	前年比(%)	一般会計(b)	前年比(%)	% (a/b)
1976	367,468	110.0	1,955,651	104.8	18.8
1977	413,866	112.6	2,303,862	117.8	18.0
1978	459,429	111.0	2,673,175	116.0	17.2
1979	496,434	108.1	2,657,682	99.4	18.7
1980	516,726	104.1	2,829,400	106.5	18.3
1981	553,973	107.2	3,078,200	108.8	18.0
1982	608,310	109.8	3,300,600	107.2	18.4
1983	638,769	105.0	3,430,000	103.9	18.6
1984	657,100	102.9	3,607,300	105.2	18.2
1985	700,900	106.7	3,870,000	107.3	18.1
1986	731,131	104.3	4,079,500	105.4	17.9
1987	746,114	102.0	4,360,300	106.9	17.1
1988	778,889	104.4	5,229,800	119.9	14.9
1989	810,005	104.0	6,210,100	118.7	13.0
1990	837,029	103.3	6,663,000	107.3	12.6
1991	859,048	102.6	7,069,100	106.1	12.2
1992	893,299	104.0	7,231,400	102.3	12.4
1993	899,749	100.7	7,011,200	97.0	12.8
1994	905,971	100.7	6,835,000	97.5	13.3
1995	920,690	101.6	6,970,000	102.0	13.2
1996	900,446	97.8	6,865,000	98.5	13.1
1997	885,039	98.3	6,655,000	96.9	13.3
1998	852,731	96.3	6,675,000	100.3	12.8
1999	836,015	98.0	6,298,000	94.4	13.3
2000	797,986	95.5	5,988,000	95.1	13.3

①当初予算、②教育費は教育庁所管予算　（『東京都の教育（平成12年版）』より）

（約180人）であると、現状を述べている。

　また、93年度まで行われていた都立全日制普通科高校（コースを除く）の合同選抜制度という入試制度は、合格最低ラインに達していればいずれかの高校に入学できるという安心感はあったが、第一希望の高校へ入学できなかった場合には「不本意入学ということで中途退学の原因にもなっていました」とも分析する。

　しかし、この合同選抜が中途退学の原因にもなっていたという説明は、単独選抜である職業高校（専門学科）において、普通科高校と比して中退が多いという現状（94年度、普通科2.1％・専門学科7.7％）と矛盾する。それとも、「明確な目的意識を持って」入学してこない生徒が悪いと、子どもの責任に転嫁するのだろうか。15歳で「明確な目的意識」を持って進路選択をすることはどのくらい可能なのだろうか。大人たちの多くも、進路選択・職業選択に悩んできたというのが実情であろう。

　中退には学校差が大きいと指摘するならば、多い学校に教育条件の改善などの特別な手だてをし、解決するための対応を行うのが教育行政の責任ではないだろうか。

　『白書』は、生徒の「深刻な現状」をこれでもかといわんばかりに描く。『読売新聞』（97年12月15日）が「深刻な現状がどこからきているのか、もっと十分に分析した上で、現実的なビジョンを示すことが大切」だと指摘していた。まさに同感である。

　『白書』は、96％に達した高校進学率が、生徒の「深刻な現状」と「多様化」を生み出したと分析しているようだ。本来ならば、発達段階を無視して過大な内容を押しつける学習指導要領や、国際機関からも指摘されている過度に競争的な高校入試制度、先進国の常識に反した過大な学級規模などの分析を、子どもたちをめぐる社会状況の変化のなかに位置づけて行わなければならない。

　十分な分析がない『白書』の描く「ビジョン」は単純だ。96％の進学率の下で「生徒の多様化」が進んだ。したがって、「既設校の『新しいタイプの高校』への積極的転換などを通じて、都立高校の個性化・特色化」を図り「高校多様化」を進めるというのである。

　『白書』が描く「ビジョン」の一例を「中退問題」でみてみよう。

中退問題解決のためには「まず、入学する生徒自身が明確な目的意識と高校生活をまっとうする意欲を持つことが何よりも大切」と『白書』は精神論を説く。その上で、各都立高校が「個性化・特色化」を推進し、「魅力ある学校」となることが必要というのである。これが「中退問題」を解決する本質的な処方箋になりうるのだろうか。

「高校多様化」への自賛

　都教育庁が、「都民のニーズ」であり、都立高校の抱える問題を解決する条件の一つと位置付ける「高校多様化」について、『都立高校白書』の記述をみてみよう。

　『白書』は、都立高校が、「生徒の多様化」と「社会の変化や時代の進展」に対応して、「これまでの量的拡大から質的な充実へと転換し」「学校の特色化・個性化」を進めていく必要があると記述する。

　そのためにも、各高校において「画一的・一律的な教育を改め、生徒一人一人の特性、進路希望等にきめ細かく対応し」て、「中学生や保護者のニーズに応え、『選ばれる学校』となるよう、魅力ある学校づくりに努める」必要があると指摘する。

　都教委としても、「総合学科高校や単位制高校など新しいタイプの高校の設置、普通科高校におけるコースの設置、専門高校における学科改善」、「多様な選択科目の設置」や「弾力的な教育課程の編成」などの、「個性化・特色化」を推進していくと、論を進めている。

　そして、「国際感覚と外国語能力の養成を目的」とした国際高校（89年開校）や、単位制の昼間定時制である新宿山吹高校（91年開校・三部制・通信制併設）を設置し、晴海総合高校（総合学科）と飛鳥高校（東京で最初の全日制単位制高校・定時制併設）が96年度から開校する。今後も、「既設校の統合や改編により」新しいタイプの高校の設置を進めるとしている。

　普通科コース制高校も、「生徒の多様化」や「時代に即した高校教育の実現」、「生徒の希望に沿った学習」ができるように、八王子高陵高校を88年に開校した。96年度には新たに1校に2コース設置し、16校（32コース）になることを記述している。

『日本経済新聞』（95年12月30日）が、新しいタイプの高校づくりについて「生徒の個性化・特色化に対応した取り組みが始まっていると白書は自賛する」と指摘していた。

「個性化・特色化」の推進例として説明された普通科コース制単独校7校の内、八王子高陵高校をはじめ4校が統廃合該当校になった。少なくともコース制高校については、冷静な分析に裏付けられていないままの「自賛」だったのではなかろうかとの疑念が残る。

「新しいタイプの高校」である国際高校と新宿山吹高校も、『白書』発表の時点で開校から数年を経過していた。「今後の定時制高校を考える上での1つのモデル」と表現された新宿山吹高校や、国際高校については、プラス面やマイナス面も含んだ分析が『白書』できちんと行われるべきであった。きちんとした分析があってはじめて、「新しいタイプの高校」が「生徒の多様なニーズ」や「社会の変化」に対応するという『白書』の論理が説得力を持ち得るのではないだろうか。

99年7月10日に行われた「3学区都立高校を守る会」が主催した説明会で、都高校改革推進担当者は「潜在的ニーズ」という言葉を使っていた。確たる根拠も十分にはなく、様々な意見も聞かず、多様な角度からの検討がなされないままで、中学生や保護者の「ニーズ」は学校の「個性化・特色化」にある。これまでの都立高校は「画一的・一律的」であったとして、高校の「多様化」を進めていって良いのだろうか。

定時制は"お荷物扱い"

「『小規模な学校・学級では教育効果に期待が持てない』──。14日発表された都立高校白書で、都が進める定時制高校の統廃合を教育効果の面から正当化するとも読める記述があることがわかった。学校運営経費でも、定時制は『全国平均と比較して1.65倍』とまるで"お荷物扱い"。」これは、『都立高校白書』の定時制の記述に焦点を当てて紹介した『東京新聞』（95年12月15日付）の記事だ。

『白書』は、「全日制高校に比べて学級規模が小さい分、教員と生徒の関係はより密接で、学習指導面においてきめ細かな対応ができるほか、生活指導面でも成果」を上げ、不登校や全日制高校で問題行動を起こして中退

した生徒が立ち直ったケースがあると述べる。しかしその一方で、喫煙や暴走行為などで近隣に迷惑をかけるケースもあり、1年生の中退率と留年率が高いと否定的な側面を強調する。

そして、定時制では小規模学校・小規模学級化が進行し、教育効果が得られなくなったと続ける。

95年度の生徒数はピーク時であった65年の約4分の1となっている。1学年でみると、1学年1学級の単学級校が約3割あり、「学級定員30人に対し在籍数は平均21人と、学校・学級は小規模化」している。

「小規模な学校・学級」は、きめ細かな個別指導が可能となる反面、生徒間で切磋琢磨して望ましい人間関係を築く機会が不足し、クラブ活動や文化祭などの集団活動を通して得られる教育効果には大きな期待が持てない。「教員数の制約などから、多様な教育課程を編成・実施することが困難であり、生徒の能力・適正・興味・関心等」に十分応じきれないというのである。

生徒の層が変わり夜間定時制教育の役割は終わったと読める記述もある。

「勤労青少年教育こそ定時制の原点」と、『白書』は述べる。その一方で、94年度の入学者のうち「常勤の就業者は約1割」と勤労青少年が少なくなった。「現在の定時制高校は、勤労青少年ばかりでなく、いわゆる不本意入学者や全日制高校の中途退学者などの、多様な生徒が多数在学する……。また、生涯学習の観点から社会人の学習のニーズも高まっています」と、話を進める。

その上で、生徒の多様化した実態を踏まえて、今後の定時制高校は「勤労青少年に対する教育機関の役割のほか、教育の機会を拡大する観点から全日制高校と異なる多様な履修形態を提供する教育機関としての役割、生涯学習の観点から成人に対して高校の教育内容を提供する機関としての役割を併せ持つ」。「今後さらに、生涯学習の観点に立った施策を推進していく」という。

教育機関としての夜間定時制高校の役割は終わったとして、社会人や多様化した生徒のニーズに答えた生涯学習機関としてのみ定時制を位置づけようとしているのである。

既存の定時制高校の良さを『白書』は認めながら、具体的な充実策や振興策については触れてはいない。そればかりか、95年度入試では最終入学手続者は募集人員の「65％にすぎません」と、「不人気」を強調する。

都教委は昼間定時制をPR

その一方で、「すべての定時制高校が不人気というわけではなく、新しいタイプの定時制である新宿山吹高校の例でいえば……募集人員をオーバーしており、昼間から学べ、しかも単位制であるという特色が受け入れられている」「今後の定時制高校を考える上での1つのモデル」と、「新しいタイプの高校」についてPRしている。

定時制教育を扱った『白書』の本文は「適正規模・適正配置」という小項目で締めくくられている。

そこでは、「小規模化は定時制教育を活性化する上で支障となる面も多くあります」と述べ、93年からの3年間で9校の廃校、10校12学科の廃科を行った定時制統廃合の実績を、「規模や配置を見直し、その適正化を図りました」と自賛している。そして、今後も生徒数の大幅な減少が見込まれるので、「勤労青少年の就学機会の確保に配慮しながら」「規模や配置の適正化」＝統廃合を計画的に行うと、定時制教育の項をまとめている。

以上、『都立高校白書』に記載されている定時制教育に関わる内容をまとめてみた。

『都立高校白書』が述べる定時制の統廃合の主な理由を要約すると、「小規模化し教育効果に期待が持てない」ということと、「勤労青少年の学校でなくなった」ということである。

まず、「小規模化し教育効果に期待が持てない」という点について触れる。

アットホームな教育環境を子どもたちへ

現在、夜間定時制高校には中学時代不登校だった子どもたちが約半分を占めている。その他、全日制を中退した生徒、アジアから日本へ来て日本語を学びつつある外国人生徒、年齢が高くなってから高校で学び直そうとしている人など、様々な生徒が通ってきている。

様々なハンディを持った生徒が定時制高校にたどり着き、少人数のなかで、いろんな違いを認め、意見の違いを認めあいながらも、ゆっくりと学ぶ学校が今日の定時制の姿だろう。その中で、自分を取り戻す場としての役割を果たしている。

　だからこそ、定時制の「意義がクローズアップされ」（『東京新聞』95年12月15日付）と評価されている。そしてなによりも、夜間定時制を含めた都立高校の統廃合＝削減を全面に掲げている『都立高校白書』でさえも、「教育効果に期待が持てない」としながらも「きめ細かな対応ができ……成果を上げています」と言及せざるを得なかった。

　定時制高校に通ってきている生徒に必要な教育環境は見かけの活発さではない。時には大人不信、人間不信に陥っている子どもたち一人ひとりに寄り添いながら心のひだを解きほぐすことや、学力回復に取り組むことなどが十分に可能なアットホームな教育環境だ。

　夜間定時制高校に行くと、休み時間や放課後に多くの子どもたちが職員室にたむろしておしゃべりをしている。また、「クラスのなかに数年先の自分のモデルがいる」と表現した子どもがいたが異年齢の仲間からも刺激を得て、時には親子ほども年齢が違う同級生に話を聞いてもらいアドバイスを受けている。こういう環境こそが必要なのではないだろうか。また、仕事を終えて駆けつけられる、職場や自宅から近いということも大事な要素であろう。

　『白書』は単位制の昼間定時制高校を今後の定時制教育のモデルと位置づける。確かに一部には救われる子どもたちがいることは事実だ。しかし、そこは好きな科目を取り、その時だけ学校に行けばよいという学校であり、アットホームな環境はつくりづらいのではないだろうか。「一人ひとりに寄り添う」ことが可能な、今ある夜間定時制高校に代わりうるかというとはなはだ疑問だ。

　『白書』が「モデル」というならば、「応募人員が多い」などというだけではなく、今までに設置された単位制高校などで生じている様々な問題も含めたリアルな分析をしてこそ説得力が出てくる。残念ながら、『白書』にはリアルな分析は描かれてはいない。

夜間定時制高校は勤労青少年の学校ではなくなった？

「勤労青少年の学校でなくなった」ということについてはどうであろうか。

『白書』は「常勤の就業者は約1割」となり、「勤労青少年の学校ではなくなった」として夜間定時制高校の使命は終わった。生徒のニーズは昼間学校に通うことだというように叙述する。

確かに、地方からの集団就職者が中心であった時代には「常勤の就業者」が大多数を占めていた。また、『白書』が述べるように「定時制高校に入学した1年生のうち、就業者は昭和48年度までは8割を超え、その大部分は常勤の雇用関係」にあった。

今でも、入学時点での「常勤の就業者は約1割」だが、依然として、定時制高校で学ぶ生徒の約7割は、パートやアルバイトなど形態は様々だが「就業者」として働きながら通ってきている。働いていない生徒には教員サイドからも働くことを進める。働くことが生活のリズムをつけるなど、教育効果をもたらすからだ。

今日、社会の変化のなかで就業形態の多様化も進んでいる。そういう時代に「常勤の就業者は約1割」を強調し、約7割の生徒が働いている実態を見ずに「勤労青少年の学校でなくなった」というのは木を見て森を見ない、リアリティーのない分析ではないだろうか。

行政の責任には触れない『白書』

『都立高校白書』には、教員の定数（配置基準）や、都立高校の施設・設備などについても書かれている。

教職員の学校ごとの定数に関しては、東京都の基準を紹介し、教職員の定数改善が必要とは記してある。しかし、都の教員定数が国の標準法定数と比べて全都で650人も少ない（95年度）ことについては触れていない。

学校の施設・設備に関しては、建築50年以上の学校（3校）や、道路計画で校地が1,000㎡以上削られる学校（14校）を実名をあげて例示した。そして「第一次・第二次実施計画」だけでも、名指しされた17校中6校が統廃合該当校となった（港工業・明正・小石川工業・千歳〈以上、道路計画〉、港工業・深川商業〈建築50年以上〉）。

また、都立高校の校地面積の平均（32,197㎡）は全国平均（76,775㎡）の半分以下であり、新しい校地を選ぶ際には約3万㎡を目安にしているが、この条件に満たない都立高校が148校もあり、「『高校教育に必要不可欠な施設』等に制約」があるなどの様々な悩みがあると記述はする。しかし、行政の責任については「悩みがある」「歴史の流れがある」というのみで明確には述べていない。

　この姿勢は「これからの『学校の施設・設備の在り方』に期待されること」として書かれている内容にも感じられる。そこでは、「小教室や分割使用できる教室の設置」や「快適な空間・ゆとりの感じられる空間」、「周辺環境との調和」などは掲げている。

　都高P連が実施したアンケートや「都立高校に関する都民意識調査」（都教育庁）で要望が高く、日常的な学びの場、生活する場として必要性のある空調設備（冷房設備）や食堂の設置などは取り上げていない。

　心地よい言葉の響きではなく、本当に求められていることを実現していくのが行政の責任ではないのだろうか。

第3章 紛糾した都立高校長期構想懇談会

1. 都立高校長期構想懇談会とは

　『都立高校白書』が発表されてから1ヶ月半後の96年1月29日、長期懇が都教委の諮問機関として発足した。市川正教育長が95年10月12日の都議会文教委員会において、96年早々には学識経験者などによる懇談会を発足させ、「21世紀における都立高校の長期構想を策定する」と表明していた懇談会である。

公募委員の募集

　長期懇の募集案内は、『都立高校白書』の概要が紹介されていた『とうきょうの教育』第35号（95年12月15日付・東京都教育委員会発行）などで都民に知らされた。

　長期懇の「委員公募要項」の施行日は95年12月14日。この日は『都立高校白書』が発表された日でもある。

　応募締切は翌96年1月15日。1ヶ月という短期間であったが94名もの応募者があり、提出された「21世紀に向けての都立高校のあり方への提言」に基づいて、高校生のお子さんがおられる女性2名、都立高校出身の男子大学生1名、学習塾経営の男性1名、計4名の公募委員が選任された。

　長期懇の構成は、この公募委員4名を含めて全部で25名（ほかに学識経験者11名、学校及び行政機関の関係者10名）、座長は河野重男東京家政学院大学学長（中央教育審議会委員・教育課程審議会委員）が務めた。

設置目的と諮問内容

　長期懇の設置目的について、都教委は「生徒の多様化」と「長期的な生徒数の減少」を踏まえ、「高校教育に対する都民の期待に応えて、都立高校の改革を図るため」「将来の都立高校のあるべき姿について、広い視野から検討し、創意ある意見を求める」としていた。

　そして、懇談会への諮問事項は以下の4点であった。

　1. 都立高校の個性化・特色化に関すること。
　2. 教職員配置、施設設備など教育諸条件の整備に関すること。

3. 都立高校の規模及び配置の適正化に関すること。
4. その他上記に関連する都立高校の改革に関すること。

都立高校長期構想懇談会への「諮問事項の説明」

　今日、高等学校は、多様な特性等を持つ生徒が学ぶ教育機関となっており、それを取り巻く社会環境も大きく変化し、高校教育のあり方が、いま、改めて問われている。このような状況を踏まえ、国においては、さまざまな教育改革が進められており、第14期中央教育審議会答申では「高校教育の改革」の理念として「量的拡大から質的充実へ」「形式的平等から実質的平等へ」「偏差値偏重から個性尊重・人間性重視へ」が提言されている。また、他府県では、国際化や情報化に対応したり、新しいタイプの高校の設置など高校教育の多様化・個性化に積極的に取り組んでいる。

　東京都においても、進学率が約96％となる状況の中で、都立高校の生徒の能力・適性、興味・関心、進路希望等の多様化が一層進み、学校生活に順応・適応できない生徒も一部に見られる現状にある。

　また、施設面でも学習環境や維持管理面での問題を抱えている学校も少なくない。このため、都教育委員会としても、これまで、入学選抜制度の改善や国際高校・単位制高校・総合学科高校等の新しいタイプの高校の設置、普通科高校へのコースの設置、各学校ごとの特色づくりなど、社会の変化に対応した都立高校教育の改善に努めてきたところである。

　一方、都立高校は、これまで中学校卒業者、進学希望者の増大に対応して、新設と学級増等により増加の一途をたどってきたが、少子化の進行により、長期的かつ大幅な生徒数の減少及びこれに伴う学校の小規模化が進行しているため、今後、都立高校の規模及び配置の適正化が不可欠な課題となってきている。

　そこで、都教育委員会は、来るべき21世紀に向けて、都立高校の課題の解決を目指すとともに、高校教育に対する都民の期待に応えて、都立高校の改革を図るための長期構想を策定する必要があると考えている。策定にあたっては、生徒が減少するこの時期を「都立高校の量的拡大から質的充実への転換を図る好機」ととらえ、都立高校の規模や配置の適正化を進めるとともに、教育諸条件の改善や既設校の新しいタイプの高校への転換などを通じ、都立高校の個性化・特色化を図っていくことが重要である。

　これらの視点から、将来の都立高校のあるべき姿について協議検討いただきたく、前記事項を諮問する。（第1回懇談会配布資料より）

月2回のペースで審議

　長期懇は、96年1月29日の第1回懇談会から翌年1月25日の最終回（答申時）まで、ほぼ月2回のペースで22回の懇談会を開き、審議が行われた。教育庁は当初12月答申を想定していた。

　諮問事項の検討に入る前に、共通認識を深めるということで「都立高校の現状と課題」についての自由討議を4回実施した。続いて、諮問事項(1)「都立高校の個性化・特色化に関すること」の論議を10回行い（第5回から第14回）、10月4日付で「都立高校の個性化・特色化について（審議経過の中間まとめ）」を都教委に報告した。

　10月からは、諮問事項(2)「教職員配置、施設設備など教育諸条件の整備に関すること」（15・17・18回）と、(3)「都立高校の規模及び配置の適正化に関すること」（16・17・18回）について、ほぼ同時に討議していった。

　96年12月2日の第19回懇談会では全体を通しての討議が行われた。そして「答申案」についての論議を12月24日・1月16日と行い、1月25日の「答申」となった。

　後述するが、ワーキング・グループから「答申へのまとめ（素案）」が提案された12月24日、「答申（素案）」が提案された1月16日の懇談会で異論が続出し、答申・議事要旨・答申にあたっての座長談話が「三位一体」という異例の形の「答申」となった。

　この間、4月15日の第4回懇談会において東京私立中学高等学校協会から意見を聞き（この場で都立高校は「90校減らしていいのでは」という発言があり、センセーショナルに報道された）、足立新田・飛鳥（6月11日）、晴海総合・日本橋（6月25日）、葛西工業・上野忍岡（10月31日）の6つの高校を視察している（12月2日、希望者で農業高校視察）。

長期懇は統廃合などを前提にしない

　河野座長は、長期懇における討議の基本的姿勢について次のようにまとめた。

　第1回において、諮問事項をどう受けとめ、どのような視点から検討していくかは長期懇が決めることと、長期懇の主体性を確認した。

　そして、4回の自由討議を受けた第5回の冒頭には、「『はじめに40校

都立高校長期構想懇談会委員名簿

学識経験者委員

河野重男◎	東京家政学院大学学長 (第14期中央教育審議会委員)
佐野文一郎○	東京国立博物館長（元文部省事務次官）
伊理正夫※	中央大学教授（東京大学名誉教授）
亀井浩明※	帝京大学教授（元都教育庁指導部長）
高倉翔※	明海大学教授（筑波大学名誉教授）
水上忠※	東京都立短期大学学長 (元都教育長・第14期中央教育審議会委員)
山谷えり子※	サンケイリビング新聞編集長
猪口邦子	上智大学教授
下村満子	東京顕微鏡院理事長（元朝日ジャーナル編集長）
テリー・ホワイト	オーストラリア大使館参事官
石井宏治	石井鐵工所社長

学校・行政機関委員

高嶺俊一	前東京都公立高等学校PTA連合会会長
中田康博	東京都公立中学校PTA協議会会長
藤野正和	前東京都高等学校教職員組合副執行委員長
川向末男	東京都公立学校教職員組合執行委員長
糀谷陽子	東京都教職員組合教文部長
萱原昌二	東京都立白鷗高等学校長
藤村仁	東京都立墨田工業高等学校長
今井重夫	大田区立田園調布中学校長
赤見市郎	あきる野市教育委員会教育長
桐山武	江東区教育委員会教育長

公募委員

小堤通子	会社員
首藤真樹	主婦
林喜代三	大学講師、学習塾経営
原田幸治	大学生、都立高校出身

◎：座長
○：副座長
※：ワーキング・グループ
（答申等の起草委員）

〈いずれも、第1回懇談会で互選〉

① 委員の肩書きは答申時。
② 第14期中央教育審議会の会長は清水東京都教育委員会委員長（答申時）、河野座長は学校制度に関する小委員会座長、水上委員は同じ小委員会所属委員であった。
③ 高倉翔委員は、99年12月発足した都立高校学区制度検討委員会委員長。

過剰ありき』ではない」と、統廃合を前提とはしない。「『はじめに新しいタイプありき』ではなく現在の高校を改善していく中で、生徒の多様な願いや新たな社会的要請に応えきれない部分について新しいタイプの構想も出てくる」と、現在ある高校の改善・充実が議論の前提であり、「特色ある学校づくり」は前提でない。人材育成の視点も必要と、述べていた。

2. 長期構想懇談会に都民の声の反映を求めて

都民懇談会の発足

　長期懇の発足とほぼ同時期に、委員に公募したが選ばれなかった人たちなどから新たな動きが始まっていた。長期懇の論議をできるだけ広く都民に知らせ、多くの都民の声を長期懇に反映していくことを目的にした「私的な懇談会」結成の動きである。

　96年2月、「中学卒業生急減期に向けて都立高校をどうするのかという懇談会が都につくられました。……都民が、国立・私立を含めて自由に話し合い、公的な懇談会にも反映できる私的な懇談会を」との呼びかけが行われた。

　そして、3月20日、東京の高校教育を考える都民懇談会（以下、都民懇談会）が正式に発足した（97年3月22日、東京の中学・高校教育を考える都民懇談会に改称）。

　都民懇談会は、長期懇のすべてを傍聴し、独自の貴重な記録を残した。

　そして、長期懇委員にも参加を呼びかけ、保護者・教職員・高校生など幅広い都民が参加した集会をほぼ月1回のペースで開いていった。集会で、長期懇の審議内容の報告や都立高校と私立高校の現状と課題、『都立高校白書』や「都立高校に関する都民意識調査」の分析、「答申案」の検討、高校教育に望むことなどをテーマに論議を行った。

　ある時、高校生から「30人学級にすればなにが変わるのか」との質問が出されたことをきっかけに、しばし「学級定員」についての話が続いた。

　高校の教員から、「教育効果から考えて、学級定員が少ないほど一人ひとりに目が届く授業ができる」という意見が出た。高校生からは、「少人

数の授業では、息抜きができなくてストレスがたまってしまう」などの声がでていた。

　結局、学級定員をただ少なくすれば良いというのではない。少なくなったら教員が教え方などを変えなければ、生徒は「目が届く」だけ息苦しくなる。学級定員の問題は、教える方法も含めて、生徒と教員の両方の立場から考える必要があると、議論がまとめられた。

都民の意見反映を求めた都民懇談会

　長期懇は、傍聴者を12人に制限し、机もなく、資料もないという状況でスタートした。しかし、都民懇談会などによる粘り強い交渉の結果、9月から傍聴者にも資料が配付され、机も用意され、希望者全員が傍聴できるようになった。

　さらに、高知県の「土佐の教育を考える会」が傍聴者の感想を委員に配布するというニュースを教育庁に紹介した結果、傍聴者の感想も委員に配布されるようになった。都民懇談会は代表世話人名で、12月から3回にわたり感想を提出した。

　それは次のような内容であった。

　長期懇は21世紀に向けた改革をテーマにしているが、21世紀の都立高校というグローバルな考察は行われていない。また、「個性化・特色化」が差別的多様化になるのではという懸念や、私学と公立との協力、入試のあり方、学級定員をはじめとした教育諸条件についての東京独自の教育的基準の設定に関わる討議など、論議が煮詰まっていない課題が多い。

　したがって、具体的構想をつくるには論議不足であり、都段階の研究協議機関と、地域の意見を研究協議機関に反映する地域懇談会の設置を要望する、などであった。

　また、都民懇談会は「審議経過の中間のまとめ」発表後、「都立高校の統廃合をしないで、すべての都立高校の教育を大切にする答申を」求めた署名に取り組み、12月2日に河野座長に提出している（最終提出数、11,310筆）。

　1万1千筆を超える署名は、長期懇に次のことを要請していた。

(1)「はじめに統廃合ありきではない」ことを再確認し、都立高校の統廃

合を前提とすることなく、教職員や生徒・都民の声を反映した議論を尽くすこと。
(2) すべての都立高校の教育を大切にすることを基本に、十分な論議を尽くし、「公聴会」などを開くこと。
(3) 希望するすべての生徒に高校教育を保障すること。
(4) 学級規模を全日制は30人、定時制は20人に縮小することや、国標準にも満たない都立高校の教職員定数を改善し、きめ細かい教育ができるようにすること。

なお、この署名について公募委員から「都民懇談会から多くの署名を受けたことは評価すべき。我々懇談会の役割は都民の皆さんの意見を聞き、都庁に伝えること」との発言があった（20回懇談会）。

東京都高校問題連絡協議会の要望

中学生の第二次急増期にさしかかった73年から、「希望するすべての子どもにゆき届いた高校教育を」と願って、高校増設や入試制度改善、私学助成充実、少人数学級実現などを求めて運動を続けてきた東京都高校問題連絡協議会（以下、都高連）は、都民懇談会の事務局を担うとともに、独自の要望書（要請書）を3回にわたり長期懇に提出した。

要望書の主な内容を紹介すると、
(1) 都高連が行ったアンケート（『都立高校白書』の感想・都の教育行政に最も望むこと）に表れた都立高校の現場からの声を審議に生かすこと。
(2) 「中間まとめ」発表後、学区ごとに公聴会を開催し、都民の声を丁寧に聞き、最終報告に反映させること。
(3) 希望者全員入学の保障と、「入学選抜制度」を廃止した「高校入学制度」の検討を求める。
(4) 東京の高校就学計画をつくる場でもある公私連絡協議会に、都民代表や学識経験者などの第三者を参加させ、全面公開にすること。
(5) 最終答申には「研究・検討機関の設置」を加えること。
などであった。

公聴会を求めた定時制高校を守る会

　都立定時制高校を守る会連絡会は長期懇に定時制の生徒・保護者や関係する都民の意見が反映する措置を速やかに講じることを求めて、96年6月20日に教育庁への要請を行った。そして、7月20日の総会を契機に「定時制高校の統廃合をしないで、充実振興策」の答申を求める署名活動を開始し、11月18日に提出した（最終提出数、8,405筆）。

　署名は、長期懇の中に定時制関係者が入っていないことを指摘し、夜間定時制高校の実情について詳しく論議されないまま統廃合の結論が出されることを強く心配すると述べ、次の内容について要請した。

(1) 夜間定時制高校の新たな統廃合計画を行わないこと。
(2) さらにきめ細かい教育をできるように教職員定数を増やすこと。
(3) 学級定員を20人にすること。
(4) 答申に夜間定時制高校の生徒・卒業生・保護者などの意見が反映するよう、公聴会などの機会を設けること。

　公聴会は実現できなかったが、97年1月18日の守る会連絡会拡大幹事会には2名の委員が参加し、保護者が子どもの成長を通して実感している夜間定時制高校の必要性を伝えた。また、資料郵送などによる長期懇委員への働きかけも行われた。

　これらの取り組みが反映して、「少人数集団」の良さなどが追加された。「答申へのまとめ（素案）」では、「定時制が勤労青少年をはじめ、さまざまな生徒に対して就学機会を提供していることから、配置の検討にあたっては、学校の特色や学校間の距離、交通状況などに配慮して検討する必要がある」と書かれていた。

　それが答申では「定時制が勤労青少年をはじめ、さまざまな生徒に対して就学機会を提供していることから、規模、配置の検討にあたっては、生徒が少人数集団の中で成長していくよい面や学校の特色、学校間の距離、交通状況などに配慮する必要がある」と、少人数の中で成長する積極面が書き加えられたのである（下線は引用者）。

3. 異例の形で出された長期構想懇談会「答申」

「こんなふうに議論が進んだか疑問」

「答申」へ向けた具体的討議が行われたのはワーキング・グループ（研究者の委員5名で構成）から「答申へのまとめ（素案）」が提案された20回懇談会（96年12月24日）からである。

提案を受けて、これまでの懇談会における議論との関係について、公募委員や学校関係委員などから、次のような意見がだされた。

「非常に納得できないものを感じる。一定の議論はあったが、こういう形で共通認識がもたれたかは疑問」「こんなふうに議論が進んできたかは疑問、というのが率直な感想。……生徒主体の長期構想という点が忘れられている」「このまま答申として出すことには反対。きちんとした議論の場をもってからとすべき」「中間まとめについても議論が不足している部分がある」。

もちろん、「この会の目的は都立高校の評価を高め、教育環境を整えるということで、このまとめの案は良い提案」という意見もあった。

ワーキング・グループの一人は、「答申」を具体的に実施して改革を進めるにあたっては「学校や保護者、都民の意見を聞き理解を求めるように」ということが、都教委への要望をまとめた「終わりに」の項目の意味であると述べた。

河野座長からも、子どもたちのためにも「これからの都立高校のあり方についての大きな方向を打ち出すことが、この懇談会の一番大きな課題……。まだ意見が一致しておらずここまで書くのはどうかという指摘もあったが……問題はまとめ方」という意見集約的な発言が行われた。

論議の中で、ワーキング・グループのメンバーが「ある案がでた場合、反対意見は明確に出せるが、こんなものかなと思っている人は意見をあまり言わないもの」と述べていた。だがこの日の懇談会は、討議経過から離れた事務当局（都教育庁）の要望を『都立高校白書』をベースにしてまとめたようにも思える「答申へのまとめ（素案）」への疑義ともいえる意見が続出したという印象であった。

内容面においても貴重な指摘

　内容面においても、第20回・第21回懇談会（97年1月16日）では、これまでの議論の総集編ともいえる貴重な指摘が多数だされた。

　学級定員についてはどうか。

　学級定員が「『少なくする方向が望ましい』というのは非常に官僚的な言い方。『望ましい』という言葉を使うなら『30人程度が望ましい』とすべき」。「他のG7諸国と日本の比較ということから考えれば1学級20人が基本だと思う。一気には難しいとすれば30人学級ということもあると思うが。『国の改善の方向を見据えながら』という表現を入れるのは残念。都なら国よりも、ロンドンやパリなどの公教育と比較して考えるのがグローバルということでは。……環境整備の面でも意欲的に世界水準を目指して欲しい」など、欧米諸国並の水準を視野に入れながら30人学級の実現を求める方向での指摘があった。

　次に学校規模についての意見を紹介する。学校規模は、学級定員とはちがって、「答申へのまとめ（素案）」に1学年6学級が基本と具体的に書かれていた。

　学校規模について「一定の規模が必要というが、その際、施設の面で国基準を満たしていくことができるかには触れられていない。……校地・校舎のこともふまえた学校規模の議論が必要」と、校地など国標準を満たしていない都立高校の現状をふまえながら、学校規模は教育環境と関連して考えなければならないという趣旨の発言があった。

　教職員配置についても、「教える方にもゆとりが必要。先生がゆとりをもって教えるにはどのくらいの数が必要かを、国基準などの枠にとらわれることなく考えていけば良い」など、「ゆとりある教育」のためには教職員定数増の必要性を指摘する意見も出されていた。

　教育環境（教育条件）整備の面ではどうか。

　「意欲がある子を入れるというより、意欲を引き出すような教育環境整備をどうするかというのが私達が自らに問うべき質問の形式」と、教育環境整備の基本視点に関わる意見も出された。

　少子化の時代は、「先進国並みに教育条件を整備する機会ということを押さえておくべき。国の改善の方向を見据えながらというのでは意味がな

い」などの指摘もあった。

また、「衛生的な環境で食事をする権利」が子どもたちにはある。「G7諸国でもキャフェテリア方式をとっていないのは日本だけだと思う」などと述べて、教育環境整備について生徒の安全・衛生から考える観点が不足しているという意見もあった。

また、都立高校を視察して感じたことは「新しいタイプの学校では恵まれた条件の中で学習していることを考えると……困難校に対する手厚い援助が必要」。予算配分は、特色ある教育を行っている学校に重点的に配分するのではなく、子どもの学習権保障ということから考えると「すべての学校できちんとした教育が行える保障が第一」と、困難校に手厚い援助と、子どもの学習権保障の視点から予算配分の平等を求める意見もあった。

ワーキング・グループのメンバーからも、個人的には「都立高校の良さを確認すべきではないかと思う。……できるだけ多くの子どもの学習権の保障というのは行政の責任で努力すべきこと」との発言も行われた。

「新しいタイプの高校」についてはどうだろうか。

総合学科に関連した発言だが、すべての高校を総合学科にする方向性を持っていないと「高校の仕組みをより複雑化し、エリート校をつくる方策にしかならない」と、高校のしくみが複雑（多様）になることやエリート校をつくることに危惧を表明する委員もいた。

また、「体育高校や科学技術高校については懇談会で十分合意ができていない」という指摘もあった。

都立高校の「多様化」に関連して容認している委員からも、多様化は、希望者全員入学を前提に考えてさまざまに選択できる場所をセットしておくことで「学校をつくりそこに適応する子どもを入れるということではない」、「多様化した学校間の関係についてきちんと考えておかないと、学校間格差を助長する方向で具体化されていく危険性がある」など、危惧や留意を求める考えが述べられた。

他の委員から、多様化問題とは離れてだが「子どもは迷うもの……有意義に迷わせるチャンスを用意すべき」と、高校教育のあり方を考える上で傾聴すべき発言があった。

学校の個性化・特色化については、「高校教育のそもそもの姿を個性

化・特色化で保障できるのか。……（全日本中学校長会の委員会）提言でも基本的には同じような高校であって欲しいと書かれている。……（一人ひとりの子どもの個性を伸ばすという点では一致しているが）そのために学校を個性化するということについては議論」がないと述べた委員もいた。

夜間定時制高校についても、「不登校やいじめ、学ぶときを知った大人など……さまざまな生徒の必要性を満たす場所」としての必要性も述べられ、定時制の規模について、1学年2学級以上とすることには強い反対意見が複数の委員から出された。

都立高校の統廃合についてはどうだったか。

統廃合の根拠でもある生徒数の減少に伴う学級減に関して「『学級減の将来予測』は40人学級を前提に計算しているが、将来的には変わっていくはず。あえてこの数字を出す意味はない」と述べた上で、「統合、移転という言葉が出ているが、これまでの議論でそうした方向の同意はできていない……。議論が煮詰まっていないのにそういう言葉を使うのは問題」と指摘された。

審議延長を求めた7委員要望書

21回を目前にした97年1月13日、公募委員全員を含む7名の委員（他に中学教員・高校教員・中学PTA関係委員各1名、座長・副座長・ワーキング・グループを除く委員の40％）から「最終答申をまとめるにあたっての要望」が文書で河野座長に提出された。

要望書は、「懇談会では、時間的制約もあって意見を言うだけで討論までに深まらず……『中間まとめ』と『素案』を合わせて読むと長期構想というよりも現実的な差し迫った課題に応えるためのものになっていないかとの疑問が残ります」と指摘し、「これまでの審議経過を考えると残された時間は不十分であり、『中間まとめ』が2ヶ月近く遅れたことを考慮した期間延長か、審議時間・方法の工夫が必要」と要請した。

これはその前の20回（96年12月24日）に提出された「答申へのまとめ（素案）」が、討議経過からかけ離れた内容であるとして各委員から批判を浴びたことを反映し、審議不十分なまま、「答申」が一方的にまとめられることへの懸念と反発に基づくものであったと思われる。

21回（97年1月16日）の冒頭、要望書提出委員の一人から、7名「共通の意見として、審議が深まらないまままとめられた印象が強く、このまま答申というのはいかがか」と、要望書の趣旨が述べられた。

拙速な答申は問題

21回は論議としては最終回であり、前回の議論をふまえてワーキング・グループが修正した「答申（素案）」の審議が議題であった。

この日も前回と同様、「意見の応酬がなされたうえで、これ以上議論してもダメだろうということでまとめるならわかるが、現在の状況でそうなっているかは多いに疑問。長期構想の段階で拙速になっては何にもならない」など、議論が深まらないまま、拙速に答申としてまとめるのは問題という趣旨の意見が述べられていた。

また、「答申」をまとめなければならないと述べた委員からも「2年後なり3年後なりに、検証する機会を設けてはどうかとも思う」という意見が出された。

論議不十分な点について具体的に指摘する発言も続いた。

「『適正配置』という言葉が多く出てくるが、どういう観点で適正配置するかについてもっと議論を深める必要があった」。

「都立高校は地域の要でもあり、財産……資産運用の面と地域感情の面を両方考慮するなら、統合でなく、充実につなげる議論もあって良かった」。

「都の独自の基準を新たにつくるといった検討が十分でなかった……。例えば、生徒にゆとりある教育をするには先生にもゆとりが必要だが、そのためには現在の基準でいいか」ということについてもっと議論すべきだった。

「新しいタイプの高校については……議論が煮詰まっていない……。例示ということならかまわないが」。

「選抜制度は学校施設など教育条件が整わない中でのやむをえない措置として導入されたもの……教育条件が整っても残す意味については考える必要がある」などと。

答申は都民的論議の出発点に

21回では、長期構想策定にあたっての都教委への要望も次々と述べられ

た。

　「この答申が伝家の宝刀になり統廃合に拍車がかかっては困る」。「実践的な段階で行政が自らの立場で解釈して改革を進めるなら懇談会の意味がない。……新しいタイプは例示と解釈して欲しい。……各学校、各地域での自由な論議により改革を進めていくのが本当の自由化だと思う。……この後の論議を委ねますよ」など、「答申」を都民的論議の出発点として扱うことを都教委に求める発言もあった。

　河野座長も、「各学校・地域で自主的・主体的にということは、まさに答申素案に書かれていると同時に、都教委に対する要望として議事要旨に明確に残り、また、答申を出すにあたっての要望事項として都教委に申しあげる。都はこの趣旨を受けてやってくれるはず」と述べていた。

　また、都教委は「さまざまな形で都民の声を聞く機会をもつと明言しているが、特にこれからの社会を担っていく若い世代の考えを聞くということを強調して欲しい」との要望もだされた。統廃合も改革を進める一つの方法と述べた委員も「教育の観点が生かされ、生徒や保護者、地域の意見を聞きながら行われるなら」という前提条件をつけていた。

　都教委が施策を遂行していくうえでの基本姿勢について、都教委が「進めていくときには、保護者や地域などの意見を聞きながらやっていくということは討議の中で自明の理として出ており、きちんと確認しておく必要はある」とワーキング・グループのメンバーが述べていた。「議事要旨には貴重な意見があり、そのことに心して行政で努力して欲しい」と発言した委員もいた。

　河野座長は、懇談会の論議を受けて、議論が深まっていないという受け止め方があるのは「座長として責任を感じている」と述べた。

　その上で、答申の際、座長談話という形で都教委への要望を伝える。議事要旨も、都教委が教育行政を進めるうえでの方向性の一つとして重く受け止めると確信しており、歯止めにもなる。18日にワーキング・グループで再修正するので、意見があれば出席するか文書での提出をお願いする。次回には「答申」を提出すると要請して、この日の懇談会を終えた。

答申・議事要旨・座長談話は三位一体

　97年1月25日、発足から約1年を経過した長期懇は最終回（第22回）をむかえた。
　冒頭、河野座長が「①答申に盛り込めなかったこと、これからのあり方についての要望については議事要旨に明確に記載され、行政としても重いものとして受け止めていただく、②答申の中でも重要なこと、これからの改革の推進について要望すること等についてまとめたものを、答申にあたり座長談話として申し上げる」「答申、議事要旨、座長談話が、いわば三位一体となった形で答申として施行したい」と述べ、「座長談話」が承認されてから審議が始まった。
　これまでの流れから答申案を承認するが、議論が十分深まったかについては疑問を持っている。議論の継続が取り入れられ、そこが肝心なことと確認できたのはよかった。改革の実施にあたっては、保護者や学校、特に地域の意見を聞き、関係者の理解のもとに行って欲しい。これまで以上に都民の声を聞く教育委員会であって欲しいと、具体化にあたっては行政主導ではなく、関係者を含めた議論が丁寧に行われることを望んだ発言が続いた。
　審議の最後に、河野座長は「座長談話の1を『おわりに』に入れてはという意見もあったが、座長談話は答申と並ぶ重要な意味をもつもので、このままということでご理解いただきたい」とまとめた。これは、具体化に当たっては幅広く意見を聞き、関係者の理解のもとに進めることを求めた「座長談話」の1が多くの委員が主張しているポイントであり、懇談会の最大公約数の意見であることを意識して述べられたものであろう。
　その後、「答申」が承認され、清水司東京都教育委員会委員長が会場に入ってきた。
　河野座長は、テレビカメラの前で、委員と傍聴者の見守るなか、清水司教育委員会委員長に「これからの都立高校の在り方について（答申）」を手渡し、「都立高校長期構想懇談会の答申にあたって」と題する「座長談話」を読み上げた。
　そこでは、改革実施にあたっては幅広く意見を聞き、関係者の理解のもとに、学校の主体性を重視して進めることを求めている。また、踏み込んだ検討が行えなかったものの、貴重な問題提起や意見が議事要旨に記録し

都立高校長期構想懇談会の答申にあたって（座長談話）

　都立高校長期構想懇談会は、昨年1月東京都教育委員会から諮問を受け、短期間ではあったが、22回にわたる審議を重ね、本日答申のはこびとなった。

　本懇談会の審議の過程においては、これからの都立高校のあるべき姿に向けて、さまざまな角度から活発に意見が出されたが、諮問を受けた事項について、大筋の方向性を示すよう答申をまとめたものである。

　東京都教育委員会は、この答申の内容にそって速やかに具体化し、生徒や都民にとって魅力ある都立高校を実現してもらいたい。

　具体化にあたっては、次のことに留意されるよう要望する。

1　改革の具体的実施に当たっては、さまざまな形を工夫して、保護者、学校関係者、地域の意見などを幅広く聞く機会をもち、関係者の理解のもとに施策を展開するよう努めること。

　　また、各学校が創意工夫をこらし改革に主体的に取り組むことが必要であり、学校と東京都教育委員会が一体となって積極的に改革に取組むこと。

　　東京都教育委員会は各学校の取組みに対し、必要な支援に力を尽くすこと。

2　都立高校の個性化・特色化は、学校に対する序列意識を払拭することも大きな目的として推進するものであり、この趣旨を広くPRし、都民の理解を得るよう努めること。

3　都立高校が開かれた学校として、地域との関係をより深めて、学校から地域へ、地域から学校へ、双方向で連携を深め、地域の生涯学習の拠点となるよう一層努めること。

4　東京の高校教育が都立と私立ほぼ半々で行われていることは、全国的にも特徴的なことであり、今後なお一層、公・私が協力しあって、都における高校教育の充実・発展に努めること。

5　本懇談会における審議の過程で出された意見や要望の中には、貴重な問題提起や教育の本質に触れる意見等があったが、諮問された内容との関係や時間の関係などから、踏み込んだ検討が行えなかった部分もある。

　　これらの意見や要望については、議事要旨に記録してあるので、<u>今後の検討にあたって十分に活かしていくこと</u>。

　　　　　注：下線部は、最終回の懇談会に資料として配布された「座長談話（案）」では
　　　　　　　「今後の検討の参考として活用すること」となっていたが口頭で訂正された。

てあるので「今後の検討にあたって十分に活かしていくこと」を要望した。とくにこの部分は、当初提出された「座長談話（案）」では「参考として」とされていたものを、あえて口頭で訂正した。

さらに、河野座長は「答申、座長談話、議事要旨は一体になったもの」と直接委員長に述べ、「答申」だけでなく、三者が一体となって懇談会の意向が表明されていることを強調し、「とくに（座長談話の）1項が大切だという意見があった」とも付け加えた。

「三位一体」の答申を受け取った清水委員長は「都教育委員会としても……ご意見を十分反映させるよう努力することをお約束する」と応えていた。

座長談話の重み

長期懇は、「これからの都立高校の在り方について（答申）」と「都立高校長期構想懇談会の答申にあたって（座長談話）」、さらに22回の懇談会の「議事要旨」を含めた三位一体の「答申」を、都教委に提出した。この種の懇談会としては極めて異例の形での「答申」であった。

異例の形になったのは、答申案の審議の過程で「論議不十分」「共通認識を得た内容か疑問」などと多くの委員から指摘され、「答申」を今後の幅広い論議につなげていく改革のプロセスの出発点としてまとめることを、ようやく了解された経過があったからである。

そして、都立高校の改革を進めるにあたって都教委及び教育庁が守らなければならない基本方針、留意すべき内容を懇談会の総意として示したのが「座長談話」であった。なかでも、幅広く意見を聞き、関係者の理解のもとで改革を進めるよう求めている「座長談話」の第1項目は、答申時に河野座長が「大切だという意見があった」と特に言及したことが示すように特段の重みを持つ内容である。

長期懇「答申」を東京都のホームページで見ると、初めに「座長談話」が掲載され、その後で答申本文という形になっている。これも「座長談話」が重要な意味を持っていることの表れであろう。

委員の想いが語られた最終回

　各委員からは1年間の審議の最終回ということもあり、都立高校改革への思いを込めた総括的な発言が続いた。

A委員：子どもに開かれたということでは、これまで以上に努力して生徒理解を深め、心の開かれた教師と生徒の関係を築いてほしい。この答申の方向性を生かし、高校時代が子どもの人生にとって意味のあるものとなるような高校づくりをして欲しい。

B委員：希望者全員入学についても「生徒をできるだけ受け入れていく方向で検討することが望ましい」と表現されており、これからの選抜制度を考える上での一つの示唆ともなるように思う。

C委員：改革は連続的なプロセスであり、この答申もその第一歩と理解して受け入れたい。個別のことでは、30人学級を目指すという表現が入ればとは思ったが、「将来的には少なくしていくことが望ましい」と言い切ったという説明があり、実現可能性のある表現として選ばれたと理解したい。一委員としては将来的に30人学級を目指して欲しいし、それにより学校数も減らさないこともある程度可能になる。地域から学校が少なくなることはできるだけ避けて欲しい。

D委員：答申、座長談話、議事要旨が一体ということで、この1年間、25人の委員の方が議論してきたことが何とか反映できたのではないかと考え、この答申に賛成する。

E委員：生徒や教職員、保護者、地域の期待や思いといったものをもっと話したかったし、そうしたことが十分議論されたかというと疑問がある。この答申は第一歩だ、あるいは、今後は学校や地域の議論に委ねる部分が多いという意見があった。そこで、座長談話の1については、多くの委員が主張しているポイントでもあり、答申の「終わりに」に入れてはどうか。

F委員：生徒を中心に改革を行っていくこと。都立高校がこれまで果たしてきた良い面が表現されているのは評価したい。今後具体的な施策を実施するにあたっても、懇談会に都民が公募委員として入ったように、都民が参加できる場を確実にもって欲しい。

G委員：これまでの流れから、この答申案を承認するということは確認す

る。ただ、議論が十分深まったかについて疑問をもっていることに変わりはない。その意味で議論の継続ということが取り入れられ、そこが肝心なことと確認できたのは良かった。

H委員：視察した学校の一つで、校地は狭いが、生き生きとした教育が行なわれている印象を受けた。地域とも十分話し合った上で統廃合するのは止むを得ないと思うが、狭いというだけで統廃合の対象として議論されるのはいかがか。この答申は、行政よりも都民が喜ぶ方向につなげて欲しい。

I委員：改革の具体的な実施にあたっては、保護者や学校、特に地域の意見を聞き、関係者の理解のもとに行って欲しい。これまで以上に都民の声を聞き、自由に話し合える教育委員会であって欲しい。

J委員：生徒減少を機に学級定員30人以下としてゆとりをもたせ、狭いと言われる都の校舎や運動場も含め、今ある学校を最大限活用していくことはできないかと考えてきた。何よりも人間への共感を育てる教育を、今の時代だからこそ大切にしたい。ゆとりを大切にし、子どもが学びの意味や目的を取り戻して欲しい。学校の配置については、画一化することなく、小さい学校や大きい学校があり、それを支える地域があるといった形となるよう、具体化にあたって話し合いの機会がいろいろな形でもたれるよう望んでいる。子どもはだれでも潜在的な意欲があり、それを引き出す教育環境を準備するのが大人の課題だという意見が印象に残る。

副座長：この課題を審議するには1年では短いというのが最初の感想。教育は国家百年の計で、国政なり都政の中で高い優先順位が与えられてしかるべきだと思う。しかし同時に、答申を行政が実行に移す場合には、教育といえどもこれからの行財政の中では聖域ではなく、納税者である都民にこの計画はそれだけの価値があるということを謙虚に懸命に説明する姿勢を持ち続けていただきたい。

長期構想懇談会の答申

長期懇の「答申」は、『これからの都立高校のあり方について』と題している。「答申」は、『都立高校白書』の延長線上にあり、「30人学級実現」をはじめとした教育諸条件改善などについて具体的に踏み込んでおら

ず、生徒・保護者・教職員・都民の期待に応えるものになっていない。

　学級定員に関して、長期懇の論議が行われているさなかに『毎日新聞』が「欧米と比較しても20人学級はぜいたくなことではない」（96年5月）と、社説で取り上げている。

　しかし、「答申」は「将来的には、学級定員を段階的に少なくしていくことが望ましい」と述べるにとどまっている。「21世紀にむけて」の長期構想であるにもかかわらず、30人学級や、欧米並みの20人台学級実現への具体的目標の提言がされていない。

　その一方で、生徒減少期なのだから「学校規模を確保するため、統合も含め適正な配置を検討する」と、統廃合を求めているような表現がある。具体的には、「新しいタイプの高校」の設置を「普通科と専門学科等の発展的統合や既設校の改編を含め、工夫を凝らして推進する」こと、定時制では「1学年複数の学級規模を確保すること」や昼間定時制独立校の設置による適正な配置・再編成などが示されている。また、都市計画道路が校地を通る学校や校地狭隘校、改築困難校などについては、移転・統合等を検討すると、統廃合を示唆している。

　また、都立高校の「個性化・特色化」の推進を強調している。そのためには、都立高校間で「切磋琢磨」しあうことが大切だと述べる。そして、「主体的に個性化・特色化を推進できるように」重点的な予算配分を実施するように提言している。

　ここには、すべての都立高校の教育条件を平等に改善していく視点はなく、公教育の理念を忘却しているのではないかと思わざるを得ない。

　「答申へのまとめ（素案）」にあった「『学校の常識は社会の非常識』といわれる」などの表現は、さすがに削除された。しかし、「教員の意識改革」と、教員の資質・能力の向上が急務とは記している。そのための方策として、民間企業との連携をも含んだ研修の強化を例示している。

　「多様化は多忙化」とも指摘される。「教育改革の鍵的条件は教職員のゆとり」という日本教育学会のプロジェクトチームの提言もある。必要なのは国標準より少ない教職員定数の改善と増員、自由な研修によるゆとりと自由である。

　「教育は人なり」と資質・能力を問題にするのは、「今の教員は問題あ

り」として、いま必要な、あるべき教育改革に向けての国民的・都民的な論議をすり替えることになるのではないかと危惧する。

学校数で見れば全国有数の巨大学区である東京都において受験競争を激化させる「隣接学区からの受験の機会」の拡大など問題点は多々ある。

また、「議事要旨」と「答申文」を比較して読むと、懇談会の委員からも指摘があったように、このような論議が行われたかと思う箇所がある。一例をあげると、答申文での中心的主張となっている「個性化・特色化」は、最終盤に論議の不十分さが明確になった。

これは論議が不十分なままで、「答申」文作成の作業に入り、抜本的な見直しを行わなかった結果であろう。

もちろん「答申」で評価すべき点もある。本文の「終わりに」の項で、「教育改革は、学ぶ側の立場に立って……進めることが重要」と述べていることや、定時制の少人数教育の良さを明記したこと、学級定員の減少を目指すと断言したことなどである。

そしてなによりも、長期懇における最大公約数の合意事項は、三位一体の「答申」を出発点にした関係者などによる論議の継続を求めたことにあることを忘れてはならない。

長期懇は、懇談会という性格と時間的な制約からか、事務局の原案に沿って各委員が意見を述べるだけで、審議議題を設定してかみ合う論議を煮詰めるという運営はされなかった。また、今の都立高校の現状の中から、なにが最も緊急を要する課題かを探り、その解決のために、長期的な視野に立ち、世界の教育状況も併せて、どのような解決の方向を明らかにすべきかといった論議も行われなかった。だからこそ「審議不十分」との意見が続出したのであろう。

このような流れからみると、座長談話・議事要旨と切りはなした「答申」のみを、いきなり教育庁内部の検討だけで行政施策とすることにはムリがある。

都教委と、その事務方である都教育庁には、「答申」をさまざま方法を駆使して都民的論議に付し、それをベースにして、研究者・学校関係者・都民などで構成する開かれた研究協議機関を改めて設置し、長期構想策定のステップにすべき責任が問われているのである。

第4章
統廃合は許せない
計画の見直しを求める動き

1. 第一次実施計画が発表された

「長期計画」に都民の声の反映を

　長期懇の「答申」を経て、都教育庁内部で長期計画の策定作業が行われている時期にも、広く都民の声を聞くことを求める要請が行われていた。

　広く都民の声を聞き、行政の計画策定に反映させることは、長期懇の最終盤の議論や、それを反映した「座長談話」をみればわかるように、最も重視されなければならないことである。都教育庁自身が、計画の検討段階においてたたき台としての素案を示し、各地域で公聴会などを開き、さまざまな形で都民の声を丁寧に聞く機会をもち、計画に十分反映させるための取り組みを積極的に推進しなければならないはずであった。

　しかし、このようなことは一切行われないまま、97年7月15日に「都立高校改革推進計画・第一次実施計画」該当校（案）が「揺るぎのない案」として公表され、9月11日に策定された。

　東京の高校教育を考える都民懇談会は、長期懇の「答申」を検討する"集い"を97年3月23日に開催した。この"集い"での討議をうけて、4月14日に東京都知事と東京都教育長宛に「要請書」を提出した。

　要請書は、「『答申』に沿って現在実施計画がまとめられつつあると聞いておりますが、ぜひともその中間報告を広く都民に知らせてください」。「『座長談話』にあるように広く地域住民の声を聞くための具体的な方策をとってください」と、中間報告を示して都民の声を聞くことを求めていた。

　都高連も同じ日に、「都立高校長期計画策定にあたっての要請書」を知事と教育長に提出した。

　都高連の要請書は、高校教育改革は「答申にあるように『学ぶ側の立場に立って進めることが重要』」と指摘し、答申にも明記されているように『さまざまな形で保護者や都民の声を聞く機会』を持ちつつ……憲法・教育基本法に基づいて計画策定が進められることを望む」としていた。

　その上で、計画策定について強く要請する項目として、次の4点を長期懇の「答申」をふまえながら詳述している。

第1は、希望するすべての子どもの高校進学を保障すること。
　第2は、公立・私立を含めた高校入試制度について、都民参加の民主的な検討機関を設置して抜本的見直しをはかること。
　第3は、30人学級の実現、教職員定数増などの教育条件の充実をはかること。
　第4は、長期計画（案）の中間報告を発表し、「座長談話」にあるように「保護者・学校関係者・地域の意見などを幅広く聞く機会」を設定し、「関係者の理解のもとに施策を展開するよう努める」ことであった。

「暑い夏」が始まった

　都教育庁の都立高校改革推進担当者は、都立高校の統廃合・改編に向けての学校視察を97年3月頃から始めた。
　学校視察を受けた学校では、教育庁の担当者が学校周辺や校舎などを見て回ったり、学校長に「昼間定時制・単位制についてどう思うか」などの質問を行ったり、学校改革のプランの説明を求めたりした。また、「3ヶ年の実施計画に入れる場合は7月に打診がある」といわれた校長もいた。
　6月13日に都高教の行った「長期計画」と「98年就学計画」についての要請の席で、阿部伸吾都立高校改革推進担当部長は「3ヶ年の実施計画を含む『長期計画』を9月に出す。ある程度固まった段階で示して理解を求めたい」と述べるにとどまった。
　該当校校長への教育庁からの「打診」は、6月下旬から7月初旬にかけて行われた模様だ。
　ある該当校の校長は、「打診」直後の臨時職員会議で「教育委員会より総合学科の打診があった。私にとっても寝耳に水の話だ。現場の理解を求めるようにいわれてきた」と述べていた。
　あわせて何人かの校長の気持ちを、「ババ抜きで引かされた気分」と見出しを付けて都立高校の統廃合・改編問題を報じた『読売新聞』夕刊（97年7月22日）の記事から見てみよう。

　　三部制で朝から夜まで授業を行う定時制の代々木高校（渋谷区）は、以前から老巧化した校舎の建て替えを求めてきたが、都教委から「現在

地での改築は難しい」との返答があった。かわって15日には「烏山工業全日制、明正定時制と統合し、昼間定時制のチャレンジスクールにする」との計画が示された。

星野佳正校長は「予想されていたことが現実になった。他校と発展的に統合するということで、廃校になるとは考えていない。本校の伝統が新しい昼間定時制高校のモデルとなると思う」と重い口調で話した。

また、牛込商業（豊島区）は全日制の部が池袋商業（北区）と統合して新たな商業高校になり、定時制の部は募集停止となる計画。同校では今後、教職員らとの話し合いを通じて、統合計画に対する質問状をまとめることにしているが、斎藤武捷校長は「校舎がどうなるのか、教員がどうなるのか、計画にはわからない部分が多くて新しい学校像が明確でない」と、とまどいを隠さない。

ある高校長は「都の財政難を考えると、都立高の削減はやむを得ないと思っていたが、本校が対象になるとは考えていなかった。ババを引いてしまったようなもの」と打ち明けた。

「打診」を受けた該当校では職員会議が開かれ、校長からの説明が行われた。当然のように、多くの教職員から「どうしてうちの学校なのか」「総合学科とは」「チャレンジスクールとは」「計画の具体的内容は」「あまりにも唐突、いままでの学校の努力に水を差す」などの疑問や異論が続出した。校長も、「打診」の段階では、開校年度や学校規模など、計画の具体的内容について十分には知らされていなかったようであり、「具体的なことはなにも聞かされていない」と答えるのが一般的だった。

すでに「打診」の段階で、都高教の分会として「教育委員会への要請」を行った職場もあり、「統廃合の白紙撤回を求める」職員会議としての意志がつぎつぎと表明されていった。

ここから、「暑い夏」が始まった。

全国に先駆けた高校再編

97年7月10日朝、都教育庁の都立高校削減計画について『読売新聞』が一面に「都立高（全日制）29校を削減／01年までに66校を統合・改

編」という見出しで報道した。

　東京都教育庁は9日、現在208校ある全日制都立高校を2010年までに29校削減し、179校とする内容の長期統廃合計画をまとめた。全体の約32％にあたる66校を順次、統合・改編することによって削減する。統合・改編では、総合学科高校や中高一貫校など「新しいタイプの学校」を設置する。少子化による生徒数の減少を機に、高校数を大幅に削減するとともに、思い切った高校の個性化・特色化を図ろうという計画で、全国に先駆けて大規模な高校再編が始まろうとしている。
　……生徒の多様化や急激な少子化などの変化に対応するため、都教育庁は昨年、有識者らによる「都立高校長期構想懇談会」を設置。今年1月に「統合も含め、適正な配置を検討する必要がある」との答申を受け、長期計画の策定を進めていた。
　具体的に統合される学校が決まった段階では、学校関係者や父母、地域住民などから様々な反応が予想される。同庁では今後、関係者らとの協議や財務当局との調整を進める。

　この報道に関して、都教育庁は都高教の緊急要請に対して「新聞報道については、本当に驚きとまどっている。都教委として発表したものではない。事務的に検討している案の一つであり、確定したものではない」と答えた。
　しかし、『読売新聞』の報道から5日後、長期懇が「答申」を清水司都教育委員会委員長に提出してから半年後の97年7月15日に、第一次実施計画」該当校（案）が、該当する学校の校長と組合に正式に提示された。「研究協議機関」も設置されず、一度も「公聴会」が開かれないままに。
　「はじめに統廃合ありき」ではなく、教育条件改善こそ最優先させること、トップダウンではなく、情報を公開し学校現場の実態を踏まえた討議を求める「要請書」を6月13日に提出し、「定時制の灯を守れ！　6.28都民集会」などを開いていた都高教は、該当校（案）が公表された7月15日に長期計画に対する「闘争宣言」を出した。

2. 次つぎに異議申したてが

定時制守る会が申し入れ

　学校名の提示から3日後、7月18日には都立定時制高校を守る会連絡会が市川正教育長宛の「定時制高校の統廃合をやめ、一層の振興を求める要望書」を、2,400余筆の署名を添えて小海博指都立高校改革推進担当部長に提出した。

　この日の要請でも、2日前に就任した小海部長に保護者・卒業生などが体験を踏まえて次々と怒りの気持ちを訴えた。

　「3年も前に定時制の必要性を訴えたが、そういう訴えが反映しているのか。今回、新聞に鮫洲工業高校という名前が出ていたので、憤慨というか、憤りを感じている。

　私も清水の定時制を出たが、いま実際に置かれている定時制とは全然違う。

　子どもが昼間の高校に残念ながら行けなかった。2年ぐらいから率先して学校に行くようになった。昼間アルバイトをしながら行ってた。その中でクラブ活動をし、学力もあがってきた。何が原因なのだろうかと聞いたら、少人数クラスの定時制では、何とかこの子たちを一人前にしたいという先生の情熱が伝わってくるという。担任の先生は、自分の意見や生き方をじっくり話してくれるという。

　やはり、少ない人数で教育を行うメリットがあるのではないか。思春期の子どもにとって大切なことなのだとつくづく感じた」

　「うちの子も、中学の時は落ちこぼれだったのです。ですけれども定時制に行き、先生と親、先生と子どものコミュニケーションがすごく取れていると感じました。

　新聞を見ていると、都立高校をつぶすとか、なくなるとか書いてある。都立の高校をなくされるということは、定時制もそうですが、他の子は私立に行きなさいということになりますよね。お金のない家はどうするのでしょう。頭の悪い子は、高校に行かないで働けということなのですか」

　「私の同じ学年の子でも、職場から学校までの距離が近いから通えた。

学校に来たいが沢山距離を歩いては行けないので、近くに高校があったから行けたのだという人もいる。

　教育のことを、上の人たちが考えてくれているかも知れないけれども、今生きて、今通っている生徒たちの気持ちを考えてやっていかなければ解決しない」

　「廃校・統合ということを考える段階で、生徒さんが自分たちの学校ということにどれだけの思いを持っているのか。そして、今の定時制で、救われた生徒さんが沢山いることをご理解になっているのだろうか。そういうことがおわかりになっていたら、こんなに簡単に統廃合を、保護者・生徒に説明もなく、相談もなく、一つの方向として打ち出すことができないのではないか。

　今日の場も、私どもの方からお願いして出席いただいたという。本来ならば、教育委員会の方から、対象になっている学校の保護者・生徒、そして教員の方の意見を事前に聞かれて案をつくる。そして、案をそのまま実行して良いのかを聞くというように慎重にやって欲しい。本当に自信があって、よい教育ができるとお考えなら、何回でも説明できるはず。そういう場を設けられないというのは、なにか違う部分があるのかなと邪推せざるを得ない」などと。

　定時制守る会は、9月11日の策定までに3回の都教育庁要請を行った。

始まった都立高校PTA関係者の動き

　7月16日の『読売新聞』夕刊「都立高校統合・改編の第一弾　千歳、忍岡など24校」を見て、該当校を知った都立高校のPTA会長経験者たちの間からも、新たな動きが始まった。

　『都立高校白書』が出され、長期懇が発足した年度でもある95年度に、都高P連副会長をしていた國松さんらの呼びかけにより、8月8日に都立高校の統廃合・改編を考える会が現旧のPTA関係者によって発足した。

　「都立高校統廃合・改編対象候補校関係者」へ発送された「参加の呼びかけ」は、

　「1997年7月16日付読売新聞夕刊の都立高校29校削減、66校の統廃合・改編計画の第一弾、『24校の名前が明らかになった』という記事をお

読みになりましたか？

　私達は、この記事に名前が出た数校の現役PTAの方々より、どう対応すべきかとのご相談を受けました。

　東京都教育庁からの正式発表は9月に予定されているとのことですが……東京都教育委員会の諮問機関『都立高校長期構想懇談会』の答申にあたっての座長談話には、具体化にあたって保護者、学校関係者、地域住民の意見を聞き関係者の理解のもとに進めるべきであると記述されています。

　統廃合・改編該当校として名前が掲載された学校のPTAとしても、子どもや保護者の意見を広く聞き、意見を整理して、より良い統廃合・改編になるよう準備する必要があると思います」と、述べていた。

　会の発足を呼びかけた人たちは、役員としてPTA活動に加わる中で、少しは教育の場に関わった感じがしており、子どもたちに犠牲を強いる統廃合・改編計画が他人ごととは思えなかったと、語っている。

　8月に3回の会合を持った都立高校の統廃合・改編を考える会は、青島幸男東京都知事及び市川正教育長宛の「『都立高校改革推進計画（案）』の全面開示などを求める」緊急署名に取り組んだ。

　この署名は、「8月31日現在、統廃合・改編対象校において『PTA役員の一部に発展的統合についての協力要請』が行われただけであり、一方、生徒や一般の保護者及び都民（地域住民）へは『都立高校改革推進計画（案）』が新聞報道や風聞として断片的に伝えられているにすぎず、未だに責任ある開示はされていません。計画全容が判らなければ協議もできず、理解し協力することは不可能」として、「協議」のための前提として「都立高校改革推進計画（案）」の全面開示を求めていた。

　そして9月9日には、浪花武夫都立高校改革推進担当課長に1週間で集まった1,699筆の署名を手渡し、要請を行った。

永福高校関係者の取り組み

　該当校は、突然指名された理不尽な統廃合計画を阻止するために、フル回転で動いた。

　事態を卒業生や保護者に知らせるとともに、都教委・教育庁及び教育委

員への要請、駅頭でのビラまきと署名活動、区議会請願や都議会請願など、やれることは何でもやろうと取り組んだ。

一例として、杉並区にある永福高校関係者と、北区関係者の動きを見てみよう。

永福高校では97年7月9日の臨時職員会議において、校長から「都教育庁より統廃合による総合学科への転換という打診があった」と知らされた。質問が続出し、その場で「白紙撤回を求める職員会議決議」が採択され、翌10日、校長が職員の意向を伝えに教育庁に行った。

7月15日には、校長が都教育庁に呼ばれ「桜水商業高校と発展的に統合する」「2002年度に募集停止」「9月に教育委員会で決定する」という事務局案の提示を受けた。翌16日、教職員は、職員会議や都高教永福高校分会の職場会で「白紙撤回を求める」ことを再度確認し、署名づくりなどの本格的な取り組みが始まった。

PTAも7月25日に開かれた運営委員会で「統廃合反対」を確認し、PTAの性格からして統廃合反対を掲げづらいとして永福高校父母の会を発足させた。

公表（7月15日）から策定（9月11日）までの間に、署名の依頼や郵送作業は4回、駅頭でのビラまき・署名活動は5回、区議・都議への要請は7回（13名）、教育庁への要請提出、教育委員へは計画の疑問点を整理した資料を添えた要請文を郵送し、清水司委員長と緒方四十郎委員に面会するなど、当時の記録を見ると文字通りフル回転の状況であった。

「都立高校改革推進計画」が教育委員会で策定された後も、都議会請願や区議会請願に取り組んだ。一つの高校がこんな一片の「計画書」でつぶされてよいのかという思いとともに、この「計画」が着々と進行した場合さらに上がってくるであろう「次の該当校」のためにも、と。

10校中4校がなくなる北区では

埼玉県に接する北区でも、事態は深刻であった。

北区には、全日制5校・定時制5校（共に普通科1校・単位制1校・工業1校・商業2校）計10校の都立高校があった。その4割にあたる全日制高校2校（普通科及び商業科各1校）、定時制高校2校を廃校にし、代わ

りに、チャレンジスクール１校新設するというのである。その結果、区内から普通科高校が無くなる。

まず、単純に廃校される赤羽商業高校定時制、池袋商業高校全日制、池袋商業高校定時制の区内３校の関係者が、北区議会に「都と教育委員会に対して拙速に統廃合を決めないように」という意見書提出を求める陳情署名を開始した。廃校後にチャレンジスクールができる城北高校全日制（普通科）関係者も夏休み中に議論を重ね、都議会・区議会に計画の白紙撤回を求める署名に取り組んだ。

マスコミは８月中旬まで、ごく一部を除いて都立高校の統廃合という重大問題を取り上げていなかった。そこで、なんとしてでも統廃合計画の事実を区民・都民に知らせなくてはと、「私達は都立高校の統廃合に反対です」というビラを作成し、駅頭などで配布するとともに、統廃合問題を書いていた『読売新聞』に38,000枚を折り込み宣伝した。

お盆休みの時期には町内会長を訪問し、署名のお願いをした。町内会から寄せられた署名は20町内会ほどに達し、区議会が要望書・意見書を採択する上で大きな力になった。

駅頭での宣伝署名には高校生も駆けつけた。後に「第四学区都立高校を守る会」の代表になる佐藤さんも、帰宅途中に赤羽駅頭での宣伝署名をしているところを通りかかった一人だった。

話を聞き、ビラを読み、全日制高校に希望しながら定員不足のため進学できない子どもたちがいるのに統廃合が行われることはおかしいと思い、居ても立ってもいられなくなり「手伝わせてください」と署名の輪の中に飛び込んだ。そこから、都立高校の統廃合問題に関わるようになったという。

８月末になり、署名が11,000筆を超えたところで区議会に陳情署名を提出し、区会議員への働きかけを強めていった。また、都議会に対しても、北区選出のすべての都議、都議会文教委員や委員長、各会派まわりと、永福高校と同様、時間の許す限り要請を繰り返した。清水司委員長をはじめ５人の教育委員に面会を求めたり、資料を郵送するなどの働きかけも行った。

「要望書」に返事がない！

　該当校の高校生にはどのように知らされたのだろうか。

　1学期の終業式で校長から知らされ、2学期が始まってすぐに母校の廃校を決定されたというのが一般的であったようだ。杉並区にある桜水商業高校の様子を見てみよう。

　桜水商業高校では、校長から全校生徒に、永福高校との統廃合の説明が行われたのは7月19日の終業式の場であった。生徒会代表2名が反対の意見を述べたが、翌日から夏休み。生徒会が本格的に動き出したのは2学期の始まった9月1日からであった。

　生徒会役員は署名に取り組むことを決め、署名用紙を準備した。しかし、校長と教頭が署名を集めることに反対した。署名を集めるといじめがおきる、苦情が出てくるなどが反対の理由であったという。

　生徒会役員は、校長や教頭と何度か話し合ったが署名を認めなかったので、臨時生徒総会を開催して都教委に「要望書」を提出することにした。生徒会の規約では臨時生徒総会は生徒会役員全員が賛成すれば開ける。

　臨時生徒総会は9月9日に行われた。1時間の議論を経て、一票投票を行い、圧倒的多数の賛成で下記の「要望書」が可決され、東京都教育委員会教育長宛に提出した。

　　私達は、7月19日の朝、1学期の終業式において、校長先生から桜水商業の統廃合の案が出ていることを知らされました。はじめは、それがどういう意味かわかりませんでしたが、やがて私達の母校がなくなるということがわかってきました。桜水商業がなくなってしまうと、卒業していかれた1万8千人の卒業生、異動していかれた先生方にとっては、大変淋しいことと思います。私達も卒業後母校を訪ね、御指導して頂いた先生方と話すことも難しくなってしまいます。

　　今桜水にいる人も、これから桜水に来ようとしている人も、桜水に来たくて来ているのに、桜水商業高校をなくすようなことはしないでほしいと思います。

　　生徒会本部では、署名を集めて私達の意志を伝えようとしました。が、その事で校長先生と教頭先生と相談した結果、いろいろ問題がある

という意見を受けました。そこで、生徒会役員で話し合い臨時生徒総会を開いて、私達の意見をまとめることにしました。
　私達の意見として、次の2点を要望します。
　　・桜水商業高校を廃校にしないで下さい。
　　・私達の母校、桜水商業を商業高校として残してください。

　「要望書」への正式な返事が教育委員会からはあったのだろうか。否である。

この学校の匂いが好きです

　羽田工業高校定時制生徒会長の和田めぐみさん(当時4年)は、7月26日に「羽田工業高校定時制を守る会」が都教育庁の担当者を学校に呼び開かせた説明会の席で、「この学校の匂いが好きです」と、生徒を代表して廃校反対の想いを詩に託して訴えた。
　「この学校の匂いが好きです」と題した訴えを『ジュ・パンス』(97年11月号・高文研)から紹介する。

　　私達が今、この羽田工業高校定時制に通っているのは、生徒それぞれに理由があります。働かなきゃいけなくて、でも勉強したいから、と学校へ来る子、仕事しなきゃいけないわけじゃないけど、定時制の時間帯が好きな子、家が遠いのになんだかこの学校の雰囲気が好きで長い時間かけてこの学校へ来る子、たくさんの子の想いが溶けて、今の学校の匂いがあります。
　　私はこの学校の匂いが好きです。一人で教室に居る時の匂い、授業中の匂い、いろんな匂いがします。それは、いろいろあってこの学校へ来た子、これからを夢見てここへ来た子の心の肥料です。それは、ほっとするような「ああ、自分もこの匂いに溶けている一部だな」と自分の存在を確認できるような、この学校の匂いです。
　　ここにしかないのです。ここまで匂いが心地良くなるまでの、いろんな生徒、いろんな先生の想いの凝縮です。もしこれが全部なくなる時、学校がなくなる時、私達はどこへ行けばこの匂いをかげますか。

この学校は、現役の生徒と卒業していった子のつながりをとても大切にしてくれます。だから、卒業した後も、いつだってみんなこの学校の匂いをかぎに来ます。淋しくなったり、辛いことがあったりした時は、みんな"ほっ"としに、この学校へ来るのです。
　もしもこの学校がなくなってしまったら、肥料がなくなってしまったら、私達どうすればいいのでしょう。
　どうか、何十年も前からの、少しずつ溶けてここまでになった、先生や先輩の大切に守ってきたこの想いの匂いを、取り上げないでください。心が欠けた時、それをうめてくれるこの学校を、どうかこのまま見守ってほしいのです。
　どうかお願いだから、みんなが大切にしているということを、わかってください。

　　　　　　　（母校・羽田工業高校定時制の廃校を聞いて）

　この詩を聞いた教育庁の担当者はどのような感想をいだいたのだろうか。
　和田さんは女子高校を中退し、バイト中に誘われ、イヤならやめればよいという軽い気持ちで入学した定時制だった。
　先生なんか大嫌いだったが、驚くほど居心地が良く、休み時間の職員室は生徒でいっぱい。定時制の生活は「人間性を取り戻す時間だった」という。その想いを詩に託した。
　都立定時制高校は、「少ない生徒では教育効果があがらない」として統廃合の荒波を受けている。しかし、自分の居場所を見つけた定時制の生徒たちは「学校の規模が小さく、皆の顔と名前が一致するような"家庭"だから、来られる子もいる」（上野忍岡高校定時制生徒会長稲田尚哉君・『毎日新聞』97年10月6日付）など、「新しいタイプの高校」への不安と疑問を、策定後も語り続けた。

3. 策定後も続々とあがる市区議会意見書

長期計画をこんなに簡単に決めていいの？

　97年9月11日、都教委は「都立高校改革推進計画」を行政計画として策定した。該当校名が提示された7月15日から58日目。計画の全体像が関係組合などに明らかにされた9月5日から、6日後には計画が策定された。

　この日、50人を超える人が教育委員会の審議を傍聴しようと駆けつけたが、入場は通常の委員会と同じ20人に制限された。

　「都立高校改革推進計画」の審議に先立ち、都立定時制高校を守る会連絡会の母親が傍聴席から「現場の声を聞いてください」と発言した。定時制統廃合が取り上げられた92年の教育委員会の時には関係者からの発言が行われたことを知っていたからである。しかし、清水司委員長は傍聴者の発言を認めず、審議が行われた。

　委員の中から、「関係者には突然という意向が強い」「30人学級にすれば統合・廃止をしなくてもよくなるという意見もあるが」など、関係者からの要望書などの内容を取り上げた発言もあった。1時間ほどの審議を経て、清水司委員長が「この計画で議会、または都民の皆さん、該当校とまた十分な話を進めること」を教育庁に求めた上で、「都立高校改革推進計画」が策定された。

　翌12日の『東京新聞』は「こんなに簡単に決めていいの？」という見出しを付けて報道した。この見出しは、11日の教育委員会を傍聴した人々をはじめ、多くの該当校関係者、都立高校の統廃合・改編に疑問を抱いていた人々の共通の思いだった。

　当日傍聴した中村敏枝都立定時制高校を守る会連絡会代表は、「10年、15年先の話なのに、簡単に決めてしまった。でも、今後も反対運動を粘り強く続けていく」と、報告集会で挨拶した。

　この夕刻、「昼のニュースで、教育委員会の決定強行を聞いた」「内容を知らせないうちに決めるとは許せない」と、仕事を終えた人々が新宿西口にある東京都庁近くの柏木公園に集まった。都高教の2・3・5支部が呼び

かけた、都教委の決定強行に抗議するデモ行進に参加するためである。150人を超える参加者は、「30人の学級実現を」「統廃合反対」「○○高校をつぶすな」と、口々に唱和し、注目する道行く人々に計画の不当性を訴え、新宿中央公園まで行進した。

都高教は、統廃合・改編の該当校（案）が公表されてから、数回にわたるビラまき、決起集会などを行ってきたが、12日に都教委策定に抗議する1時間ストを行うとともに、「都立高校の未来をつくる9・20緊急都民集会」を開催した。

引き続く市区議会からの意見書

統廃合の第一次該当校（案）が公表されると、都内各地で都教委宛の要請署名、地元区議会に意見書採択を求める陳情・請願署名、都議会への請願署名と、創意をこらした署名・宣伝活動が旺盛に取り組まれた。

個別の統廃合該当校関係者が中心になって出していた都知事・都議会及び都教委宛の意見書採択を求める区議会請願・陳情に加え、9月11日の「都立高校改革推進計画」策定後も地域から新たな請願・陳情が区議会に提出されるなど、粘り強い動きも強まっていった。

統廃合計画を見直してほしいという署名・宣伝の取り組みは、40度近くにもなるだろうと思われるムッとする夏の暑さのなか駅頭で、団地の秋祭りで、初詣の人々であふれる神社で、雪の残る繁華街でと、都内各地域で、保護者や教職員だけではなく卒業生や高校生も参加して続いた。

町会名簿を区役所でもらい、町会役員の自宅を一軒一軒訪ねての署名依頼も行われた。

また、なんとしても意見書を採択してもらおうと、1年近くも区議会に足繁く通い、区議とも「アーラ、先生」と気さくに声をかけられるほど顔見知りになり、意見書採択の原動力となった該当校の保護者の方もいた。

97年9月11日の「都立高校改革推進計画」策定までは、都内の市区議会から都教委及び都知事に提出された意見書・要望書は、普通科高校としては唯一残された城北高校が該当校となり、区内から普通科高校がなくなる状況になったいた北区で、策定直前の9月9日、「性急に決定することは、拙速の感を免れず、今後に問題を残す」という内容の議長名の要望書

が出されただけであった。

　この北区議会の要望書は、恒例の日程で陳情を審査したのでは都教委の「改革推進計画」策定後になると判断し、異例の形ではあるが、各会派幹事長会の了解のもとで提出したものであった。

　都教委の策定強行の翌日、9月12日に、板橋区議会文教委員会で「北園高校定時制の存続を求める陳情」が審査された。この席でも、「改革推進計画」は批判された。

　最初は「もう決まったことだから」との意見も出された。しかし、「伝統もあり、今なお多くの生徒が通う学校を、7月に提示し、夏休み明けの9月早々に決定という短期間で廃校にするのはひどい」「地元や関係者に十分な説明すらなく、納得を得られていないまま廃校を決めるのはおかしい」という趣旨の意見が続き、全会派一致で陳情書が採択された。

　そして、この陳情に基づいた意見書が本会議で可決され、9月29日付で「北園高校定時制の存続を求める意見書」が東京都に提出された。

　板橋区議会の意見書は、北園高校定時制の「廃止は、近隣の学区域の生徒たちの就学保障を損なう」と指摘した。その上で、「廃止という重要な問題を、当該学校関係者等との十分な話し合いを経ることなく決定することは、拙速の感を逃れず、今後に問題を残すと言わざるを得ない」と都教委の姿勢を批判し、「当該学校関係者及び地域住民と十分協議し、慎重に対処するよう」求めている。

　12月1日には渋谷区議会から、「改革推進計画」が実施されれば渋谷西部及び世田谷区東部に公立高校が1校も存在しなくなり、多くの若者の学習の場を奪うことにつながりかねないと指摘した「都立代々木（三部制）高校の現地存続を求める意見書」が都に提出された。

　98年に入ってからも、杉並区議会（6月12日）、国分寺市議会（6月22日）、中野区議会（7月3日）、品川区議会（7月9日）、練馬区議会（10月8日）、小金井市議会（12月23日）と、東京都に意見書が提出され続けた。

　これらの意見書は、保護者・教職員・地域住民などと十分協議し、慎重に検討し、拙速に進めないこと（杉並・国分寺・中野・品川・練馬・小金井）や、教育条件の整備・改善を進めること（中野・練馬・小金井）を求

めている。

　99年——都立高校統廃合・改編の「第二次実施計画」策定の年——にも、北区議会が城北高校生の学習権保障の視点から、「北地区チャレンジスクール」の開校に向けた校舎等の改修工事は最後の卒業生の卒業後に行うことと、適正な教員の配置を求めた「『北地区チャレンジスクール』の開校延期並びに閉校に向かう都立城北高校に対する必要・適正な職員配置を求める意見書」を3月24日に東京都に提出した。

　そして、「第二次実施計画」該当校（案）が発表された翌日、6月30日には板橋区議会から「板橋区内の都立高校の統廃合に関する意見書」が提出され、絶妙なタイミングで区議会から都教委の姿勢に異議がとなえられた。

　このように、「第一次実施計画」等に関わる意見書が市区議会で採択され続け、「第二次実施計画」の取り組みに引き継がれていったのである。

　このうち特筆すべきは、「第一次実施計画」では該当校のない、中野区議会、品川区議会、練馬区議会からも意見書が出されたことだった。なお、多摩地区の市議会の意見書は、前述したように、「第一次実施計画」には含まれていなかったが97年8月に明らかになった国分寺高校の「進学重視型単位制高校」への改編問題に関連して出された陳情・請願に基づく意見書である。〈市区議会意見書は、211ページ参照〉

次つぎと地域の「守る会」が誕生

　「都立高校改革推進計画」が都教委で行政計画として策定された後も、草の根から都の教育行政の姿勢を変えようと、都立高校の統廃合反対の取り組みは燎原の火のごとく広がっている。

　「都立高校改革推進計画」公表時には、94年3月に結成された都立定時制高校を守る会連絡会だけであった。

　都教委が、92年秋に発表した、93年度からの3ヶ年で定時制を統廃合し、1年生の募集人員を7,000人から4,000人に減らすという方針で、廃校・廃科を打ち出した。これに対して、都高教が学校ごとの守る会結成を提起し、定時制高校のほぼ半分の50数校で守る会が結成された。そして、地域での署名、意見書採択を求める市区議会請願（3市18区議会で採択）

などの取り組みを行うなかで、「守る会連絡会」として発足したのであった。

今回の都立高校の「統廃合・改編」計画に関わってまず結成されたのは、都高教第3支部が呼びかけ、97年11月30日に発足した「3学区都立高校を守る会」だ。

3学区の会は、「都立高校統廃合の『長期計画』は、『少子化の進行』を理由にしてはいますが、『都財政健全化計画』が明確に位置づけているように、臨海開発などの大規模開発を聖域にしつつ、教育や福祉を切り捨てていく『都財政健全化計画』の一環」「高校中退や不登校、いじめなど、教育の場が抱えている諸問題の解決のためにも、寺脇文部省生涯教育課長も『動き始めた教育改革』で述べているように、学級定員などの教育諸条件の改善が求められ」ると、学区内にある3区議会(杉並区・中野区・練馬区)への意見書採択を求める陳情署名への協力要請と併せて、PTA関係者や小中学校関係者、地域の人々などに参加を呼びかけた。

続いて、「第四学区都立高校を守る会」が98年3月15日、都議会請願署名に取り組む中で発会した。

発会式では、「チャレンジスクールが良いものなら、まず作って実験してみればよいことであり、まわりの学校をつぶす必要はない」(高校教員)、「母校が無くされると知ったのは計画が決まってから。悔しさでいっぱいです」(卒業生)、「保護者に知らされないままの計画遂行。地域の財産を守る運動として、疑問点や問題点を指摘していく」(PTA役員)、「学校に行けない者は行かなくてもいいよ、そんな方向が見えるようで疑問」(高校生)、「進学できなかった生徒がいる。都立高校が多すぎる状況ではない。30人以下学級の運動と連動させていこう」(中学教員)など、それぞれの立場からの発言が続いた。

98年3月15日には、6学区の都立高校PTA会長経験者たちが「(97年)都高P連により、都の担当者を招いて説明会も開かれましたが、担当者の説明は予算計上のために都議会の承認を得なければならず、会期の関係から出席者の理解を得たいという答弁に終始し、統廃合が必要である明確な理由説明、また、今回名前の上がった高校が、その対象となった理由等は明らかにされませんでした」「都教委は『発展的統合』という言葉を使って

おりますが、実態は生徒無視の廃校です」「生徒たちが、充実した高校生活を送れるよう、会を結成し、本当に統廃合・再編成が必要なのか、もし、どうしても必要であるなら、生徒たちに犠牲を強いることなくできるよう働きかけていきたい」として「6学区都立高校を守る会」がつくられた。

その後も、「都立高校が統廃合されれば、大きな世論となっている『30人学級』の実現は不可能になり、高校入試の競争緩和も遠のいてしまいます。……保護者・地域と教職員の率直な交流の場を」と「第2学区『高校教育を考える会』」が98年12月13日発足した。

また、「第一次実施計画」で該当校がなかった多摩地域でも、「第二次実施計画では対象校がでてくる」として、「8・9学区の高校を考える会」や「八王子・日野地区よりよい高校教育をめざす会」、「多摩ニュータウンの都立高校を守る会」が次つぎと発足した。

統廃合の「第二次実施計画」該当校（案）が公表されるまでの間に、島しょを除く10の学区のうち、8つの学区で「会」が結成されたのである。

また、00年5月25日には「町田の都立高校を守る会」も誕生した。

全都的な交流を目指して

「都立高校改革推進計画」策定から1年を経過した98年10月25日、都立高校統廃合・改編問題を契機に結成された各会の代表者などが呼びかけて「第1回・都立高校のいまを考える集い」が行われた。各地域などでつくられた会が協力して、お互いの経験を学びあいながら全都的な交流を行う初めての集会であった。

「学校創りは共に手を携えて――開かれた学校創り――」と題した講演（平原春好工学院大学教授）を聴き、各会や該当校の経験交流を行った。

講演は、学校は未来をになう子どもが知識や考え方、生き方などを学び、自らの可能性を伸ばすのを助ける教育共同体。したがって、学校は自主的・自律的でなければならない。学校の運営にあたっては、保護者との双方向的な対話や主体的参加を促し、子どもに関しても発達段階に応じて、子どもとの対話や子どもの自主活動、発言権の行使などを正当に位置づけることが必要と、全国の先進例を紹介しながら話された。

また、この日の集いでは、都立高校で「改革推進計画」と一体のものとして進められている「都立高校あり方検討委員会報告書」に基づく「改革」にも危惧の意が表明された。

　「『校長のリーダーシップ』の確立と言うが、実態は、教育の論理ではなく行政の論理を教育の場に押しつける教育庁のリーダーシップの確立」「『改革推進計画』同様、教育現場の実状を踏まえず行政サイドの意向だけで推進するなら、学校から教育現場にふさわしい活力とゆとりが失われていく結果になることは目に見えている」「都立高校の真の改革は、子どもたち、保護者、都民、教職員が主人公になって進めるべきであり、これを支えるのが教育行政の責任」などの意見が出されたのである。

　第2回「都立高校のいまを考える集い」は、99年4月に行われた都知事選「立候補予定者への教育に関する公開質問」に取り組むなかで、99年3月13日に行った。

　「高校改革が描く高校像」と題した講演（乾彰夫東京都立大学教授）では、全国状況を踏まえつつ、現在の都政・教育庁は民間営利企業をモデルとしたリストラ行革の一環として、「経営効率論理」に従った「学校管理」と「統廃合計画」を進めている。今必要なのは、教育問題を教育問題として論議できる土俵を、高校生を含めた関係者でつくっていくこと。財政危機は無視できないが、バブルの失政のツケを高校生と父母に押しつけてはならない。知恵を寄せ合って、地域が支える暖かな学校をつくる必要があると指摘された。

　会場からは、「第二次実施計画」策定予定の年でもあることから「多摩ニュータウンにある都立高校に都立高校改革推進担当が学校訪問をしている」などの状況報告があった。

　また、先手必勝で頑張ろうと、「単位制高校である新宿山吹高校の実状などの学習会を行いながら会の結成を準備した」「子どもたちは競争中心の義務教育の中で傷ついている。学校が減ると高校教育を受けられない生徒がでてくる。子どもたちにとって必要な教育を行政に求めていきたい」「定時制は全日制の動きが見えにくいが交流を深め、力を合わせて行きたい」「『私立の助成金削減反対』と合わせて、『都立高校統廃合反対』を掲げて取り組んでいる」などの発言が続いた。

第5章 広がる反対の声 ──第二次実施計画発表から

1. 第二次実施計画発表と同時にわき上がった反対の声

一次を上まわる二次計画該当校

　99年6月にはいると、「第二次実施計画」該当校（案）の提示がいつでもあり得るという緊迫した状況になってきた。

　この時期に、都高教は、6月18日、定期大会で「『改革推進計画』による統廃合を許さず、教育諸条件の改善を求める特別決議」を採択した。「特別決議」は、生徒急減期にこそゆとりある豊かな教育を実現しなければならないとして、「『改革推進計画』の抜本的見直しを要求」した。

　また、都高教は6月27日には「定時制の灯を守れ！ 6・27都民集会」を神田パンセで開いた。「都民集会」の冒頭、甲谷都高教委員長は「都立高校を守るために全力で取り組む。今日参加された皆さんと一緒に頑張る」と、主催者挨拶を行った。定時制を守る会連絡会の橘高順子さんは「教育庁要請を続けているが担当者が変わると要請内容が伝わっていない。定時制高校を守るために頑張りたい」と連帯の挨拶を行うなど、定時制高校の統廃合を許さない想いが会場に響き渡った。

　99年6月29日、東京都教育庁は該当校校長と関係組合などに、都立高校統廃合・改編の「第二次実施計画」の該当校（案）を提示した。

　翌6月30日の朝刊各紙は、これを一斉に報じた。

「統廃合案」撤回を求める声明

　都立高「統廃合・改編」の該当校（案）が公表された翌日の6月30日には第3回目の集いを準備していた「都立高校のいまを考える集い実行委員会」が、「東京都教育委員会に、都立高校『統廃合・改編』の「第二次実施計画」の撤回と『第一次実施計画』の凍結、『都立高校改革推進計画』の都民参画による抜本的見直し」を求める声明を記者会見を開いて発表し、都教委に申し入れをした。

　「声明」は、都立高校の「統廃合・改編」計画＝削減計画は、すべての子どもたちにゆきとどいた高校教育を保障することに逆行するとして、次のように述べている。

97年9月11日に「都立高校改革推進計画」が策定された後の経緯を見ると、99年度の都立全日制高校の就学計画が「第一次実施計画」に基づいて15学級減を強行した結果、新たに2学級増をしなければならないという事態が生じたこと、「第一次実施計画」で設置するとされた大田地区単位制工業高校の開校予定地がいまだ未決定であること、中学校卒業予定者推計の減少幅が小さくなっていることなど、早くも「計画」の綻びが目立ってきた。

　都立高校の大規模な「統廃合・改編」を強行しようとしている一方で、99年春の都立高校二次募集では約1,600人の不合格者が出るなど多くの都内中学校卒業生が全日制高校を志望しながら進学できないという状況を相変わらず放置したままでいる。「計画」が「最後の高校教育保障の場」である定時制高校を大幅に削減しようとしていることも見すごせないと、問題点を指摘した。

　「声明」はまた、都の教育行政に対して、都立高校「統廃合・改編」を行うのではなく、希望するすべての子どもたちに全日制高校への進学を行政の責任として保障すること。30人学級（定時制20人）を実現することや、国標準より約600名少ない教職員定数を増やすことなどの教育諸条件を改善することを求めた。

　その上で「声明」は、「都立高校改革推進計画」については、「子どもたち・保護者・教職員が主人公の都立高校創り」を基盤に、行政の押しつけではなく、学校関係者や都民の参画で抜本的に見直すことを強く要望した。

　「都立高校のいまを考える集い実行委員会」の「声明」について、『読売新聞』（7月1日）は、「都立高に通う生徒の父母らで作る『都立高校のいまを考える集い実行委員会』は30日、都教育庁がまとめた都立高校の統廃合・改編計画案について『低学力校がしわ寄せを受けている』などとして、撤廃を求める声明を発表」と、記者会見に出席した保護者の説明を引用して紹介していた。

　突然該当校に指名された学校でも、「統廃合問題を考えよう」という動きがすぐに始まった。

該当校のPTAでは

　99年7月3日は第一土曜日であった。この日、PTAの役員会・運営委員会が予定されていた該当校も多かった。また、急きょ臨時役員会を開いた該当校のPTAもあった。

　そして、久留米高校のように都教育庁に説明を求め「緊急説明会」を開催したPTA、八王子高陵高校のように「統廃合対策委員会」を後日設置したPTAもあったのである。

　しかしその一方で、保護者への説明は校長の判断で行うとされていたので、10月の「第二次実施計画」策定まで保護者への説明会を開かなかった学校もあった。

　さて、久留米高校PTAは、都教育庁の改革推進担当をよんだ「緊急説明会」を7月17日に行うという案内を7日に配布していた。

　案内では、「運営委員会で校長先生からお話しがありましたが、会員の皆様にもぜひお知らせしたく、緊急の説明会を……開催します。当日は都教委の方々も2名出席される予定です。御多忙の折、恐縮に存じますが、趣旨をご理解の上、ぜひご参集下さいますようお願い申し上げます」と、PTA会員に「緊急説明会」への出席を呼びかけていた。

　また、志村高校のPTAは、7月9日に臨時役員会、13日に臨時運営委員会を開き、校長より説明を受けた。そして、全保護者を参加対象とする「臨時拡大運営委員会」を31日に行うという案内を19日に配布した。この案内は、「志村高校・北野高校の統廃合案に対するPTA会員の皆様の声をお聞かせ下さい！」とタイトルを付け、臨時運営委員会で出された意見を紹介していた。

　＊都教育庁は、この案を9月に正式発表する予定である。どこの学校でも統廃合に賛成する人はいないと思うがどうせ決定されることなら反対運動をする意味がないのではないか。

　＊反対は誰もが同じだと思う。だから声を出した反対の立場を明確に出すべきだ。

　＊時代の流れの中、よりすばらしい高校を創るために積極的に関わっていくべきではないか。

＊単位制の高校とはどういうものなのか。
＊子供たちは、なぜ志村なのか……ショックを受けている。
＊なぜ30人学級にしないで統廃合なのか、その経緯を知りたい。
＊夏休みという時期にPTA総会を開いたとしても、委任状だけで意味がないのではないか。
＊志村・北野の伝統・歴史を引き継ぐといっても信用できない。晴海・飛鳥がいい例だ。
＊高校の多様化という名を借りた教育の切り捨てだ。

市区議会の意見書採択を求めて

該当校で働く教職員も、「○○高校教職員一同」や「○○高校職員会議」、「都高教○○高校分会」などの名称で、「一方的な第二次実施計画案に反対し、○○高校の存続と教育条件の整備を求める」趣旨の決議を次々とあげ、意思表示をしていった。

92年秋からの定時制統廃合反対の取り組み蓄積がある定時制高校において、該当校の、芝商業高校定時制を守る会や小石川工業高校定時制を守る会、昭和高校定時制を守る会などの取り組みを次々と開始した。

全日制高校の該当校でも、保護者や教職員、卒業生などがスクラムを組み「○○高校を守る会」「存続させる会」を結成しようとの動きが、すぐに始まった学校もあった。

また「統廃合・改編」の該当校となった多くの学校では、都教委への要請、意見書採択を求める地元市区議会陳情や請願、都議会請願への取り組みがただちに始まった。

学童クラブ父母の会や保育園父母の会、青少年健全育成地区委員会などの地域の子どもと教育に関わる団体や、町内会、団地自治会などへの協力要請をした。

そして、都教育庁が積極的には知らせないでいる都立高校の大規模な統廃合・改編計画＝削減計画を一人でも多くの都民に知ってもらおうと、スーパーや商店の前にポスターを貼り、新聞折り込みも行い、夏の暑い時期に、駅頭や夏祭りの会場など様々な場所で、「一次計画」を上回る宣伝・署名活動が取り組まれた。

その結果「第二次実施計画」では、6月30日の該当校（案）発表から10月14日の策定までの間に──3ヶ月半という短期間であったが──、東久留米市議会（9月20日）・多摩市議会（9月21日）・国分寺市議会（9月28日）・小金井市議会（9月29日）・北区議会（9月29日）・昭島市議会（10月4日）から、「抜本的に見直すこと」「学校関係者などと十分慎重に協議・検討するよう強く要望する」「一方的な廃校は認めるわけにはいかない」などの意見書採択が続き、東京都知事・東京都教育委員会教育委員長などに提出された。

　なお、東久留米市議会の意見書は、担当委員会では否決されたがあきらめずに議員要請を続け、本会議で採択されたものである。

水元高校関係者の取り組み

　該当校（案）発表直後の該当校の動きを、水元高校を例に見てみよう。

　水元高校は75年4月に開校した、千葉県に接した葛飾区にある比較的新しい都立高校である。「水元公園の近くにあり、静かで広い校地に恵まれた学校」（『都立に入る！』学習研究社）と評されている。

　「第二次実施計画」で該当校となったことを教職員が知ったのは、99年6月29日夕刻に校長から伝えられてからである。それは、水元高校が本所工業高校と統廃合されて、本所工業高校の跡地に「葛飾地区総合学科高校」を新設するという内容であった。

　該当校になった理由について都教委は、少子化に伴う都立高校の適正配置のためであり、各学区に1校総合学科高校を設置する。また、水元高校は中退者が多く、本所工業高校の方が交通の便も良く敷地も少し広く、校舎も老朽化していることなどを総合的に判断して決めたと説明している。

　水元高校は6学区（葛飾区・墨田区・江東区・江戸川区）で偏差値的には最底辺に位置づけられる普通高校である。8年前から2年次より類型制を取り入れるなど様々なボトムアップの学校改革に取り組み、生徒の学校への帰属意識と学習意欲を高めて希望する進路を実現できるよう取り組んできている。在校生も生徒会役員を中心に「水高をもっといい学校にしよう」と頑張ってきていた。それを、高校が不足しているというのに、上からの一方的な決定で簡単に廃校にするのは許せない、というのが関係者の

率直な気持ちであった。

　7月3日にはPTA及びPTAのOB会（一水会）役員会が開かれ、統廃合反対運動に取り組むことが確認された。またこの日には、第1回目の金町駅頭での署名・宣伝活動を行った。PTAは7月10日に臨時総会を開いて、統廃合反対を正式に決定した（同窓会の臨時総会は8月14日）。

　すでに6月30日に発足していた「水元高校を守る会」は、急速に参加者の輪を広げていった。そして、町内会や青少年育成地区委員会などに協力を訴えてまわり、地元選出の区議や6学区都立高校を守る会のメンバーなどを交えた地域合同対策会議を開いた。葛飾区小学校PTA連合会会長や葛飾区中学校PTA連合会会長、小・中学校の教職員組合の分会への要請なども行い、葛飾区議会への陳情、都議会への請願、7月24日の「水元高校を守る総決起集会」の開催に向けての取り組みを開始した。

　7月13日に配布した「総決起集会のご案内」は、今回の提案は「実質水元高校の廃校を意味します」「当該校に何らの事前連絡も相談もなく行われたもので、到底納得出来るものではありません」「12日に都議会への陳情を行ったところ、都議会4会派より今後の運動の協力を得ることが出来ました。……次のステップとして……総決起集会を開催する」と、広範な人々に出席を呼びかけていた。

　7月24日、蒸しかえる暑さの中、体育館で行われた「水元高校を守る総決起集会」は、地元町会の人々や在校生、保護者、卒業生、教職員、葛飾区議会議員、都議会議員など100名を超える人々が参加し、地域ぐるみの水元高校をつぶすなという集会となった。

　地元町会長や、自民党・共産党・区民連合の議員からの来賓挨拶。生徒会長が「なぜ、私たちの学校を無くしてしまうのか。こんな横暴が許されて良いか。僕らの意見を聞かないのは筋違い。勝手に決めた人に意見を伝えたい」と訴え、19日の臨時生徒総会で予備提案した「学校の主役である在校生及び伝統を築き上げてきた卒業生の意見を十分尊重」することを求める決議（案）を紹介した。

　参加者の拍手で確認された集会決議は、24年前に「地元住民のあつい要望のもとに開設された」水元高校は、「今年10月には校舎の改修を終えてその様相を一新し、より『地域に根ざした学校』として発展を期す計画」

を立ていた。統廃合計画はこのような「教育活動と地域の期待を無惨にも断ち切るもの」と批判した。

その上で、「葛飾区、特に水元地区の児童・生徒の数は減少するどころか、逆に増加する」と、都教委のいう「適正配置」論に正当性がないこと、「公教育の観点からも教育条件を改悪する」ことになると指摘し、「東京都教育委員会に対して、水元高校の統廃合計画を白紙に戻し、学校現場・地域住民の声を十分尊重し、一方的な統廃合を行わないことを強く要望」したのである。

同様の集会は、9月18日の「小石川工業高校の存続を求める大集会」、10月2日の「北野(全・定)・志村集会」などで行われ続けた。

定期試験の時期に該当校名を発表……子どもの気持ちを考えているの？

99年7月11日、第3回目の「都立高校のいまを考える集い」が行われた。

受付には、該当校(案)公表から12日後であったにもかかわらず各該当校などからの署名用紙が30種類以上置かれ、主催者が当初用意したスペースでは間に合わなくなり、署名用紙を置くテーブルが追加された。

この日の「集い」は、「30人学級の必要性と教育的意義」をテーマにした講演(三輪定宣千葉大学教授)から始まった。

講演が終わると、参加した保護者・生徒から「統廃合をやめて欲しい」と、次々と発言が続いた。

統廃合該当校の定時制生徒会長は、「ちょっとした病気がきっかけで、小学校6年のころから不登校になっていました。しかし、仕事を探すにしても高校を卒業した方がよく、定時制高校に入学しました。定時制で基礎から親切に教わることができ、今の自分があると思っています。平凡な学生生活を与えてくれた大切な学校をなくして欲しくない」と、切々と訴えた。

第一次実施計画該当校の保護者からは、「子どもの学校は交通の便もよいのです。二次募集が該当校選定理由の一つにあげられているが、今の入試制度では二次募集があることは非常にありがたい。外国との交流もしていて特色もある学校です。子どもたちを第一に考えて統廃合をやめて欲し

い」と、統廃合は許せないという2年間にも及ぶ思いが語られた。

　第二次実施計画該当校の保護者は、「子どもはいじめにあったこともあって、学校が無くなればよいと思っていたことがあるかも知れません。でも、今は違います。『なんで試験中にこんなものを出すのだ。僕たちの学校だよ。つぶせない』と怒っていました。試験中に統廃合案を発表する都教委は、子どもの心をないがしろにしていると感じました。子どもたちのためにも一緒に頑張りましょう」と話した。

　また、アンケートに「講演を聞いて、40人学級を前提とした統廃合計画は、すべての子どもたちの健やかな成長を願う気持ちからかけ離れた、非教育的な内容と感じた」と書いた参加者もいた。

　最後に、6月30日の「声明」を集会アピールとすることと、全都的な日常的な交流を目指して恒常的な「連絡会」を早急に結成することを確認して「集い」を終えた。

　この日の集いは「第二次実施計画」発表直後という絶妙のタイミングで開かれ、該当校や守る会の経験の交流の場となり、「統廃合に異議あり！」の取り組みに弾みをつける集会となったのである。

全都連絡会の結成

　99年8月2日、都立高校統廃合・改編の「第二次実施計画（案）」異議あり！　の取り組みの渦中に、「都立高校のいまを考える全都連絡会」（略称：「守る会」「考える会」全都連絡会）が正式に発足した。

　結成の呼びかけは［集い実行委員会から連絡会へ］とサブタイトルが付けられていた。

　都立高校の「統廃合・改編」問題を契機に結成されたさまざまな会は、以下の4点で一致している。

　1. 高校生・保護者・教職員・卒業生・PTAのOB&OG・地域住民が協力して、都立高校を守り発展させる。

　2. 都の教育行政当局による理不尽な都立高校の「統廃合・改編」は許さない。

　3. 都立高校の「統廃合・改編」ではなく、教育諸条件の改善とすべての子どもたちにゆきとどいた教育を求める。

4. 行政による押しつけの「改革」ではなく、「子どもたち・保護者・教職員が主人公の都立高校創り」をめざす。

「第二次実施計画」による「統廃合・改編」の該当校の取り組みも始まっているなかで、今後の運動を強化しようと、呼びかけられたのである。

全都連絡会は、各会の代表者をはじめとした関係者が個人の資格で参加し、「都立高校を守り、東京の高校教育を発展させる運動の推進と、そのための情報交換と交流」を目的としている。

全都連絡会の結成は、該当校で、地域で、粘り強く取り組まれている都立高校の統廃合・改編計画の抜本的見直しを求める取り組みを飛躍させる契機となったのである。

都議会が計画策定前に説明を求める

「第二次実施計画」該当校（案）発表直後から、該当校や地域の会、定時制を守る会などが、署名や区議会議員や都議会議員への要請、都教育庁の担当者を呼び説明を求める取り組みなどを旺盛に展開した。これらの動きを反映し、東京都議会文教委員会は都立高校統廃合・改編の「第二次実施計画」について審議を行った。

東京では教育委員会で「計画」を策定する前に、都議会文教委員会で審議を行うのは異例だ。「都立高校改革推進計画」及び「第一次実施計画」が都議会文教委員会で取り上げられたのは、策定後、教育庁の説明が行われた97年10月22日であった。

都議会文教委員会は、99年9月8日に「都立高校改革の推進状況」について若林尚夫都立高校改革推進担当部長から報告を受け、9月27日に審議を行った。

若林部長は「改革推進状況の説明」で、統廃合・改編の該当校（案）提示後の関係者への説明に関して、「校長から学校関係者、教職員、PTAあるいは保護者等への説明について速やかに行っていただくよう要請した」「教育庁として……適宜、学校あるいは学校関係者等の要請に基づきまして説明に上がっている」と述べた。

関係者等への説明は校長に任せ、教育庁としては要請がなければ積極的には説明にいかないというのである。これでは、該当校の校長が動かなけ

れば、説明が行われない。

　道路計画などでは担当者が直接出向いて説明する。子どもの未来に直結する「教育改革」について、このような「待ち」の姿勢で良いのだろうか。

　9月8日は、3学区都立高校を守る会が、「第一次実施計画」に関連して学区内のすべての区議会（杉並・中野・練馬）から都知事及び都教委宛に拙速に統廃合を行わないことを求める意見書が提出されたことを受け、都議会に提出していた「第3学区都立高校の拙速な統廃合反対に関する請願」の審査が行われた日でもあった。

　3学区守る会の請願についての理事者説明の最後に、若林部長は「広く都民への本計画へのPR等に努めながら、関係者の理解を求め、計画を推進していく」と述べていた。しかし、かち佳代子議員（共産）は「現実は、なお十分な納得が得られていない」と指摘し、教育庁の説明責任を問うた。結果は保留であったが、この時点でも「第一次実施計画」についての疑念が解消されていないことを示した。

　9月27日の審議の様子はどうであったのか。「都立高校改革推進計画」を遂行する教育庁の姿勢について、どのような発言があったのかを中心に見てみよう。

　最初に発言した古賀俊昭議員（自民）は、該当校関係者からたくさんの要望や要請が寄せられているとして、都立高校の改革は推進する必要はあるが「計画全体の説明を懇切に行っていく、そして理解を求めていく姿勢が大切」と述べた。

　続いて藤井一議員（公明）が、「第一次実施計画」に基づく大田地区単位制工業高校の敷地が2年たっても決まっていないことを指摘し、関係者に「教育委員会に対する不信」があると発言した。（注：00年4月26日の教育委員会で敷地決定が報告される）

　かち佳代子議員（共産）は、「一次計画に引き続き、この改革推進計画に対する反対や見直しの声がさらに広まっている」ことを、署名数・市区議会の意見書・都高P連の決定延期の要望書などを例に指摘した。

　大河原雅子議員（生活者ネット）は、「改革推進計画」が統廃合問題に集中している印象を持つ。プロセスが一番大事な時代に改革の必要性だけ

訴えている感じがする。学校関係者や一般都民、都立に進学したいと思っている人たちの意見を聞くことを求めた。

萩谷勝彦議員（公明）は、該当校のPTA会長からアプローチを受けているとして、「計画遂行に当たって、余りにも拙速すぎる。……横着がらずにじっくりと時間をかけて……というような意見が、もう渦を巻いて交錯している」と指摘した。

樺山卓司議員（自民）は、水元高校にも触れながら、机上の論議であり、現場に踏み込んでいない、「説得力が極めて不足している」ことを指摘した。対象校の選定についても、ハード面ばかり強調されて、心に踏み込んでないとして「教育庁、冷たい」と発言した。

最後に発言した馬場裕子議員（民主）は、都立高校の改革はさまざまな意見を「できるだけ検討し、そして納得する形」で進めてほしいと意見を述べた。

このように、教育庁の姿勢を積極的に支持する声は聞かれなかった。その一方で、該当校関係者をはじめとした都民の声に基づいて、教育庁の「説明責任」を問い、都民の声を真摯に聴くことを求める発言が目立った。

もちろん、議題との関わりで、30人以下学級や教育人口推計、該当校選定の理由、跡地利用計画、交通が便利か否かはそこに通う子どもが判断すること、都立高校への満足度は都立高校で学んだ人、子どもが都立高校に通学している人で見れば高いことを『都民意識調査』で指摘する発言など、具体的に多くのことが取り上げられた。

都高P連、決定延期を求める

都議会文教委員会の審議が行われた9月27日の午前中、都高P連が、「都立高校改革第二次実施計画（案）の決定を延期する要望書」を、都知事・都議会議長・都教育委員会委員長・教育長宛に提出した。

「要望書」は、都立高校改革第二次実施計画（案）に対し、「都立高校の根幹に関わる問題」としてとらえ、教育庁の担当者を呼び、全体説明会や学区での説明会などを開催してきた。また、「積極的に高校改革を検討するために、都高P連内に『高校改革検討会議』を設置し、対応を協議」してきたと、経過を述べている。

その上で、「保護者・生徒・教職員の疑問点や問題点をまとめ、幅広い意見や要望を生かした改革の具体的な提案を準備中」であるので決定延期を、と求めた。

「決定延期の要望書」を提出した都高P連は、都立高校改革は全体の課題として、「第二次実施計画」該当校（案）が公表された直後の7月2日、松原恒美都立高校改革推進担当課長との懇談を行った。

その後、都立高校改革推進担当者を招いて、全都立高校の会長らを対象にした「都立高校改革推進計画説明会」を2回開き、学区ごとの説明会も行ってきた。

都民集会

9月になると状況は緊迫してきた。都教育庁の担当者は策定の時期を問われるたびに「秋に策定」と繰り返していた。しかし、東京の「就学計画」は毎年10月に決まり公表されるのを常としているからだ。

全都連絡会は、10月1日の「都民集会」の準備を開始した。「都民集会」を、理不尽で説明責任さえきちんと果たそうとしない都立高校の削減計画＝統廃合・改編計画を許さない総決起の場にしようと。

「都民集会」の準備とともに、「第一次実施計画」に比べてガードが固くなっている東京都教育委員、都議会文教委員への「一言要請葉書」などの取り組みもあわせて行われた。

「要請葉書」には、一人ひとりの切々たる想いが書かれていた。少し紹介する。

「是非、全日制に入れない人もいることを考えて下さい。定時制に入って私は生きがいを感じています。門戸を広く開けて、落ちこぼれや不登校者をあたたく迎える定時制をなくさないで下さい」と、訴えたのは定時制高校の生徒。

該当校の元PTA役員は「（卒業して何年もたつのに）のびのびとした校風を愛しやまない我が子。学校の存続を祈っている母。よく水元高校が話題に出るのです。是非、統廃合を白紙に戻して下さい」と書いた。

中学生と小学生の母親は、「我が家には中3・小5と、これから高校に入る娘が2人います。6学区は他学区より都立の枠が少ないそうで、大切

な都立を減らさないで下さい」と、訴えていた。

「『発展的統合』はまやかしです。20〜30人学級にし、世界並みの教育条件でじっくり人格形成と基本的学習を行ってみたいと、教師として思う。じっくり話し合いをし、他の無駄をやめ、廃校は白紙撤回して下さい」と書いたのは、都立高校で働く教員。

そして10月1日をむかえた。「はじめに」で詳述したように、夕刻、池袋の豊島公会堂で開かれた「都民集会」には600名が参加し、「都立高校をつぶすな！」という熱い想いがこだました。

再び策定を強行

しかし、都教委は、合計で20万筆に達すると推計される保護者をはじめとした都民の声、説明会で出された疑問の声、市区議会意見書、都高P連の要望書などを無視して、99年10月14日に「第二次実施計画」の策定を強行した。

全都連絡会は、教育委員会当日に都庁前で早朝ビラまきを行ない、引き続き教育委員会を傍聴しようと呼びかけた。

14日の朝8時前には30名を超える人が集まり、都庁に出勤してくる職員などに統廃合・改編計画の不当性をアピールする「10・1都民集会」の決議を印刷したビラを2,000枚近く配付した。教育委員会の傍聴受付は9時30分から開始されたが、50名を超える人が傍聴を求めて来ていた。しかし、傍聴人数は通常の20人に制限されたため、該当校関係者が優先して教育委員会室に入った。

審議の中で、教育委員が教育庁が行った62回の説明会の内容について聞いた。

若林尚夫都立高校改革推進担当部長は、根強い反対はあるが総論的には理解されていると答えていた。果たしてそうなのだろうか。該当校や地域の会が設定した説明会も62回にカウントされている。該当校関係者や守る会が主催した説明会だけでなく、都高P連の説明会でも、疑問が多々出ている。一つひとつの説明会の内容が具体的に示されなければ「総論的には」という形で単純に処理できないのではないのだろうか。

都教委は、「総論的には理解を得ている」ことを前提に「都立高校改革

推進計画」と「実施計画」を策定している。この基盤が崩れると、都教委が「計画」を策定した基盤が崩れると思われる。ぜひ教育委員も、さまざまな場所での説明会に出席して自分の目と耳で確かめてほしいものだ。

また、若林部長が「在校生に迷惑をかけるようなことは絶対しないようにと教育長からも厳しく言われておりますので、それに対する対応は万全を期しております」と述べていた。工事期間中の問題をはじめ、様ざまな影響が生じているなかで非常に大切な答弁だ。

この日の教育委員会は、1時間ほどの審議で都立高校統廃合・改編の「第二次実施計画」を策定した。

「子どもたちの将来に関わる大事なことを、関係者の声も真摯に聴かずに、こんなに簡単に決めて良いものなのか」と、傍聴した人が感想を述べていた。これが時間をやりくりして傍聴に来た人々をはじめ、関係者の率直な気持ちであった。

全都連絡会は、策定強行後直ちに記者会見を行い「教育は未来への投資です。都立高校『統廃合・改編』の実施計画の凍結と、都立高校改革推進計画の丁寧な都民参画による抜本的見直しを、再度、強く求めます」との声明を発表した。

「声明」は、短期間に多くの市区議会から計画の見直しを求める意見書が提出されていることを指摘し、40人学級を前提としている大規模な都立高校『削減・改編』計画は、深刻さをます教育問題を解決する視点がなく、多くの子どもたちから高校進学の機会を奪い、競争を激化させるものと批判した。

その上で「声明」は、都教委に対し、「改革の具体的実施に当たっては、さまざまな形を工夫して、保護者、学校関係者、地域の意見などを幅広く聞く機会を持ち、関係者の理解のもとに施策を展開するよう」求めた「都立高校長期構想懇談会の答申にあたって」の「座長談話」や市区議会意見書を尊重し、「都立高校改革推進計画」の丁寧な都民参画による抜本的見直しを行うことを強く要求した。〈「声明」は、204ページ参照〉

この日の『東京新聞』夕刊は、「東京都教育委員会が14日開かれ、少子化による生徒数減少に合わせて都立高校を統廃合する第二次実施計画を正式に決定した」と報じた記事の中で、この間の経過について「第二次実施

計画に対しては都高P連が決定延期を求める要望書を都に提出したり、統廃合の対象となっている高校の生徒やその父母、教職員などが計画に反対する署名活動を行っている」と触れていた。

翌15日には、朝刊各紙は「全日・定時制41校を統廃合／新たに21校に再編」(『朝日新聞』)などと都教委の「第二次実施計画」策定を一斉に報道し、同時に全都連絡会の声明についても紹介した。

『朝日新聞』は「今回の統廃合に対しては、対象校の父母や卒業生、地域住民から見直しを求める声が相次いでいる。父母らでつくる『都立高校のいまを考える全都連絡会』も、同日、記者会見し、『都立高校の削減は子どもたちの進学の機会を奪うもの』などとする声明を発表」と報じた。

また、『東京新聞』は「『競争さらに激化』／抜本的見直しを／父母らの会が声明」と報じ、『毎日新聞』は「『子供たちに必要なのは、都立高校つぶしではなく、20〜30人学級の実現など教育内容の充実』とする声明を出し、実施計画の凍結と見直しを求めた。メンバーの一人は『親が一番知りたいのはなぜ統廃合の対象になったか、説明が欲しいの一言です』と語った」と紹介していた。

都高教は、「第二次実施計画」該当校(案)発表後、数次にわたるビラまきや集会、都教委交渉に取り組み、10月15日には教育委員会の強行策定に抗議し1時間ストライキを行った。

2. 都議会での請願審議では

「理解を求めた上で」決定した？

99年11月26日、都議会文教委員会において7月に都議会に提出されていた「都立志村高校・北野高校の統廃合反対及び両校の存続に関する請願」(北野高校・志村高校を存続させる会)と「都立水元高校の統廃合反対に関する請願」(水元高校を守る会)が同趣旨ということで同時に審議された。11月24日に2百余筆の署名を追加提出し、この日も、各会派をまわって要請した「北野高校・志村高校を存続させる会」の人たちはじめ、1時からの開会にもかかわらず、午前中の早い時間からぜひ審議をこ

の耳で聞き、この目で見たいと、多数の傍聴希望者が都議会議事堂の傍聴受付に駆けつけた。20人の傍聴定員が40人に増やされたが、傍聴出来なかった関係者も多かった。

「都立高校改革推進計画」の見直しなどを求めて都議会に提出された請願・陳情は「都立羽田工業高校定時制の現地存続に関する陳情」を皮きりに98年2月5日に一括して審議され、「調査検討を要するため」保留・継続審査扱いとなっている。今回の志村・北野の請願は13件目、水元の請願は14件目であり、「第二次実施計画」に関わる最初のものであった。

都議会の請願・陳情の審議は最初に担当部長が「理事者としての説明」を行い、それから議員の質疑が行われる。この日も請願の冒頭に若林尚夫都立高校改革推進担当部長が「説明」を行った。

若林部長は、生徒の多様化に対応した特色ある学校づくりと、各学区の生徒減少に対応し適正配置を進めるために発展的に統合する。99年6月29日に「第二次実施計画案」を該当校の校長に提示し、その後、教職員、保護者、地域住民、職員団体などの意見・要望を聞く場を「数多く」「積極的」に持ち、「理解を求めた上で」で決定した。今後も関係者との話し合いを続け、理解を求め、取り入れられる意見は取り入れていく。

新たな学校の教育課程や施設設備等の検討は、該当校の校長等と教育庁職員を委員とする「基本計画検討委員会」で検討を行う。「基本計画検討委員会」は99年11月を目途に設置し、検討の節目に意見・要望を聞く機会を設け、00年度中に最終報告をまとめると、述べた。

この日の審議で「第一次実施計画」該当校である城北高校の卒業生でもある和田宗春議員（民主党）が、教育庁の姿勢を次のように批判した。

統廃合の該当校で「制度改革」を歓迎します、期待しますというところが幾つあるのかと疑問を述べ、その上で「第一次実施計画」の該当校（案）が発表されたのは都議選の時期であり、「都立高校改革推進計画」の策定は極めて不自然な形で早く進められたと指摘した。

また、城北高校の卒業生としての体験から、同窓会長に説明したというが全然流れてこない。同窓会長は中学の教頭をやっているらしい。城北では何の異論もなかったと思っているかも知れないが、利害関係者が情報をストップしてしまっている。

「東京都の教育委員会がいうことは、どこの校長でもいいんですが、極めて臆病にそれを聞いています。ノーということはほとんどないでしょう」「都教委の持っている体質、上意下達というような、残念ながらそういう体質があるということを前提に、皆さん方が地域の声を聞くなり、あるいは小中学校の皆さん方の声を聞くなり、あるいは校長先生の声を聞くなりということをしないと、型どおり聞いた、おなかではいろんなことがあっても、都教委に逆らったらまずいなと思って引っ込んじゃう、それをもってよしとして、反対なしというような形にしていたんでは、本当の意味での声が聞き取れない」。

最後に、該当校に城北高校の二の舞を味あわせてはいけないとして、「十二分に時間をかけるべき」「拙速であってはならぬ」と述べ、質疑を終えた。

2万人の署名が2千人に?!

石川芳昭議員（公明党）は、他県との比較で都教育庁の拙速さを指摘した。

宮城県では1年半かけて素案の段階から意見を聞くなど、他県（他に神奈川・兵庫を示す）では時間をかけ、教育委員会が積極的に地域に出ていって説明している。東京都は97年7月に「都立高校改革推進計画案」を公表しわずか2ヶ月後に決定した。しかも、説明についても待ちの姿勢。だから今になって多くの意見や要望がでる。計画はこれで決まったというのではなく知恵をだし、関係者・都民の声を聞きながら進めてほしい、と発言。

これに対し若林部長は、中身の理解を得る努力はしてきているが、やり方の問題で充分徹底されなかった点はあった。97年7月15日から97年10月1日までに都民から寄せられた意見は個人8件・団体9件、合計17件であったと答弁した。

くぼた光議員（共産党）は、都立高校が「過剰」として統廃合を進める根拠とされている「教育人口推計」が不安定なものであること、統廃合計画を策定した都教委に資料として提出した署名数に一桁もの違いがあることを、次のように指摘した。

06年3月の公立中学校卒業生についての「教育人口推計」は、97年度の「推計」では71,813人であったのが、98年度の「推計」では73,061人となり、1年間で1,248名多く上方修正されている。不安定な数字のもとで、内容のよくわからない学校をつくろうとしているから不安がある。

　若林部長の答弁によると、1,200名という数は、計画進学率を96％、都立高校の受け入れ率を5割、1学級40人、1学年6学級で計算すると、都立高校の大体2校分（筆者注：正確には2.5校分）ということである。しかし、1,200名の誤差は出ているが、全体の減少傾向は推計どおり進んでいるので「適正配置」を進めていくと述べた。

　また、くぼた議員は、「志村高校を存続させる会」の署名数が2万を超えているのに、「第二次実施計画」を策定した99年10月14日の都教委に提出した署名数一覧では2千余と、一桁ちがう誤った数になっている。議会で誤った資料をもとに決定したら大変なことになる。都教委の決定を白紙に戻し、再度審議を行うべきと主張した。これに対し、中嶋元彦教育長は、署名数は「参考資料」、教育委員は適正に判断されたと受け止めていると、答弁した。

　大河原雅子議員（生活者ネット）は、一筆一筆汗を流して集めた署名の重みについて、集めた署名の数を表一枚にするだけでは非常勤の教育委員への情報提供は不十分、集めた署名簿もきちんと見せてほしい。10月14日の教育委員会の最後に「各学校の特殊な要因を含めて、これから新たな学校づくりの中で反映できるものはできるだけ多く取り入れるようにしまして、できるだけ多くの関係者の方々のご理解を深めるよう努力しています」と述べているが、このことはきちんと守っていただきたいと、注文をつけた。

地元の自民党都議も発言

　鈴木一光議員（自民党）は、水元高校がある葛飾区選出の都議である。地域の理解と協力を得てつくってきた高校と水元設立の経過を述べた。「行政改革、財政再建ではないと若林部長がいっていましたけれども、結果的にはそうなることでもありますし、少子化の傾向の中では」総論としては理解できなくもない。が、水元高校を「適正規模、適正配置という趣

旨からばっさり切り捨てるのはいかがのものか」。「関係者にはまだまだ理解されていないということは、若林部長もよくご存じでありましょう」として、計画を決めたからといってすぐ廃校すべきではない。地元からの意見や要望を十分聞いて計画を進めるべきと発言した。

この日も、請願は否決されることなく継続審議扱いの保留であった。

あきらめずに頑張りましょう

傍聴後、該当校の関係者は次のように感想を述べた。

都立高校を削減するという、重大な計画の基礎となっている「教育人口推計」が、1年で都立高校2校分の入学定員を超える数で変動するということに驚いた。

高校つぶしを強行して学校が不足したり、新しいタイプの高校が失敗したら、中島元彦教育長や若林部長をはじめ、関わった人たちは「担当者としての責任」をどう取るつもりなのか聞きたい。「あの時は仕事だった」と頬かぶりは無し。退職後も責任はきちんと取ってほしい。民間では経営責任を問われ退職金を返納した例もある。

他県と比べれば比べるほど拙速に決定しようとしており、都教育庁が関係者や都民を無視して強引に統廃合「計画」を強行しようとしていることが浮き彫りになった。

議員の質問にも、かみ合う形で、まともに応えようとしていないことが印象に残った。

審議のたびに議員の発言も多くなるが、積極的な賛成意見は相変わらず聞かれない。発言も都教育庁の姿勢を問題にするようになっている。あきらめずに頑張りましょうなどの意見が続いた。

審議が終わるまで回答できない

翌00年2月17日の都議会文教委員会でも、都立高校「統廃合・改編」の「第二次実施計画」関連の請願7件、陳情1件が、同趣旨であるとして一括して審議された。この日も傍聴希望者が多く、通常は20名の傍聴定員が40名に増やされた。

審議されたのは、「都立小石川工業高校の統廃合（案）撤回及び現在地

存続に関する請願」（都立小石川工業高校を守る会）、「都立南高校、大森東高校の統廃合反対及び両校存続に関する請願」（山田重信さん他）、「都立館高校・八王子高陵高校の統廃合に関する請願」（東京都高等学校教職員組合館高校分会及び八王子高陵高校統廃合対策会議）、「都立八王子高陵高校の存続に関する請願」（八王子高陵高校PTA）、「都立館高校・八王子高陵高校の統廃合反対及び存続に関する請願」（八王子・日野地区よりよい高校教育をめざす会）、「芝商業高校定時制の廃校反対に関する請願」（芝商業高校定時制を守る会）、「志村高校・北野高校の統廃合反対及び両校存続に関する請願」（緒方敬司さん他）、「都立国分寺高等学校の改編に関する陳情」（国分寺高校保護者代表）である。

いずれの請願・陳情も99年の9月議会に提出されていたが、99年11月26日に審議された2つの請願と同様に、該当校は「案」の時点で提出されたものであった。

くぼた光議員（共産党）は、「都立小石川工業高校全日制を守る会」と「都立小石川工業高校定時制を守る会」が連名で中嶋元彦教育長に「都立小石川工業高校の統廃合（案）を撤回し存続を求める」要請書を99年10月6日に提出し、都教委での策定前に納得のいく説明を文書で回答してほしいと求めていたことの経過を例にあげ、都教育庁の姿勢をただした。

「要請書」は、「小石川工業高校（全・定）の統廃合計画（案）を撤回し、新宿富久の地に存続させること。現行の小学科（全日制5学科、定時制3学科）の廃科は行わないこと」「都立高校の統廃合・改編計画については、各学校の保護者・生徒・教職員の意見を十分尊重し、一方的に実施しないこと」を強く求めていた。

そして、統廃合（案）の撤回を求める［理由］として、次の4項目をあげていた。

1. 計画案の通り実施されると全日制で従来の通学区域の80％、定時制で100％近い生徒が通学不可能となるとして、「適正配置の点で最も問題のある案」。
2. 「山手線内の都心に重装備の工業高校が、一つあることは将来も都民の貴重な財産」であり、社会的なニーズに対応している。
3. 志望する生徒は「新宿の地にあることで増加」している。

4. 全職業高校を35人学級とする都の計画からみて工業高校をこれ以上削減する必要はない。

 しかし、都教育庁からの回答がなされないまま、統廃合・改編の「第二次実施計画」は都教委で策定されたのだった。

 若林部長の答弁によると、99年12月7日、4番目の項目については「小石川工業の定時制の電気科が……都立高校改革推進計画に基づく募集停止基準」で00年度募集停止になったことは回答した。その他については、都議会の請願内容と同一であり、「審査が終了した段階で、必要があれば要請の場に応じます」と回答したという。「審査が終了」するまで回答ができないのは、「議会との信頼関係、議会軽視にならないような配慮をした」からだというのである。

 この答弁に対し、くぼた議員は、行政に出された要請に対して、議会への請願・陳情提出を理由にして回答しないのは「都民軽視」「方便」と批判した。そして、その論理でいえば「統廃合をやめてほしいという審議が今日やられているんですから、その結果を待って、この二次統廃合計画を決めるべきじゃないですか」と、指摘した。

 小石川工業高校を守る会の「要請書」についての文書での回答は、この日の審議後も行われず、関係者は再三にわたり回答を要請していた。

 そして00年12月15日、全日制保護者のFさんに、小泉健都立高校改革推進担当副参事（副参事は課長級職）からファクシミリが送信されてきた。ファクシミリの内容は、請願についての若林部長の説明が「同内容の請願について説明したもの」「参考にしていただきたい」として添付され、「皆さんからご意見・ご要望を伺うことを本旨として、話し合いの場を設けたい」というものであった。

 では、当事者である高校生の意見、保護者の意見、教職員の意見などを、都教育庁はどのような対応で聞こうとしているのだろうか。

 若林部長によると、「まず校長が対応し（説明し、理解を得られる努力をする）、さらに要望がある場合は、校長と十分相談した上で、（校長の判断に従って）教育委員会が対応する場合もある」ということである。

保護者代表は「一部の声」?

「都立国分寺高等学校の改編に関する陳情」は、「生徒募集に係わる男女枠撤廃を行わないこと」「学区制がある間は、9学区の地域枠を何らかの方法で優先させること」「改編後の高等学校の平成14年度開校はやめること」の3点を求めていた。

国分寺高校は「第二次実施計画」で、普通科高校から進学重視型単位制高校という「新しいタイプの高校」へ改編するとされている。

陳情は「保護者代表（PTA会長）」名で提出された。

内容も、「男女定員制」を維持することにより従来の学校行事や部活動などを重視する伝統を少しでも維持する条件を求め、「地域枠」を確保することによって地域の学校としての役割を果たす歯止めにし、「平成14度開校をやめる」ことによって03（平成15）年には学年ごとにバラバラなカリキュラム（1年：新教育課程の単位制、2年：現行教育課程の単位制、3年：現行教育課程の学年制）で学ぶことになる不安を解消しようという、非常にささやかなものであった。

若林部長は、「新しいタイプの学校」なので男女定員制を設けないことや地域枠を設けないことの理解は、「地域の方々や学校関係者、地教委の方々……の理解は得られている」。02（平成14）年度開校は、「進学重視の高校……の都民の期待は十分高い」「新しい学校ができた段階で、速やかに都民の期待にこたえるというのがベスト」「必須の条件」と、質疑の中で答弁していた。

しかし、くぼた議員から、理解が「得られていたら陳情は出ない」「取り下げになる」と指摘されると、若林部長は「おおむね……ご理解をいただいている……（が）一部そういうご理解がいただけない方がございまして、こういう陳情になっているものと考えています」と、答弁のニュアンスを変えた。保護者代表の陳情が「一部」という認識には驚くが。

02年度開校については、石川芳昭議員（公明党）の「それぞれの学年がばらばらの教育課程で学ばなきゃならなくなるという不安」に対してどう考えるかという質問に対して、若林部長は「3段階の対応をしなきゃいけないということで、学校側のいろいろな課題が出てくる」が、開校にあわせ、「教員の負担等に対応する手だてをしていきたい」と抽象的に答弁す

るだけであり、具体的な説明はなされなかった。

採決の結果は保留であったが、教育庁の説明責任が鋭く問われた審議内容であった。

文教委員会審議を傍聴した人たちは次のような感想を語った。

保護者代表を「一部」と言ったり、手続きを踏んで提出された新宿区議会議長名の「要望書」を「区議会としての要望ではなく、議長個人の要望」(若林部長)と認識する姿勢に、教育庁の聞く耳を持たない上意下達の体質を感じる。

若林部長の答弁で、「ニーズ」という言葉がたびたび出てきた。それならば、「都民のニーズに応え」るとして、地元の普通科高校をという願いを無視し、都立最初のコース制高校として88年に新設された八王子高陵高校を10余年で廃校にするのか。また、『都立高校白書』が出される前年の94年にコース制に転換した南高校を廃校にするのか。97年策定の「都立高校改革推進計画」では、委員会を設置して検討と述べられていたが「第二次実施計画」までの間に委員会を設置し検討したという話は聞かない。コース制高校についての責任を持った総括をきちんと説明して欲しい。このままでは、都の教育行政は朝令暮改と言われても仕方がない。

若林部長は統廃合該当校の選定基準を聞いた石川議員の質問に対して、交通不便や施設の老朽化、二次募集校や中退の多い学校など6項目をあげ、総合的に判断して決定と述べた。この基準に照らしても該当校になるのはおかしい。何回説明を聞いても統廃合該当校になる理由がわからない。「総合的判断」がすべてということか。

交通不便は設置時点でわかっていたことであり、子どもたちは自転車で通学するなど必ずしも交通不便とはならない。また、廃校になることにより、通学条件が悪化する子どもたちが出てくる。二次募集はダメという認識のようだが、子どもは二次募集があることで高校に進学できて救われた。そういうお子さんも多い、などの思いが述べられた。

3. 基本計画検討委員会をめぐって

基本計画検討委員会の設置

　都立高校統廃合・改編の「第一次実施計画」の時もそうだったが、「新しいタイプの高校」ごとに基本計画検討委員会が設置された。

　基本計画検討委員会とは、「新しいタイプの高校等」の「(1) 教育課程の編成と教育内容・方法に関すること。(2) 施設・設備に関すること。(3) その他検討を要すること。」を「具体的に検討」し、都教育長に報告するために、都教委内に設置された委員会である。

　委員は、学校関係者として該当校の校長及び他の都立高校校長1名、中学校校長1名、教育庁関係者として部長及び課長を中心に10名あまりの委員が教育長から任命された。委員長及び副委員長は、教育庁の部長が担当した。委員の構成を見ると、学校関係委員が4名、教育庁関係委員が11名というのが標準的であった。

　また、検討委員会には「専門事項を調査検討するための専門部会を置くことができる」とされていた。

　専門部会は「(1) 設置する教科・科目など教育課程の編成と教育内容・方法に関すること。(2) 施設の配置、特色など施設・設備に関すること。(3) その他検討を要すること。」を「専門的、具体的に検討」し、基本計画検討委員会に報告するとされていた。

　該当校の一般の教員が関われるのは、この「専門部会」の委員としてであり、おおむね全日制2名、定時制1名の割で参加した。

　「第一次実施計画」の時にも、各検討委員会は約1年間の「論議」を経て『報告書』を教育長に提出した。しかし、『報告書』ができるまでに保護者や地域住民などへの説明も、意見反映の機会もないことが問題点として指摘されていた。

全体像の見えない中間のまとめ説明会

　若林尚夫都立高校改革推進担当部長は、「第二次実施計画」については「新しいタイプの高校」の基本計画検討委員会の検討の節目で、保護者や

関係団体、学校及び地域関係者などの意見や要望を伺うと、都議会などで繰り返し述べていた。

若林部長のいう「意見・要望」を聞く機会は、00年7月中旬に「新しいタイプの高校等基本計画検討委員会中間のまとめ説明会」として行われた。

「中間のまとめ説明会」は「第一次実施計画」では行われていなかった。「第二次実施計画」で初めて行われたのは、該当校関係者や地域の人人をはじめとした「都立高校の統廃合・改編に異議あり」という都民の声が「第一次実施計画」より「第二次実施計画」で強まり、都議会でも都教育庁の上意下達の姿勢と説明責任が厳しく問われてきたからであろう。

都教委のホームページを見ると、説明会の日程は7月10日に掲載されていた。説明会は、掲載日翌日の7月11日、「練馬地区単位制高校」で始まり、7月22日の「港地区チャレンジスクール」の説明会まで、日程未定となっていた「青梅地区総合学科高校」を除く「新しいタイプの高校等」毎に15会場で行われた。

「説明会」の開催を子どものもってきたチラシで知った人やインターネットで見た人からの電話で、直前に知り駆けつけた人もいた。

説明会は、跡地に「新しいタイプの高校」が開設される高校（会場校）の教頭が司会をして行われた。

出席した改革推進担当（課長及び副参事）などから、教育理念・学校像・基本方針等についての「中間のまとめ」の説明があり、質疑応答・意見聴取に移った。

「新しいタイプの高校」のデメリットについての質問も当然のように出された。例えば、「板橋地区単位制高校」説明会で、「単位制高校」のメリットが語られ、子どもがもう少し後に生まれていればと思ったが、デメリットも親としては知りたいとの質問が繰り返されたが、ついに明確なデメリットについての説明は聞かれなかったという。

また、「練馬地区単位制高校」と「大森地区単位制高校」の説明会場ではたまたま「単位制高校」の説明資料が配付された。それを見た出席者から、同じ全日制「単位制高校」なのに「進学重視型」と「一般」の二種類あるのはおかしいとの素朴な疑問がだされた。しかし、資料として配付さ

れた文章以上の踏み込んだ説明は行われなかった。

「板橋地区単位制高校」の「説明会」では口頭で「単位制高校」の説明が行われただけで、文書は配付されなかった。出席者からの「練馬地区単位制高校の説明会では配った資料がなぜ配られないのか。配付してほしい」という要望が出された。それに対して、教育庁の担当者は「必要な部分は口頭で説明。直接関係ない箇所もあるので配付しない」と返答をしたという。

都教育庁は「統廃合」を「発展的統合」という。「発展的統合」の内容についての質問も必然的に行われた。例えば、「八王子地区総合学科高校」の説明会では、「八王子高陵高校はコース制高校、館高校は普通科高校、統合してどうして単位制になるのか」「発展的統合というが内容は」と。担当者からは「培ってきた内容の継承発展」「両校の長所を生かす」など、常に繰り返される言葉が返ってきたというのが出席者の感想だった。

「都立高校改革推進計画」により、既設校を「統廃合・改編」して開設する「新しいタイプの高校」は二期制を取る。「国分寺地区単位制高校（進学を重視する型）」の説明会では、母体校となる国分寺高校の伝統行事である「木もれ陽祭（文化祭）」と二期制の関係の質問が出されていた。

「単位制1年目から、在校生（既設の普通科高校の生徒）も含めて二期制にする」「木もれ陽祭を大切にする」というが、「二期制でいつテストをやり、いつ木もれ陽祭を行うのか」との疑問が出された。これに対して国分寺高校校長は「テストは前期の中間は7月初旬、期末は9月末か」と回答していたという。木もれ陽祭は例年9月にやってきた行事。明確な答えはなかったようだが、テストと文化祭を同じ月に実施できると考えているのだろうか、との疑問を感じた出席者もいた。

「中間のまとめ説明会」は「学校像、生徒像、教育理念及び教育課程の基本方針」についての中間説明ということであり、施設・設備の検討内容については説明されなかった。「板橋地区単位制高校」の説明会では、施設・設備も教育内容理念や教育方針などに関わる重要な要素として説明が求められたが、「教育課程のあとで検討」として説明がされなかった。

当然のように「全体像が見えない」「具体的に説明を」という声も多か

った。これに対して「世田谷地区工業高校」の説明会では、「中間のまとめであり、全体像が見えないのは当然のこと。継続的に説明するなりして十分理解できるよう進めていきたい」と答えていた。

全体像が示されない説明会だが、教育庁の基本姿勢は「今回限り」。出席者から再度の開催が要請された会場も多々あった。しかし、再度の開催を求める声は無視されたりして明確な返事がなかった。

例外的に、「中等教育学校」の説明会において松原恒美都立高校改革推進担当課長が再度説明会を開催すると約束した。参加者の「日程をこの場で決めてほしい」との要望には、「多忙でこの場では決められない」と返事をしていたという。しかし、00年12月4日に『中等教育学校基本計画検討委員会報告書』が教育長に提出されたが、公開での「説明会」はついに開催されなかった。

都教委ホームページに都教育庁作成の「中間のまとめ説明会の概要」が掲載されたのは、年が明け、16の『基本計画検討委員会報告書』の内容が教育委員会に報告された後の、01年2月18日であった。

「概要」を見ると、「日時・開催場所」「参加人数」とともに、「主な意見・質問」の項目がある。しかし、説明会の当日、高校改革推進担当者が答えた内容は一切書かれていない。少なくとも、当日答えた内容はきちんと掲載して欲しいものだと思う。

「主な意見・質問」を見ると、

「時代の流れで少子化が進んでいる、統合で単位制になるのは仕方がない」という消極的賛成意見。「『世界に通じる』『自己表現』『国際性』等、教育理念は素晴らしい内容である。ぜひ実現してほしい」「受験生のニーズが多様化する現状に対応できる単位制高校に期待する」などの賛成意見も記載されている。

「これだけのことが実現できれば素晴らしい」「受け入れ生徒数をもっと増やして欲しい」と、一見すると賛成意見とも取れる内容も記されている。しかし、これらは「新しいタイプの高校」への疑問を述べる流れの中で語られたことであったように記憶している

この種の説明会では、反対意見は「疑問」を述べる形で表明される場合が多い。「概要」には、「総合学科のメリット・デメリットを教えて欲し

い」「玉川高校や砧工業高校の良さが中間のまとめの中のどこに出ているのか」「単位制になると活気がなくなるのではないか。また、先生と生徒との触れあいが減るのではないか」「入選はどうなるか」などの疑問が掲載されている。少なくても、「疑問」に対する回答はきちんと掲載すべきなのではないだろうか。

農業科の存続をめぐって対立した青梅地区説明会

　00年10月13日、7月に唯一開かれなかった「青梅地区総合学科高校」の「中間のまとめ説明会」が農林高校講堂で開かれた。都教委ホームページの開催日程は、当日も「未定」のままだったが、青梅東高校と農林高校の保護者、教職員、同窓生、中学や地域関係者など、出席者は100人を越えたという。

　「中間のまとめ説明会」から4ヶ月半後、多摩地域に配布されている『アサヒ・タウンズ』（『朝日新聞』の姉妹紙・01年3月3日付）が、"都立農林高、廃校の危機　都内唯一の林業科守れ　緑のためにPRも必至"と見出しを付けた記事を、一面に掲載した。

　日置司明校長の「農業教育に最適な環境にあるこの高校がなぜ改革の対象になるのか。非常にもったいない」というコメントも紹介され、「緑や森林の大切さがうたわれている時代に逆行する改革ではないか。計画案を見直して欲しいという声が高い」と書かれていた。

　その中で、「中間のまとめ説明会」について、統廃合に向けての都教育庁の担当者らの説明会は、議論が続き、予定の1時間が3時間を越えたと、紹介している。

　では、説明会の様子はどうであったのだろうか。

　農林高校PTA広報誌『大地』臨時号（00年11月12日）は、「総合学科高校の問題点をあげ、総合学科と専門学科の併置案を求める当校とあくまでも『総合学科の中で』と主張する都教委とは平行線をたどるばかり。農業教育は生命体を扱い、継続的でなければならないということが理解できていないようだ。今、大人は子供たちに、自然・環境・農林業を真剣に伝えていかなければならない時なのに……」と、説明会について書いている。

都教委のホームページにも、「農業系の専門学科を残すべき」「専門教育は１年生から腰を入れて実施しないとものにならない」「募集停止はやめて欲しい。この地域では他に行ける学校がない。また、空白期間が出来ると農場等はだめになってしまう」などが、当日の「主な意見・質問」として掲載されている。

『大地』臨時号によれば、これらのことについて教育庁の担当者は「新しい総合学科高校にして基礎・基本を学び、複数のチャンスを与えながら進路を決めていただく」。「総合学科の中で農業教育ができないというが『本当にそうなのかなア』と私は違ってとらえている。新しいシステムの中でより良いものが作っていけないのか考えている」。「新しい学校にするには条例の改正が必要となり、募集停止も起こってくる。ある段階で募集停止をしないと引き継ぎができない」と、答えていた。

母校への思いを語る卒業生、不登校を克服し成長する子どもの姿を切々と訴えた定時制の保護者、長年西多摩の教育を見守ってきた地域の人の無念な思いなど、参加者から真摯に語られた３時間であったという。

出席した人たちはどのような感想・意見を抱いたのだろうか。

「高校生活で子供が大事にしていることは人間関係です。クラスメートや先生に支えられ頑張っています。単位制になってホームルームでの授業がなくなることは、子供たちにとってマイナス」と、大事なのは人間関係というＡさんの声。

「土日に私は農業をしています。農業は、土地を耕し種をまき、肥料をやり、日常の管理をし、収穫になります。体系的に作業をやらなければなりません。コマ切れの作業では困ってしま」うと、農業は体系的な作業と指摘したＢさん。

説明会を聞いて、「もう少し勉強してください。林業・農業を知らない役人が机上だけで考えていると思うとゾーッとする」と、感想を寄せたＣさん。

「同窓会、ＰＴＡ、地域の方々の誰も望んでいない学校改革は、いったい誰のための改革なのか？　ますます訳がわからなくなった」と、誰のための改革なの？　と問うたＤさん。

「この説明会が『中間のまとめ』と言われるにはあまりにもお粗末です。

これだけのご意見がある親たちの声を聞かずに進めても、良い結果は出にくい」と指摘したEさんなど、『大地』臨時号には、多くの声が掲載されていた。

　PTA広報誌『大地』は統廃合や総合学科高校の問題点をとりあげきた。『大地』の編集に関わってきたと思われる二人のコメントが『アサヒタウンズ』（01年3月3日）に載っている。

　「問題を探っていくほど、農林高校だけの問題ではなく、日本の農林業の危機という感じがしてきた」（広報部長・長島さん）。

　「都教委側は、表面的な部分だけで改革を進めている。体系的な農業教育の中で育つ子どもたちの精神的な成長を見つめてほしい」（川崎さん）と。

　このお二方のコメントは、多くの関係者の共通した思いであろう。

　「中間のまとめ説明会」終了後、農林高校の同窓会や全日制PTA、定時制PTAは、00年11月に「専門学科の併設」などを求めた要望書を提出した。すでに農林高校の現場からは、「専門部会」において、全日制も定時制も、専門学科の構成を基本的に受け継いだ上で総合学科をプラスするのが最も現実的有効な学校改革との提案がなされていた。

　専門学科だけの農業高校が一番望ましいと考える関係者も多い中で、併置案は一歩譲って出されたものだろう。しかし、都教育庁は、青梅地区総合学科高校のカリキュラムを農業教育を重視して編成すると回答したという。

　都立高校改革推進担当者は『アサヒタウンズ』に、「心の教育や自然体験ができる農業教育を重視している。新しい総合学科の中で、周辺の高校とも連携した農業教育を行いたい」との、コメントを寄せている。「農業教育を重視」といいながら、なぜ総合学科高校に固執するのか。話は聞く、しかし結論は最初から決まっているというのでないならば、すべての「意見・要望」に、具体的な内容も含んだきちんとした文章でもって回答する責任があると思うのだが。

説明会開催すら知らせない「開かれた」都教委

　都教委は「開かれた学校」「開かれた教育」を標榜している。「新しいタ

イプの高校等基本計画検討委員会中間のまとめ説明会」は、どの程度「開かれた」形で行われたのだろうか。

　第一に問われなければならないのは、説明会の開催について都教育庁自身が直接責任を持って知らせる努力をどの程度行ったのかということである。

　市区教育委員会には松原課長名で、「新しいタイプの高校に関する説明会の開催について」の以下の「事務連絡」が00年6月22日付で「関係区・市教育委員会指導室長」宛に出されていた。

　「新しいタイプの都立高校について、昨年12月に基本計画検討委員会を設置し、教育課程等について検討を進めているところです。

　この度、これらの、新しいタイプの学校像、生徒像、教育理念及び教育課程の基本方針等をまとめた、基本計画の『中間のまとめ』について、地域の小中学校関係者等の皆様方にお示しし、ご意見等を伺うための説明会を……開催いたします。

　つきましては、公務ご多忙の折、誠に恐縮ではございますが、小中関係者への周知及び貴教育委員会担当者のご出席についてご配慮いただきますよう、よろしくお願いいたします」と。

　保護者や町内会長などには、該当校の校長名で「新しいタイプの高校」の学校像や生徒像、教育理念、教育課程等についての「中間のまとめ」を、「保護者、地域のみなさま方」に示し、意見などを聞く「新しいタイプの高校に関する説明会の開催について」の案内が6月下旬に配布された。

　そして、都教委のホームページには、「中間のまとめ説明会」が始まる前日の7月10日付で掲載された。

　つまり、「中間のまとめ説明会」は、小・中学校関係者には市及び区の教育委員会指導室に依頼し、保護者や地域の人々には該当校の校長が、都民には都教委ホームページで知らせるということであった。

　都教育庁の資料によると、参加者が一桁という説明会が16会場中3ヶ所もあった。「参加者が少ないがどうやって案内をしたのか」という質問も出された会場もあったという。そこでの回答から教育庁の担当者が直接足を運んで案内をしたのは、該当校のある市区の教育委員会だけであったと推測される。小・中学校の一般の教員の姿あまり見受けられなかった。

「説明会」開催の意味を十分には説明されなかった該当校のPTA会長もいたと聞く。

都立高校「統廃合・改編」計画の直接的な影響を受ける小学校・中学校の教職員への丁寧な案内はなく、まして大多数の親たちは「説明会」の開催すら知らされていないというのが実態だったといえる。

都教育庁の責任で開いた説明会のはずだが、案内の基本は該当校の「校長先生に依頼して」＝まかせてということであった。

若林部長も都議会で予告し実施した「説明会」なのだから、教育庁の担当者の責任として、知らせる努力を直接どの程度行ったのかが問われる。各説明会での様子を聞くと、非常に不十分と言わざるを得ないのが実態である。

第二に問われなければならないのは、「中間のまとめ説明会」についてである。

参加者に配付された資料は、①「X地区Y高校基本計画検討委員会中間のまとめ」、②「X地区Y高校の系列の目標と進路（又は「教育課程編成について」）、③「X地区Y高校基本計画検討委員会開催基本スケジュール」、④「X地区Y高校基本計画検討委員会設置要項」、⑤「X地区Y高校専門部会設置要項」の5種類、各資料ともA4版1枚というのが基本であった。

その他、出席した都教育庁の課長級担当者（課長及び副参事）などの判断で、「単位制高校について」や「総合学科高校について」などの資料が配られた会場もあった。

配付資料の「検討委員会開催スケジュール」の日付には、担当した課長級職員によってばらつきがあった。

00年（平成12年）7月に行われている説明会なのに、「平成12年1月21日」など「第1回目・基本計画検討委員会」開催日のままであったり、日付が未記入の会場が目立った。「説明会」開催日の日付で配付されたのは、むしろ少数であった。

00年7月11日、最初に開かれた「練馬地区単位制高校中間のまとめ説明会」では、「基本計画検討委員会開催基本スケジュール（案）」と「案」を記入したまま、「平成11年12月21日」の日付で資料として配付された。

驚いた参加者から「日付が古い」との指摘がったが、その後も日付が古いままの説明会もいくつかあった。

　ある会場で配られた「平成12年7月10日」付の「開催スケジュール」には検討委員会・専門部会の開催日が記入されていた。しかし、他の会場で配られたものには、それらは未記入のまま。せめて、経過データーを書き込んだ「最新版」を全部の説明会で出してほしいというのが、出席者の気持ちであろう。教育庁の担当者は、参考資料であり、直接の説明資料でないので古い日付でかまわないというかも知れないが。

　すでに述べたように、「単位制高校について」の説明資料は、配付された単位制高校の説明会と、配付されなかった説明会があった。オープンに同じ資料を配付すべきだったのでないだろうか。

　説明会では、「X地区Y高校基本計画検討委員会中間のまとめ」と、「X地区Y高校の系列の目標と進路（又は「教育課程編成について」）」を使って、教育庁の担当者から「学校像・基本理念・カリキュラム」などについての説明がなされた。参加者から出された疑問や質問に対しての説明・対応は前述したとおりである。

　学校の重要な要素である「施設・設備」について説明のないまま、再度の開催の要望があった「中間のまとめ説明会」を一回で終わらせ、「検討委員会で決めるのはあくまで大枠を定め、報告書をまとめる事。その後は新しい学校の校長先生を中心に検討していく事」と、下駄を預ける。日付の古い「基本計画検討委員会開催スケジュール」を資料として配付する担当者もいた。

　内容面においても、都教育庁に、丁寧に、きちんと説明する姿勢があるのだろうか。読者の判断にまかせたい。

　都議会文教委員会で大河原議員（生活者ネット）が、「先生は子どもに、わからないところは、わかるところまで説明して教えるんですよ。その元締めであるというか、教育庁には、理解を得るところまで話し合うという姿勢がなかなかない」と指摘していたが（01年3月20日）。

何が問題！　都立高校の統廃合

　都立高校の統廃合・改編の「第二次実施計画」策定から1年、00年10

月28日には、序章で述べた「なにが問題　都立高校の統廃合／私たちが望む高校改革」をテーマにした「都民集会」が、全都連絡会の主催で行われた。99年10月1日に続く「都民集会」であり、雨天にもかかわらず、集会前に行った吉祥寺駅頭での署名・宣伝行動も含めて、高校生、保護者、教職員など300名近い人々が参加した。

「都民集会」は、00年9月8日に署名約3万筆を添えて提出した都議会請願署名を更に上積みする取り組みを行うなかで準備された。

集会では、都財政「危機」のもとで、財政赤字の重大原因である臨海開発などの大規模開発は聖域にし、その一方で定時制高校の給食のリストラなど教育予算削減を進めている現状と問題点が鮮明になった。

都立高校の統廃合は、毎年2,500人以上の公立中学校卒業生が、定員不足のため全日制高校を志望しながら入れない現状を放置したまま進められていること。欧米諸国では常識である20人台学級には及ばないが、切実な声である30人以下学級の実現をはるか彼方に押しやる計画であること。定時制高校の削減は、様ざまな条件を背負った生徒たちから高校教育を奪うことなど、都立高校の統廃合の問題点も浮かび上がった。

そして、次々と市区議会で意見書が採択されていること。都議会文教委員会の請願審議においても積極的賛成意見は出ないこと。中学校の保護者に都立高校の削減計画＝「統廃合・改編」計画を知らせると驚くことなど、取り組みの交流を行いながら到達点が確認された。02年度に策定予定の統廃合・改編の「第三次実施計画」を視野に入れながら、都教育庁が積極的に知らせようとはしないこの計画を、一人でも多くの人に知らせる必要性があること、そこに展望があることなども語られた。

この日の「都民集会」の最後に「都立高校の『統廃合・改編』ではなく、すべての子どもたちにゆきとどいた教育を求めます」という決議が確認された。

決議は、異論や疑問が多く出された「基本計画検討委員会中間のまとめ説明会」の状況や、様々な教育問題を解決する鍵的条件として学校現場での「ゆとり」の創出を求め、学級規模の縮小と教職員定数増を提言した日本教育学会の研究グループの報告などに触れた。

その上で、いま教育改革に必要なことは、都財政赤字のツケを子どもた

ちに押しつける「新しいタイプの高校づくりによる統廃合策」を「揺るぎのない」行政計画として、教職員の口封じをともないながら強引に進めることではない。大人世代の英知をあわせて教育改革を進めることであると、指摘した。

都教育庁への要請

「都民集会」から約2週間後、00年11月10日に全都連絡会は、集会決議を受けて都教育庁への要請を行った。

全都連絡会は事前に、新しいタイプの高校の中間のまとめ説明会の状況や、都教育庁が進める都立高校改革が都民のニーズという根拠、未達成の都の就学計画についての行政としての責任、定時制の統廃合は学習権の侵害と指摘した東京弁護士会の勧告についてなど、10項目の質問事項を提出していた。

しかし、都教育庁側からは文書での回答は準備されておらず、資料等の配付も一切行われなかった。

当日、吉田憲司都立高校改革推進担当課長から行われた口頭での回答要旨を紹介する。〈「回答」詳細は207ページ〉

「中間のまとめ説明会」では、総合学科などの学校制度についての一般的な質問や、新しい学校の教育理念や学校像、具体的な教科・科目についての質問・意見があった。参考配付資料は担当説明者によって違ったが、説明の中身は同じ。「説明会」を知らせた範囲は該当校の校長判断にゆだねている。都のホームページには日時・場所を掲載した。

「都民のニーズ」の根拠は、95年12月に『都立高校白書』を刊行し、長期懇を設置して、都立高校の長期的な展望にたった構想を検討し、発表してきた。また96年2月には「都立高校に関する都民意識調査」を実施するなど、都立高校改革に都民のニーズを反映させるように努めてきた。説明会等で使用している「都民のニーズ」という言葉の中身は、説明者によりケース・バイ・ケースで使われている。

「就学計画が達成されない理由」は、都立高校は計画を上回って入学者を受け入れているが、私立高校全体では達成できない状況にある。公私連絡協議会で協議を深め計画達成につとめていく。今後、都立高校が就学計

画を引き続き達成していくためには規模と配置の適正化が必要。

弁護士会勧告に回答は不要

　通学時間は職場や自宅から30分とするなどの内容を含み、夜間定時制高校統廃合は学習権侵害であるとして、98年3月に東京弁護士会が出した勧告については、定時制教育の振興・充実施策の全体を見ず、適正配置・適正規模により通学区域が長くなることのみ取り上げて学習権が侵害されると一方的に主張したもの。弁護士会の内規にもとづく要望であり回答することは考えていないと、吉田課長は述べた。

　次に、吉田課長のメモも取りにくいような早口の回答に続いて行われた参加者との質疑応答の概要を紹介する。

　小石川工業高校の保護者は、統廃合後に設置される場所には現在の在校生の90％は通えない。これが「適正配置」なのかというのが最初からの疑問である。99年10月に提出した質問への回答がまだない。早急に文書での回答を求めた。

　これに対し小泉健副参事は、在校生は小石川工業で卒業する。世田谷地区工業高校開校後は近いところを選んで通ってもらう。質問書と同じ内容で都議会請願が出された。まだ希望があるようなので、日程や内容の方向について相談させていただく、と回答。

　水元高校の教員は、都議会文教委員会での請願審議において水元高校の統廃合への賛成意見はなに一つなかった。現場の意向を十分に聞き、慎重に策定するようにとの意見ばかりだった。葛飾区の都立普通科高校は3校から2校に減り、水元地域から都立高校が無くなる。生徒は、都立だから、通いやすい、自分の学力に有っていると、進学してきている。水元の生徒の学力では行く学校が無くなると感じている保護者や生徒もいると、述べた。

　担当の木幡収治副参事は、都民の意見、都議会請願の主旨、都議会での意見などは、高校改革を進めていく上での貴重な意見として改革を進めている。地元に対する説明は「中間のまとめ説明会」を行い、おおむね理解いただけたということで最終報告書をまとめる段階。

　生徒の今後の就学については、都立高校は区ではなく学区単位で考えて

おり、水元高校のある第6学区についても、学区単位で96％の計画進学率を達成していきたい、と回答。

北野高校の保護者は、これから高校に進学する中学生の保護者の意見は聞いているのか。小・中の保護者の方と話すと知らないと言う状況。これから入れる親御さんの意見をきちんと聞いてくださいと、地域で日頃感じている都民無視の様子について話した。

小泉副参事は、都立高校に関する都民意識調査を行い、都立改革推進計画もこういった調査をもとに都民ニーズを反映させるために作成した。今までの説明会でも同じ事を何度も話してきた、と回答。

定時制高校の保護者は、東京弁護士会の勧告は通えない子どもが出てくると、憲法で保障されているその子たちの学習権が侵害されるという意味での勧告。教育庁の話を聞いていると、生徒に負担がいってしまうと感じる。本当に安心して学べる都立高校であって欲しいと、切々と訴えた。

それに対して小泉副参事は、勧告は一面のみ取り上げ一方的に主張したもの。定時制教育振興のための適正規模・適正配置を行い、充実・改善に努めていくと回答した。

最後に、全都連絡会から再度の会合を求めて終了した。

この日の要請は、事前に質問項目を文書で提出していたこともあり、都教育庁の都立高校改革担当の基本認識を整理した形で記録に残すことができた。

要請に参加した人たちは、次のような感想を述べた。

計画より実績が数％も低く、いまだ達成されたことがない「就学計画」について達成できない責任を私立に押しつけ、都教委としての責任を回避している。その上で、都立高校は目標を達成しているので、今後も都立の分のみの目標達成だけを考えれば都立高校を大幅に削減してもいいという。子どもたちのことを考えていないのだな、と思った。

都民のニーズの「明確なものとして、都民意識調査がある」と木幡副参事が述べていた。言い換えると、都教育庁がいう都立高校の統廃合・改編が都民のニーズというの明確な拠り所は、長期懇でもほとんど論議されず、質問項目が恣意的とも思える「都民の意識調査」だけということなのだろうか。

法律の専門家の勧告でさえも「一方的に主張したもの」(吉田課長)として歯牙にもかけない行政の姿勢でよいのかという疑念が残った。

そして、参加した人の共通の思いは、教育庁は都民に対しては文書での回答を極力避けている。事前に質問項目を提出していたのにもかかわらず資料も用意せず、きちんと説明しようという誠意が感じられないということであった。

専門部会では

00年7月中旬に「新しいタイプの高校等基本計画検討委員会中間のまとめ説明会」が開かれたことは既に述べた(青梅地区総合学科高校は10月13日)。唯一再度の説明会開催を約束した中等教育学校でも2回目の説明会が開かれないまま、00年12月4日、青梅地区総合学科高校を除く15の基本計画検討委員会から『報告書』が、いっせいに都教育長に提出された(青梅地区総合学科高校の『報告書』は12月20日)。

「中間のまとめ説明会」以降、2回の専門委員会を開き、その後、基本計画検討委員会と専門部会を合同で開催して『報告書』を策定するというのが基本パターンであった。

では、現場の教員も参加した「専門部会」でどのような論議が行われたのだろうか。

農林高校定時制PTA広報紙に「学校改革のゆくえ」と題して文章が掲載されていた。執筆したのは専門部会の委員だったOさん。

「(都教育庁の都立高校改革推進担当者は)どこまでも自分達が立てた計画にこだわろうとする。その枠組みの中でなら現場の意向も多少は組み入れても良い。昨年、ほぼ月一回のペースで都庁で議論を交わしてきたが、向こうの姿勢はこのようなものであった。『農林業を活かす』といいながら、生徒や学校の実態を踏まえた本校からの意見は歯牙にもかけない。議論の材料にと作成した資料は当初は配らせない。それでも食い下がって、農業高校から総合学科高校に切り替わった全国の多くの例で、農業教育が衰退し農場、温室などの維持管理ができなくなった問題点を指摘すると、人手やお金で手当てすればきれいに片付くかのように

言う。都心のビルの中だからこそ生まれる発想ではないか。
　農場とは土地がただ広がっている場所をさすのではない。演習林にもただ木が生えているのではない。自然の力に基づきながら、教職員と生徒が営々と手を掛けてきた積み重ねがそこにある。一旦手放せば容易には回復しがたい。この事実を担当者達が切実に感じているようには見えなかった。反対に人の力でどうにでもできると踏んでいるふしがあった。これは傲慢という他ない。しかもお金の面で言えば、都の財政難の中で、予算の裏付けが厳しいと予想される状況である。このままでは誰も責任を持たない学校ができるような気持ちになった」

　都教育庁担当者の基本計画検討委員会・専門部会に臨む基本姿勢は、現場の実践や実態に裏付けられた意見からでたことでも、既に決めた基本的な枠組みは変えない。その中で受け入れ可能と担当者が判断した部分は受け入れるということなのか。Oさんの文章を一読して感じたことであるが、このような話は他の専門部会委員からも聞いた。
　都議会文教委員会で大河原雅子議員（生活者ネット）が、「それぞれの学校のフレームに触れるようなことは動かさないんだという姿勢を私は感じている」（01年2月15日）と指摘していたことも思い出す。

専門部会委員の「辞任」表明も

　委員として『報告書』に責任を持てないと辞任を表明した専門部会委員もいた。板橋地区単位制高校検討委員会委員であったKさん、Tさん、Mさんだ。01年10月17日付で、横山洋吉都教育委員会教育長宛に連名の「辞任声明」を提出した。教育庁による学校と教職員に対する管理が強まり、上意下達の状況がまかり通り始めている都立高校の環境を考えると、人間としての「信念と良心」をかけた勇気ある行動だ。
　「辞任声明」では、専門部会の運営が都教育庁が理念として掲げている都民に開かれた教育・都民に開かれた学校とかけ離れ、学校現場の声とも乖離していることを指摘し、『報告書』に氏名が記載されることは「信念と良心とに鑑み全く耐えることができない」として、辞任の意志を表明した。

その上で、地域住民・学校関係者等の関係者から専門部会への参加要望があったが参加が認められず、会議も繰り返し要望したが非公開で進められた。中間のまとめ説明会についても再度の開催要求も受け入れなかったと、専門部会が都教育庁が理念として掲げている「都民に開かれた」ものとかけ離れていると、指摘している。

　さらに「辞任声明」は、最終会の会合が定期考査前日の午前中開催など出席が困難な日に設定され、カリキュラムについても施設・財政問題などを理由に制約を受け、将来にわたる人的・資金的な保障が明確にされていないなど、専門部会運営方法や検討された内容が学校現場の声とかけ離れたものであったことにも触れている。

　当初、「辞任声明」は校長に持参を依頼したが、らちがあかないので郵送したという。「辞任声明」に対する教育庁からの直接の返事はなく、当事者が所属高校の校長にたずねたところ、辞任も『報告書』からの氏名削除も認められないという話だった。

　板橋地区単位制高校の『報告書』には3人の名前が意に反して掲載されている。教育現場の委員から強い異論があったことについても一切触れられていない。

教育委員会に報告

　そして01年1月25日、東京都教育委員会定例会に「都立高校改革推進計画・第二次実施計画」にともなう新しいタイプの高校の「基本計画検討委員会報告書」を山際成一都立高校改革推進担当部長が報告した。

　山際部長は今回が最終報告であるとして、葛飾地区と世田谷地区の総合学科高校は工業高校と普通高校を統合し「いずれも、ものづくり教育を通して豊かな創造性を育成しようというような特色を持った学校」。国分寺地区単位制高校と新宿地区単位制高校は進学重視型単位制高校。教育理念で「難関大学への進学ということとともに、全人的な教育の推進」を挙げているというような簡単なコメントをつけながら、16の『基本計画検討委員会報告書』について報告した。

　その中で、青梅地区総合学科高校（農林高校と青梅東高校を廃校にして農林高校跡地に設置予定）については、農業系の専門学科を併置すべきと

いう意見が学校や同窓会などにあり、7月以降具体的な協議が進まない状況にあり、12月に基本計画検討委員会を再開し「中間のまとめを最終報告とするという形で決着」した。教育課程の具体的内容、施設については今後検討していくことになっていると説明した。

第三次実施計画に関連して、総合学科高校については学区に1校設置する10校計画の内8校めどがついたので、第三次実施計画では残りの2校を明らかにする（注：4学区・7学区）。チャレンジスクール（昼間定時制）は5校設置するが、これまでの4校は23区にあるので、三次計画では多摩地区に設置すると、報告の中で述べていた。

山際部長の説明後、教育委員とのあいだで質疑が行われた。

その中で、世田谷地区工業高校は計画策定時に反対運動や陳情があったが、その後の動きは、という質問を行った教育委員もいた。この質問は、世田谷地区工業高校設置に伴って廃校が予定されている小石川工業高校関係者などが教育委員に送っていた手紙と資料を読んで行われたと思われる。これに対して山際部長は、小石川工業は学校としては「受けとめている」が、同窓会を中心に反対機運があり、反対の請願がでていると答えた。

「都立大附属高校」の名前を残して欲しいという要望が強い中等教育学校の名称についての質問も出された。山際部長は附属の機能が実態としてないのだから名称は「すっきりさせる必要がある」としつつ、開校は06年度、「だいぶ先の話」であり、時期が近づいてから関係者や地域の意見を聞いて決めると述べた。

「チャレンジスクールは学区は関係ないんですね」という質問があった。定時制を統廃合しながらチャレンジスクールをつくる。地域性と、定時制の統廃合該当校の選定を詰めていかなければならないと、山際部長は答えていた。

教育庁は「中間のまとめ説明会」を1回だけしか開かずに、開校年度に差があるのにもかかわらず既定のスケジュールに従って教育委員会に『報告書』を報告した。

説明責任が問われた都議会審議

　01年2月15日、都議会文教委員会において、全都連絡会が提出した「都立高校改革推進計画の都民参画による見直しと教育諸条件改善等に関する請願」を初め、「都立高校の統廃合改編計画の見直しに関する請願」（都立高校統廃合計画の見直しを求める該当校連絡会）、「都立小石川工業高校に係る統廃合改編計画の見直し等に関する請願」（小石川工業高校を守る会）の3件の「請願審査」が同趣旨ということで一括して行われた。

　全都連絡会は、99年10月1日の都民集会で統一した都議会請願署名の準備を提起し、00年3月から都議会請願署名の取り組みを開始した。該当校連絡会は、00年7月1日の会発足と同時に、署名運動に取り組んだ。いずれの署名も、都議会事務局に第一次分が提出されたのは9月であったが、全都連絡会が主催した00年10月28日の都民集会が署名活動をさらに飛躍させる契機となった。

　01年の取り組みは、1月8日の午後、前夜から朝まで降り続いた雪が残る新宿駅頭での署名・宣伝活動から始まった。事務局会議を終えて駆けつけた「4学区都立高校を守る会」の皆さん、誘い合わせ参加して15分前に到着した「八王子・日野地区よりよい教育をめざす会」「多摩ニュータウンの都立高校を守る会」の皆さんなど41名が参加した。

　そして、審議直前まで、面会して、あるいは手紙でと、工夫を凝らしながら、都議会議員への要請も旺盛に取り組まれた。

　町田の都立高校を守る会は、町田市の公立中学校卒業生の進路未決定者（3月上旬時点）が、99年3月には卒業生3,449名中109名だったのが、00年3月には卒業生3,354名中140名にも及び、生徒が減少しているにもかかわらず高校入試はますます厳しくなっていること、町田では年少人口が増加していることを指摘し、「町田の子どもたち、東京の子どもたちが、豊かな高校生活がおくれるよう、都立高校改革推進計画の拙速な一方的実施をさけ、都民参画型の計画を考えていただきたい」との要請文を、町田市選出の都議会議員と文教委員に送った。

　地元の議員の自宅に電話をし面会を求めたり、手紙を郵送するなど様々な方法で要請を行った該当校関係者も多くいた。2月には、全都連絡会と該当校連絡会が協力して、7日、8日、9日、14日と、公明・自民・民主

などの会派の議員に要請を行った。

　審議までに集めた署名数は、全都連絡会が約4万4千筆、該当校連絡会が約1万7千筆など、6万5千筆近くに達した（都議会事務局のカウントでは、印鑑のない同一筆跡等を除き5万7千筆強）。

　01年2月15日の都議会文教委員会には、該当校から、地域の会から、定時制高校を守る会などから、自分達が取り組んできた請願審査の様子をきちんと見ようと、56名もの人が都議会議事堂に駆けつけた。

　審議結果は、「保留」（都議会のホームページの表現では「継続審査」）だった。

　しかし、この日の審議の中でも、都教育庁の担当者が区議会意見書も「一部の意見」とも取れる答弁をする姿勢や、区議会の説明要望に誠実に答えていないとも思われる答弁内容、全都連絡会が事前に質問項目を提出した要請の場に資料を準備しない態度、中間のまとめ説明会の周知方法の不十分さ、丁寧な情報発信に欠けるなど、都教育庁の「説明責任」さえないがしろにしている姿勢が、厳しく問われた。

　その結果、横山洋吉教育長が「説明に全力をあげる」、山際成一都立高校改革推進担当部長が「必要な情報・データーを出す」という趣旨の答弁を行うなど、都教育庁の「説明責任」を都民レベルで問う、次へつながる内容が、審議の過程で明確になった。

　また、「教育庁のできるかぎりに余り信頼感がないので不安」と大河原雅子議員（生活者ネット）は指摘した。都教育庁が都議会で行う答弁と、実際に都民に見せる行動が違い「信頼がない」というのは、都立高校の「統廃合・改編」問題に取り組んできた関係者の共通した思いだ。傍聴した人のあいだから、この日の横山教育長の答弁をテコに、丁寧な情報開示と十分な説明を都教育庁に求めていこうという声が出された。

　主に答弁を行ったのは山際都立高校改革推進担当部長。山際部長の声が、冒頭の請願についての都教育庁の意見表明の際の声はハッキリとしており良く聞き取れたが、議員の質疑に対する答弁は下を向いて小さな声で述べており聞き取りづらかったことが傍聴者の共通した声。質疑のなかでも、小林正則議員（民主）に「堂々と胸を張って説明している感じじゃない。大改革をやるという気概みたいなものが全然感じられない」と指摘さ

れていた。

　97年の「都立高校改革推進計画」以来、都立高校の「統廃合・改編」関連の請願・陳情は26件審議されたがすべて「保留」だ。都議会の勢力比では「改革推進計画」に（実質的に）賛成の会派が半数を超える状況だが、審議の中では都教育庁・都教委の対応が事実に即して批判され、否決することはできない状況にあることに、あらためて確信を持つ必要がある。

4. 都議選でも争点に

春のステップアップ集会

　01年3月10日午後から11日の午前中の日程で、渋谷区のオリンピック記念青少年総合センターにおいて全都連絡会として初めての2日間にわたる"研究集会"＝「春のステップアップ集会」を開催した。ステップアップ集会の目的は、「私たちの望む教育改革や今後の取り組みについて学び語りあい経験交流を行う」ことであった。

　1日目は、「問われる教育改革」と題した三輪定宣千葉大学教授の講演が行われた。

　講演で三輪教授は、01年1月に改定された都教委の「教育目標・基本方針」は、00年12月に出された教育改革国民会議の報告書の政策的な先取りの側面もある。今行われている教育改革の方向は、一部のエリートを育てることを重視し、その他は奉仕教育などで管理し、教職員管理も徹底していく。この流れの根底にある思想は、人間を優生学的に見ていく思想であり、「新たな能力主義」「愚民化政策」でもあると指摘した。

　教育改革のベースは、人間の尊厳の精神から出発し、子どもの権利条約などにもつながる先駆性を持っている教育基本法にこそある。

　国立大学長協会が5教科7科目入試を提言したのは、学力低下へ関わっているとのある種の反省も踏まえている。一部のエリートだけの底上げではエリートの学力ももろい。子どもたちに希望を与える方向に転換しなければ学力低下は止まらない。

日本の公教育費の対GDP比は諸外国に比べて低い。子どもたちの状況からみても、過大学級を放置するのではなく、30人以下学級を実現することが必要であるとして、「1学級25人程度の少人数学級の実現をめざしていくことを真剣に検討する時期にきている」と述べた千葉県議会の意見書（99年3月9日）や、国政レベルでは多数の政党が30人以下学級を政策に掲げていることなど、30人学級をめぐる動向について紹介した。

　また、30人以下学級についての必要な経費についても行政資料任せではなく、現状に照らして独自に分析して示す必要があることを、参加者の質問に答える形で強調した。「財政危機」が東京都でも強調される中で進められる都立高校の統廃合に異議ありの声をあげている全都連絡会などの市民運動の側にとって、この点は緊急の課題でもある。

　2日目は、第1分科会＝「都立高校の『統廃合・改編』計画と、私たちの望む高校改革」と、第2分科会＝「私たちの運動の到達点・教訓・課題と、これからの取り組み」にわかれて論議した。

　第1分会は、①都高P連が99年に都立高校保護者対象に実施したアンケートからみた望まれる高校改革と、②新しいタイプの高校基本計画検討委員会専門部会で論議されたこと、の2本のレポートを受けて討議を行った。

　①の報告では、現在通っている都立高校への評価は「とてもいい」「どちらかというといい」で90％、高校生活に期待する内容は「打ち込めるもの・充実」「高校時代しかできない体験」が50％を超え、「受験に必要な力」は10％という結果だった。都立高校改革のあり方については「いまの普通科や職業科の充実」を求める声が最も多く53％であることなどを紹介し、保護者の願いは現在の都立高校の改善・改革であり、統廃合を進めて「新しいタイプの高校」をつくることではないこと。教員とのつながりを求める保護者の声も強いと述べられた（このアンケートについての紹介と分析は後述）。

　②の報告では、専門部会の運営は単位制や総合学科であることを前提に進められ、意見はファックスでというが送ってもどう検討されたかわからないまま、教育庁（事務局）の案がそのまま押しつけられていく様子が詳しく述べられた。

第2分科会は、報告者として予定していた該当校連絡会と4学区都立高校を守る会の関係者が討論の口火を切ったが、実際には参加者全員が「報告者」になり、自分の体験を通した思いや、取り組みの教訓が様々な角度から語られた。

　該当校連絡会のMさんは、「二次計画の対象校が発表されて独自署名に取り組んだ時より、全都連絡会や該当校連絡会の署名の取り組みは幅が広がってきた」と、運動の幅の広がりについて体験を踏まえて報告した。

　4学区都立高校を守る会のSさんは、4学区の会の歩みとともに「都立高校の『統廃合・改編』問題は、中学校・小学校の保護者に知られていないことを実感している。知ればおかしいと感じてくれる。得意技のおしゃべりで広げている」と、日々の地域に知らせる努力の積み重ねの大切さについて報告した。

　参加者からは、北野高校保護者Kさんが「二次計画が策定されたときには虚しさを感じて、正直がっかりして落ち込んだ。しかし、該当校連絡会の話があったことをきっかけに、今はやり続けることが大切と感じている」。また、「かつては雲の上の人であった区議会議員まわりが運動を大きくし、自信にもつながっていった」と、率直な体験談を踏まえて、横に連帯した取り組みの大切さを語った。

　小松川高校定時制保護者のKさんは、「中学校時代不登校だった子どもが、アットホームな夜間定時制高校に入学し、積極的に登校するようになり、友達のことや先生のことなど学校の様子も自分から話すようになった。子どもの変化を見るにつけ夜間定時制高校の必要性を実感している」と、子どもが成長した実体験から夜間定時制高校の存在意義を熱っぽく話した。

　「ステップアップ集会」は年度末という忙しい時期に設定したが、主催者の予想を超えた82名が参加し、2日目の分科会の会場は2つとも満員であった。

　内容面でも、いま進められている都と国の教育改革の動向が密接に結びついていること、その動向の問題点と求められる教育改革について学び、語り合い、私たちの取り組みの経験交流も行われた、実りある"研究集会"であった。

都議選立候補者へのアンケート

　東京では都議会議員選挙が01年6月15日に告示され、6月24日に投票が行われた。全都連絡会は、都議会議員選挙に向けて「都議会議員選挙立候補予定者へのアンケート」への取り組みと、「東京の『教育政策をきく』集い」を開催した。

　都議会議員選挙立候補予定者へのアンケートは、99年の都知事選立候補予定者へのアンケートに続く取り組みであった。アンケートの内容は、「2001年春のステップアップ集会」などで文案の検討を重ねた。アンケートの発送は、各政党・各会派の都段階の事務所に連絡をして公認候補等の名簿を入手して4月15日に郵送した。しかし、都の事務所からまとめて送るという返事のあった社会民主党からは一通も返信がなかったこともあり、回答がない予定者には計3度の依頼を行い、最終的には87名から回答があった。

　アンケート発送数は189通であるから回収率は46％であり、この種のアンケートとしては回収率は高かった。

東京の「教育政策をきく」集い

　01年5月12日、全都連絡会が主催して「東京の『教育政策をきく』集い」が、杉並区の高円寺会館で開かれた。この集いは都立高校の統廃合・改編問題に関わってきた人たちが、都議会議員選挙を前にして、自分達の手で、子どもたちの未来に大きく関わる教育政策を各政党・会派から聞こうとして取り組まれた。

　4月17日、都議会の各会派控室をまわり出席依頼を開始した。しかし、都議選直前という多忙な日程のためか、集いの10日程前の時点で出席の返事があったのは共産党だけ、欠席連絡はファックスで送られてきた公明党だけであった。電話での出席依頼を始めると、民主党と社民党、自由党は出席者のやりくりが付かないと欠席の返事。自民党は地元の立候補予定者に依頼をして欲しいという返事だった。

　最終的には、生活者ネットの大河原雅子議員、共産党のくぼた光議員、自治市民'93の福士敬子議員の3名が出席して、各会派の「東京の教育政策」について話した。

3回目の水元高校の存続を求める集会

　6月2日には、水元高校の会議室において「水元高校を守る会」が主催する3回目の「水元高校の存続を求める総決起集会」が、地域の人々や地元町会役員、同窓生、高校生、保護者、教職員など、過去最高の150名を超える人々の参加で開かれた。

　集会では、水元高校がある葛飾区から都議会議員選挙に立候補する予定の無所属候補者、共産党現職都議（代理）、民主党候補者、自民党現職都議をはじめ、地元の区議、水元高校元校長、地元町会長、都高教代表、全都連絡会代表などが連帯の挨拶を行った。

　地元の町会長は病躯を押して参加し、「その地域に高校があるかないかは重大な問題。地元の子どもが遠い学校に行くより、近くの学校に入って欲しい。遠くまで通うことは子どもにとって良いことではない。地域が見守っている中で生徒は育つ」と、感動的な挨拶をした。また、自民党の都議会議員も「会派の方針はあるが、地元の立場でギリギリ頑張りたい」と決意表明をしていた。

　水元高校の元校長は自分の意志で集会に参加したと述べ、大きな声を張り上げるのではなく、地道に運動を進めていることに共感を覚えた。現校長も言葉には出せないが必ずしも統廃合に賛成している訳でもない。私からも現校長に話したいと語っていた。

　同窓会会長は、午前中に同窓会総会を開いて引き続き統廃合に反対し、水元高校の存続を求めていくことを確認した。同窓会としても運動の輪を広げていくと話した。

　翌日に体育祭を控え、準備に忙しい生徒会代表も時間を見つけて出席し、駅頭署名の経験を語った。

　水元高校を守る会の嶋村清治会長は「30人学級を実現すれば都立高校の統廃合問題は解決する」と、話していた。

　総決起集会の参加者一同で確認した「決議文」においても、

　「私たちは、単に『水元高校存続のため』だけではなく、将来の日本社会を担う子供たちの就学保障のためにも反対運動を続けてきました。

　教育基本法第3条（は）……教育の機会均等を教育行政が施行するよう義務づけています。

いまや先進諸国では20人から30人学級が常識となっており、日本でも30人学級実現は時間の問題となってきています。今後30人学級が実現すれば、都立高校は逆に増設が必要となります。私たちは、東京都教育委員会が、国家100年の計にたって『統廃合計画の見直しをする』よう強く求め、またそのための運動を継続する」と述べている。

この「決議文」は、都立高校統廃合反対の運動は、子どもたちにゆきとどいた教育を求めることに本質があり、30人以下学級実現などの教育諸条件改善の課題と密接不可分であることを明確に指摘している。

水元高校の存続を求める第1回の総決起集会は、統廃合の第二次実施計画案で水元高校が該当校と発表されてから約1ヶ月後の99年7月3日に行われ105名が参加した。第2回は「第二次実施計画」が都教委で策定されてから23日後、99年11月6日に145名が参加して行われている。そして、第3回の総決起集会。回を追うごとに参加者が増え、内容面でも、毎回、力強さを感じさせてくれる。

統廃合問題、都議選の争点に浮上

「都議選立候補予定者へのアンケート」「東京の『教育政策をきく』集い」「水元高校の存続を求める総決起集会」などが重なり合い、「都立高校の統廃合問題」が都議会議員選挙の争点として浮上してきたとマスコミが報道した。

まず『東京新聞』が01年5月23日付夕刊で、「何を変えるか2001年都議選」と題した連載のなかで、「教育政策をきく集い」などを取り上げながら「都立高校の統廃合」について次のように報じた。

「一方的に進められる統廃合計画には反対」「計画には子どもの意見が反映されていない」

12日に東京都杉並区内で開かれた「東京の『教育政策をきく』集い」に出席した都議3人からは、都教育庁が進める都立高校の統廃合計画に対する反対意見が噴き出した。

都立高校の統廃合計画は……学区見直しと並ぶ都立高校改革の二本柱とされている。

計画の発表後から都教委や都議会には対象となった高校のPTAや同窓生などから統廃合反対を訴える陳情や請願が出された。区や市では反対や見直しを求める意見書を決議した議会が相次いだ。主な理由は「統廃合は子どもの進学機会を奪い、競争を激化させる」「計画は40人学級を前提にしており、少子化対策といえない」などだ。
　……出席しなかった会派のある都議は『少子化問題は重大で、統廃合は考えなくてはいけない問題。だが、地元の高校がなくなることに賛成とも言いにくい』と明かす。請願が保留された背景には選挙を控え、統廃合問題に対する考え方を鮮明にするのは得策ではないとの思惑も見え隠れする。……教育の重要な課題が都議会では"棚上げ"にされたまま、選挙を迎えようとしている。

　ついで、『日本経済新聞』6月6日付夕刊が、シリーズ「新時代へ・都議選2001」のなかで「統廃合、地域揺さぶる／教育問題　争点に浮上」との見出しで取り上げた。

　少子化時代の到来で、全校の約4分の1を対象に進められる都立高校の統廃合計画。今月2日、葛飾区の都立水元高校の会議室に生徒や父母ら約150人が集まり、「高校存続」を求める総決起集会が開かれた。
　「住民無視だ」
　同校は6年後に本所工業高校と統廃合され、別の高校に生まれ変わる予定。地元の関心は高く、集会には24日投票の都議選に立候補予定の3人も参加した。「財政赤字のツケを教育に押しつけるな」「学校つぶしはやめ、少人数のゆとりあるクラスをつくれ」。立候補予定者らが「統廃合反対」を叫ぶと、会場から大きな拍手が沸いた。
　都教育委員会は魅力ある都立高校をつくろうと、全日制208校のうち21校、定時制103校のうち20校を減らす一方で、進学重視の単位制高校などを新設する改革を進める。今年4月までに16校が統廃合され5校が開校した。
　改革推進計画は1997年と99年の二回に分けて決定されたが、地元からは母校がなくなることへの反発だけでなく、「都教委の住民無視の姿

勢」を批判する声が多く寄せられた。

板橋区でも志村、北野両高校を統廃合して、単位制高校を新設する計画が進む。「行政が一方的に決めた廃校は認められない。なぜその高校が対象になるのか、理由を明らかにすべきだ」。都内計8学区の父母らでつくる「都立高校のいまを考える全都連絡会」の国松芳美代表（52）は訴える。

基準明確にせず

同会の問いに対し、都教委は①校地が狭い②交通アクセスが悪い③二次募集や中退者が多い――などの点を「総合的に判断した」とだけ説明。具体的な基準については「学校の名誉のため明らかにできない」と繰り返したという。

都議会文教委員会に所属する共産党都議は「高校を一つなくせば50億円が浮くといわれる。統廃合計画は教育の視点から議論すべきであって行財政改革と混同してはいけない。計画はすぐ見直すべきだ」と強調する。

国松さんらが4月、都議選立候補予定者を対象に行ったアンケート調査では、回答のあった85人のうち7割以上が「統廃合計画見直しに賛成」。都には葛飾、板橋を含め計21の市、区議会から計画の詳しい説明などを求める意見書が出されている。

活力維持を強調

97年に約8万9千人だった公立中学卒業者は、都の計画が終了する2010年には2割以上減る。都の山際成一都立高校改革推進担当部長は「学校の規模と活力とを維持するために、統廃合は避けられない。統廃合を前提として生徒の様々な希望に応じる特色ある学校づくりを進める必要がある」と強調する。

板橋区選出の民主党都議は、学校数を減らす必要性は認めながらも「統廃合される学校の選択基準がバラバラ。都教委はもっと地域の実情に配慮すべきだ」と注文を付ける。

都立高校改革だけではなく、都立大学改革、教職員の資質の向上など21世紀の教育の課題は山積している。「票になりにくい」とされる教育問題が今、都議選の争点の一つに浮上している。

投票日直前の6月20日には、『毎日新聞』が都議選の「争点を探る」シリーズのなかで水元高校の総決起集会と全都連絡会のアンケートを採り上げ、「都立高校統廃合に反対論も」という見出しを付けて報じた。

　　地盤沈下が顕著な都立高校をよみがえらせようと、都教委は改革に取り組んでいる。
　　……その一環として進めているのが都立高校の統廃合。少子化対策で学校配置を適正化するとともに、魅力ある学校を作り出す狙い。計画では11年度までに全日制約30校、定時制20校以上を減らす。これに対し、一部の学校では存続を求める運動が起きている。
　　2日、本所工業高校と統廃合が予定されている水元高校（葛飾区）で、反対集会が開かれた。自民、民主、無所属の会の都議候補と共産陣営幹部が出席。約150人を前に「統廃合は財政赤字解消のためで教育不在」などと党派を超えて反対を訴えた。都教委の説明不足を指摘する声も出た。
　　……地元高校の存続を公約に掲げる候補者もあり、争点の一つになっている。

　前回の都議会議員選挙が行われたのは97年（6月27日告示・7月6日投票）だった。既に述べたように、この年の1月25日に長期懇の答申が出され、9月11日に「都立高校改革推進計画」が策定された。
　都議会議員選挙の時期は、都教育庁が「推進計画」の最終盤の策定作業を行っていた時期だが、「統廃合・改編」計画の第一次実施計画該当校案が公表された7月15日の前に投票日をむかえたということもあり、都立高校の統廃合問題は争点とはなっていなかった。
　01年の都議会議員選挙で、教育問題は「票になりにくい」といわれるなかで、都立高校の統廃合問題をマスコミが争点として取り上げた。これは、「都立高校の統廃合は、すべての子どもたちにゆきとどいた教育を保障することに逆行する」として、運動のすそ野を広げ、全都的な連携を追求し、この種の問題にしては珍しく一次計画より二次計画の方が反対の動きが強まるなど、粘り強く取り組まれてきたことの反映でもあった。

第6章 全国に広がる公立高校統廃合とその問題点
公立高校は余っている?!

1. 急速に広がった統廃合計画

　公立高校の大規模な統廃合は、いま、全国に広がりはじめている。99年8月の時点（文部省『教育委員会月報』99年9月・10月号）で、高校統廃合や統廃合を含む高校再編についての審議会などの答申・報告書がすでに出されているところは青森、埼玉、富山、兵庫、岡山、高知、福岡など16都県、また教育委員会で統廃合計画や統廃合基準がすでに作成（案を含む）されたり実施されているところは岩手、山形、東京、神奈川、石川、長野、大阪、島根など17都府県（その後、千葉が「報告」（00年2月）、埼玉が「構想」（00年3月）および「推進計画」（01年3月）、北海道（00年6月）が「計画」、沖縄が「基本方針」（01年1月）を発表）、さらに審議会や教育委員会内部で検討中のところが14県となっており、未検討ないしは現状の学校配置を当面維持するとしているところは滋賀、和歌山など5府県（ただし京都府は00年3月「府立学校の在り方懇話会」を設置、群馬県は学校教育改革推進計画策定委員会中間報告（01年3月）で「適正規模・適正配置」を提起）にすぎない。なかにはすでに81年にはじめの統廃合計画が策定され85年から計画的統廃合が進められている鹿児島の例などもあるが、報告書や計画のある36都府県のうちの32は98年度以降に出されたもので、この2〜3年に公立高校統廃合の動きが全国に急速に広まったことがわかる。

生徒減を理由に

　いくつかの特徴を見てみよう。まず統廃合が必要とされる第一の理由は生徒減である。たとえば神奈川の「県立高校改革推進計画」（99年8月）はその理由を次のように述べている。「生徒数の減少にともなって、学校の小規模化が進んでいます。今後も活力ある教育活動を展開していくためには、適正な学校規模を確保する必要があります」。

　中学校卒業者の全国的な数は近年のピークだった89年の205万名から99年には150万名に減少し、今後も減少が見込まれる。そこで生徒減という理由は計画を持つ都道府県すべてがあげている。たとえば岩手県では

中学校卒業者数が今後10年間で約四分の一減少する見込みであることを理由に現在の県立高校83校（分校含む）を04年度に73校、09年度には65校まで減らすことが計画されている。ただし地域によっては当分減少しないところもあり、滋賀県などはそれを理由に統廃合は計画していない。しかし生徒減にもかかわらず「現在の配置を維持する」（和歌山県）など、統廃合を考えない県もある。

再編・多様化と統廃合の組み合わせ

　計画のほとんどは統廃合を総合学科や全日制単位制高校などの「新しいタイプの高校」への再編成と組み合わせている。たとえば99年8月に発表された神奈川の「県立高校改革推進計画（案）」では10年までに現在ある普通科高校143校を109～104校程度に減らし、普通科単位制8校、フレキシブルスクール（昼夜開講の講座の中から自分の学習や生活のペースにあわせ1日4～6時間程度履修する）3校、総合学科高校14校、総合技術・総合産業・国際・福祉などの新しいタイプの専門高校8校、中高一貫教育校2校などを新たに設置するなど、現行166校のうちの約4割に当たる57～64校を統廃合し、最終的には136～141校にするとされている。

　また大阪府の「教育改革プログラム」（99年4月）でも、今後10年間に現在ある普通科高校117校を76校に減らし、総合学科高校6校、全日制単位制高校4校、普通科総合選択制高校等10校を新たに設置し、最終的には現行155校を135校に減らすことが示され、同8月には第一期計画として複数校の統廃合による「新しいタイプの高校」設置7組、単独校の改編7校の学校名が発表された。

　いまある複数の学校を統廃合（廃校）し、「新しいタイプの高校」を新しい校名で設置する再編の進め方は、これら大都市部以外にもすでに山梨・岐阜など各地で行われている。

統廃合…二つの進め方

　計画や報告書に示されている統廃合の進め方には、大きくは二つのスタイルがある。ひとつは、再編・統廃合後の学校数全体やタイプごとの学校数などについてまでの具体的な計画を教育委員会事務局が示し、また統廃

合・改編の対象校についても教育委員会事務局側の「総合的判断」（といってもその基準や根拠は明らかにされないことが多い）によって決定されるスタイルだ。これは東京・神奈川・大阪など大都市部に特徴的な方式である。

もうひとつは入学者数や生徒数全体に一定の基準を設け、それを下回った学校を統廃合対象にするというスタイルだ。たとえば青森県（「高校教育改革推進会議報告」99年2月）では、1学年2学級未満が3年間連続した場合に分校化し、分校は教育活動の維持に困難なほどの減少の場合に統廃合するとしている。こうした統廃合基準によるスタイルは、大都市部以外の県で目につく。ただその場合の基準は、県により相当異なる。独立校の最低基準がもっとも大きいのは徳島の1学年6学級、ついで広島・鹿児島の4学級、3学級が宮城・石川・兵庫・長崎など、2学級が北海道・青森・山形・岡山などとなっている。なお長野県はこれまで単独校維持の最低基準を3学級としていたものを、98年6月の高校教育改革検討委員会の報告で2学級にあらため、連続3年1学級定員を下回った場合に分校化、分校は3年連続1学級定員の半分を下回った場合に募集停止と、基準をこれまでよりも緩和させた。

「地方財政危機」と公立高校統廃合

全国に広がる公立高校統廃合の背景として生徒減とともに重要なもう一つのことは、いわゆる「地方財政危機」である。たとえば大阪府は、97年に発表した「財政再建計画」で、1,000億を越える単年度赤字が続き大幅な一般財源不足になっていることなどを理由に、福祉などの府民サービスの予算削減や、受益者負担の大幅増など、行財政制度の大幅見直しを提起している。教育分野については、府立高校の再編統廃合、保護者負担のあり方の再検討、私学助成の見直しなどがあげられている。これを受けて「教育改革プログラム」では府立高校統廃合の必要性について「小規模校化がもたらす学校運営上の課題への対応」とともに「施設等の有効活用」すなわち統廃合後の学校用地・施設の他への転用ということがあげられているほか、府立高校授業料の値上げなども実施されている。

また東京都は96年11月の「財政健全化計画」について99年7月「財政

再建推進プラン」を発表し、前年度の赤字が約1,000億円、当年度末で負債残高が約7兆円に上るとして、「受益者負担の適正化」などの施策見直しを提起し、神奈川県も98年9月「本県財政の窮状を訴える」として、赤字財政による財政再建団体への転落の危機と、それを回避するための財政再建の必要性が強く提起された。このような「地方財政危機」は全国的に広がっており、公立高校統廃合の大きな背後要因となっている。

2. 40人学級を据え置く統廃合計画

　このように「適正配置」という名の下での公立高校統廃合の動きは東京ばかりでなく全国に広がっている。しかし、それは本当に必要なのだろうか。そのことをもう少し検討してみよう。まず第一の問題点は学級規模の点だ。

本当に高校は余っているのか？

　確かに中学校卒業者の数は多くの地域でこの間に減少してきたし、今後も何年かはさらに減少する。しかし、本当に「都立（公立）高校過剰時代」（東京都教育委員会『都立高校白書』95年）はやってくるのだろうか。まず、なによりも問題なのは、学級（ホームルーム）規模を基本的に現行の40人に据え置いたままということだ。

　たとえば「都立高校改革推進計画」では、全日制普通科については1学級40人1学年6学級、専門学科については1学級35人1学年6学級（農業科は1学年5学級）という学級・学校規模が計画の基礎となっている。そして、計画進学率（96％）公私比率（56：44）とも98年水準通りとした場合の都内公立中学校卒業者推計に基づいて、現行全日制208校（普通科146校専門学科54校など）を、11年までに178校（普通科119校専門学科42校など）まで削減するとしている。これを学級数にすれば現行（98年現在）1,255学級を計画完成後には1,063学級にまで減らすことになる。

　しかし私たちの試算では、もし全日制高校のすべてを30人学級にした場合、都立高校・私立高校間の生徒数割合が変わらないとして、00年度に

東京都の公立高校に必要な学級数は1,559、今後15年間の中で都内中学校卒業者が最低となる09年度でも1,316学級が必要となる。1校あたり1学年6学級とすれば98年度の208校では、00年現在で約50校、最低の09年度でも約10校の不足ということになる。

　これは全国的に見ても同様だ。99年10月1日現在の満16歳年齢の全国人口は約151万名、これに対して最も少ない満4歳の人口が118万名（16歳人口の約78%）あまりだ。したがって高校進学率や公立・私立の割合などが仮に変わらないとして、現在の40人学級を30人学級に変えた場合、この最小人口の年齢が高校入学を迎える10年4月の時点でも、全国で約4%の収容能力不足が生じる。現在すでに定員に満たない学校が存在するとしても、決して余るということにはならない。

学級規模縮小の有効性は実証済み

　日本の学校の学級規模が、他の先進諸国に比べ、著しく大規模であることはすでに広く知られている。アメリカの平均14.6人、ドイツの15.0人（ともに中等教育）などに比べ、40人という日本の学級定数はあまりに大きい。しかも小中学校とは違い、入試でほぼ定員いっぱい入学する高校では、40人という標準定数と、実際の生徒数との間の差はほとんどない。

　学級定数の縮小が教育の改善に大きな効果があることはすでに、様ざまに確認されている。アメリカのクリントン政権は98年1月、全米の小学校の低学年での18人学級実施を宣言し、そのために7年間で10万人の教員を増やす計画を発表したが、00年4月の教育サミットに来日したライリー教育長官は、この施策がすでに効果を上げつつあることが、各種調査でも確認されたと語っている。また、イギリスのブレア政権も初等中等教育での30人学級化を重点政策の一つに掲げている。

　また日本でも、日本教育学会の学級編成に関する課題研究グループは国際比較や教員・生徒らへの調査に基づき、「標準をいまの半分の20人程度にすべき」との提言をおこなっている。その調査によれば、教員の多くの経験に基づく実感からは、25人以下の規模になったときに、縮小効果が顕著になるとされている。

30人学級実施の場合の必要学級数（東京都の場合）

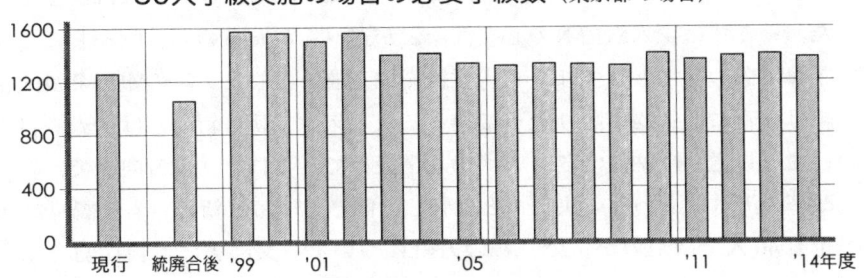

全国の年齢別人口（1999年10月1日現在、単位千人）

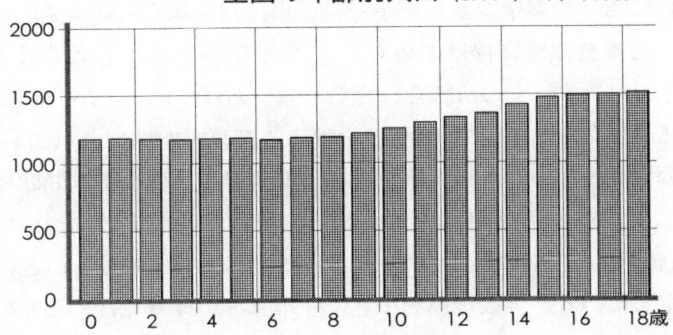

　公立高校では、東京都が95年度から、高校中退者の多い都立高校に教員を追加配置して、定員を据え置いたまま学級数を1つ増やす（たとえば6学級240人定員の学校であれば、これを入学後に7学級にわけ実質的に1学級34人程度にする）など、1年生の学級規模を実質的に引き下げる措置を行っている。その結果、この措置が適用された学校のほとんどで、中退者が減少するなどの効果が上がっている。同じような措置は大阪でもおこなわれており、府立高校の統廃合問題を審議した学校教育審議会でも「中退が減り、学力も身についている」という指摘がされている（大阪府学校教育審議会第一分科会記録・第6回）。

30人学級は国民的世論、各府県の審議会でも強い声

　　文部省の「教職員定数の在り方等に関する調査研究協力者会議」が00年

5月に「今後の学級編成および教職員配置について」という報告書を出した。そこでは少人数指導の必要性などが述べられたものの、国がおこなう予算措置の基準としては、40人学級を据え置くとした。この報告を新聞各紙は一斉に批判的に取り扱っている。たとえば『朝日新聞』は発表翌日の社説「見送りは納得できない　30人学級」で、これを「後ろ向きで、教育改革の流れに沿わない決定」と批判し、同じく『毎日新聞』も社説「21世紀も40人で持つのか」で、この方針について「文部省には再検討を求めたい」としている。

　30人学級化が必要だという声は、すでに国民的な合意になっているといっていい。98年の参議院議員選挙では、自民党を除く主要政党はみな「30人学級」を教育政策に掲げていた。また99年春には、千葉県議会が「25人学級化を目指す」との決議を、全会一致であげているほか、全国の1,500を超える自治体で、30人学級などを求める意見書が採択されている。

　また公立高校については、東京都公立高等学校長協会基本問題検討委員会（第二次）が97年3月に出した報告書では、学級定数について1学級36人を標準とし、学校によっては32名まで引き下げてもよいというプランを提案している。学級規模を小さくすべきという意見は、多くの公立高校の校長の声でもある。

　そこで統廃合計画を検討した各地の審議会などでも、学級規模は焦点のひとつとなっている。たとえば、さきにふれた大阪の「学校教育審議会」では、「学級規模については、国際的にみても40名は多すぎる。一人一人を大事にしていく、個性を伸ばす観点からしても1クラス40名の定員を少なくしていく方向を審議会として、明確に打ち出す必要がある」という強い意見が出された。埼玉県の「県立高校将来計画懇話会」の報告（99年3月）は、「諸外国の動向、学習効果、きめ細かい教育の推進といった観点から、現在より小さくすることが望ましい」としている。また青森県の「高校教育改革検討会議」報告（99年2月）は、「県独自の基準による学級編制の弾力化も必要」としている。

学級規模の縮小は自治体の判断で出来る

　学級規模の縮小を求める広範な声や、審議会などでの意見にもかかわら

ず、各都道府県の統廃合計画が、みな40人学級を基礎としている根拠の一つは、「公立高等学校の設置、適正配置及び教職員定数等の標準に関する法律（高校標準法）」が、学級編成基準を40人としているためである。

　しかし第一に、この基準は、これまでも都道府県が40人を下回る基準で運用することを、絶対に認めないものではなかった。例えば、東京都は美濃部都政時代に、定時制高校の学級定数を独自に30人に引き下げ、その措置は現在まで続けられている。また過疎化の進む地域を多く抱える北海道は、「特例2間口（2学級）校」という制度をもうけ、入学者が40人以下になった場合、学級定数を30人に引き下げるという措置をおこなっている。

　第二に、中教審答申（98年9月）及び先の「調査研究協力者会議報告」では、義務教育標準法及び高校標準法の学級編制基準について、都道府県ごとの判断で、それを下回る基準での弾力的運用を認めることがうたわれている。この措置が、教員給与の国庫負担分など国の予算措置を伴わない方向であることは、重大な問題だ。しかしいずれにせよ、今後は各都道府県の判断が、一層大きな意味をもつようになる。

　すでに小中学校については、独自の予算措置で自治体が教員を追加し、少人数学級化や少人数指導をおこなうなどの努力が、長野県小海町や茨城県総和町、千葉県浦安市などで始められている。

　したがって、各都道府県が今後の高校教育をどう考え、どのように重視するのかということが、この問題では決定的に重要になってきている。全国の都道府県が、30人学級化のための予算措置を、国に共同して強く要求するとともに、当面、独自の予算措置をしてでも、公立高校の標準的学級規模を引き下げるという姿勢が求められる。

3. 学校規模はこのままでいいのか

　統廃合問題で学級規模とともに重要なのは学校規模だ。都市部以外の県での小規模校の最低基準についてはさきにふれたとおりだが、それらの県も含め、多くが学校規模の標準を1学年6～8学級としている。とくに東

京など大都市部では、この標準規模は事実上最低基準にもなっている。

学校規模については、教員定数（普通科の場合、学校毎の教員定数は学級数のほぼ2倍）や、部活動・学校行事などの点から、この程度の規模は必要であるという意見も多い。しかしはたして6学級程度以上の学校でないと、本当に教育効果や学校の活性度は下がるのだろうか。

ミニスクールによる教育改革

ニューヨーク市イーストハーレム（ニューヨーク第四学区）で、80年代におこなわれた学校改革は、成功した公立学校改革として、世界中の教育関係者の注目を集めた。住民の多くがヒスパニック系や黒人などのマイノリティーグループで占められ、貧困などを背景に、高校生2人に1人が中退するという、非常な困難から出発したこの学校改革が成功した重要な鍵の一つは、「ミニスクール」という方式だった。

困難を抱える生徒たちに、落ち着きと意欲を与えるために、学校をアットホームな雰囲気に作り上げることの重要性に着目したこの学校改革では、学校の規模を、おもいきって1校あたり200～300人程度に縮小した。しかし、ニューヨーク市の財政危機のなかで、新しい校地・校舎を設けることは困難だったため、いままであった学校の校舎を、複数のミニスクールが共用する形で改革は進められた。一つの校舎のなかにいる生徒数は、以前とはそれほど変わらなくても、一つ一つのミニスクールが学校として独立していることで、教員と生徒の関係も、生徒同士の関係も大きく変わることになった。それまでの大規模校の頃のように、同じ学校のなかにいてもお互いに顔も名前もわからないという、よそよそしい関係が払拭されたことが、学校の教育活動を大きく変えることになったのだ。

大規模校は生徒たちにいいのか

規模が小さいと、教育活動の活力は本当に下がるのだろうか。確かに、学校規模が小さくなると、部活動などでたくさんの部・クラブが作れなくなったり、あるいは教員の数などの制約で、多様な選択科目を置けなくなるなどの問題点は、多くあげられている。また体育祭や文化祭なども、人数が少ないと、盛り上がらなくなるのでは、という声があるのも確かだ。

それに比べ、大規模校は確かにたくさんの部活動が行なわれていたり、体育祭なども、様ざまな団体競技があって華やかだ。しかし、一人ひとりの生徒の「出番」という点から見たらどうだろうか。例えば、毎年のように野球部が甲子園に出場するような学校のなかには、部員数が50人も60人もいるところがある。そこでは全体としては、非常に活発に見えるが、そのかわり、出番のなかなか回ってこない生徒もたくさんいる。もちろん3年間、補欠だったとしても、その経験が全く無意味ではない。しかし、人数が多ければ多いほど、一人ひとりの出番が少なくなることは避けられない。

　更に、小規模校ではない多くの学校で、部活動や学校行事などが、現在では取り組みづらくなっている。その原因は様ざまだが、最近の子どもたちや若者たちは、人間関係作りを苦手としていることも大きな原因だ。そういうなかで、最近のいくつかの事件にも見られるように、親しい友だちや、信頼できる教師ら、大人との関係を持てないままに孤立化し、突然キレて衝動的な行動を起こしたり、あるいは「引きこもり」に入ってしまう傾向が目立っている。

　そういう子どもたちや若者たちを見ると、これまでのように大きい集団のなかで、ぶつかり合いながら、様ざまな関係を作っていく学校生活のスタイルだけでいいのかという、大きな問題が、いま高校教育にはある。

アットホームな雰囲気を持つ小規模校の教育力

　ニューヨーク・イーストハーレムのミニスクールのような経験は、日本でも少なくない。例えば現在、定時制高校には中学時代に不登校だったり、いじめの被害者だったり、一度ほかの高校を中退したりなど、様ざまな困難を抱えた生徒が多く入学してきている。そういう生徒たちにとって、多くの定時制高校がもつ、全日制に比べ小規模で、アットホームな雰囲気は、学習と人間的な成長にとって、効果的な環境になっている。とくに担任ばかりでなく、学校全体の教員から、自分を名前のある「個人」として認めてもらえることは、一人のホームルーム担任との関係がうまく作れないと学校との関係が途切れてしまいがちな、中規模校・大規模校とは異なり、様ざまな大人たち（教職員）の援助を受けながら、学校のなかに

自分の居場所を見つけ、仲間との関係をゆっくりと作っていくことを可能にしている。

　学校の生徒全員と教職員全員がこうした関係を作るには、学級規模を少なくするだけでなく、どうしても学校規模が問題になる。校長・教頭も含め、教職員全員が、全校の生徒の顔と名前を覚えられるのは、せいぜい150人前後までではなかろうか。もし仮に全校生徒ではなく、1学年の生徒全員と考えても、30人学級として、1学年4～5学級程度が限度ではなかろうか。

　このような学校の必要性を、一部の都県は事実上認めている。例えば東京都の再編計画のなかに盛り込まれ、00年4月に最初のチャレンジスクールとして開校した桐ケ丘高校がそれだ。30人5学級の昼間定時制として作られたこの学校には、初年度の入試倍率が8.1倍になるほどの入学希望者が集まった。東京都の計画ではこのチャレンジスクールを、あわせて5校設立することになっている。

　ただこの東京都の計画の問題点は、こうした小規模で多くの教員が一人ひとりの生徒にていねいに関わることのできる学校を、「特別な学校」として、ごく一部に限っていることだ。このような条件は、現在の普通高校・職業高校にも、もっと広げるべきではないだろうか。

小規模校でも多様な教育活動ができる

　ところで、小規模校では、選択教科や部活動などで、多様な内容が用意できないのではないか、という疑問点についてはどうだろうか。そのイメージは、いままでの高校スタイルにこだわりすぎているのではないか。

　例えば、選択科目の幅を広げるためには、学校間連携という方法もある。それぞれの学校にいる教員の専門や、施設・設備の上での制約を乗り越えるために、一部の科目について、近隣の学校同士が、お互いの生徒の履修を受け入れるなどの試みは、すでに長野・茨城・千葉などの、いくつかの高校でおこなわれている。このような方法を使えば、例えば、普通高校では、施設・設備や、専門の教員がいないためにむずかしかったような、実習的要素を含む職業科目を、選択科目として設置するなど、これまで以上に、幅広い科目の設定が可能になるのではなかろうか。

また部活動なども、場合によっては、学校間連携でおこなうことも考えられる。その場合、野球やサッカーなど団体競技や、文化系クラブのコンクールなど、都道府県大会・全国大会への出場が、今のところ学校単位を条件にしているものもある。しかし、それでも日常的な練習活動などにはそれほど支障がないし、大会の参加規定なども、最近では合同チームの参加を、すでに一部認め始めている。

　そればかりでなく、様ざまな高校の間の、このような学校間連携を通して、地域のなかの高校生たちが、学校を越えて交流し、ともに学んだり、活動する機会も、もっと広がるのではないだろうか。

地域と結びついて教育活動を豊かに

　さらに、過疎地域での、小規模校といわれる学校の、最近の実践のなかには、都市部などの中規模以上の学校に比べても、はるかに豊かな教育活動を、地域と一体となって進めているものが少なくない。例えば、長野の木曽山林高校は、地域の過疎化が進み、学校の存続そのものも脅かされているなかで、生徒会を中心に、この過疎問題そのものをテーマとして、「木曽サミット」の取り組みをおこなっている。事前に、地元の木曽福島町長を招いての学習会や、郡内3校の高校生・保護者へのアンケート調査などをおこなった上で、文化祭にあわせて開かれた「木曽サミット」には、郡内11町村の町村長・助役ら14人が出席し、過疎問題について、高校生が感じていることなども、町村長らに直接ぶつけながら、討論をおこなった。同じ長野の阿智高校では、「地域」という独自科目を必修で設置、地元の人びとも講師に招きながら、「地域を学ぶ」ことに、教員と生徒全員で取り組んでいる。

　また高知の宿毛高校大月分校では、模擬高校生議会を、町議会議場を会場に開き、町の今後のあり方などについて、町長とともに議論をするなどの取り組みもおこなわれている。

　これらの実践は、教職員や生徒たちの努力とともに、学校の存続を願う地域の人々の思いに支えられて、おこなわれているものである。しかし、このように地域と結びつきながら、地域の様ざまな大人たちの力も借りて、学校の教育活動を豊かにしていくということは、過疎地域でしかでき

ないということではない。むしろどこの地域の学校にも必要になっていることであり、また努力次第で可能なことではないだろうか。

4. 「地方財政危機」は本当に高校統廃合を必要としているのか？

　しかし、30人学級や小規模の学校を残すといっても、いま各地の自治体はみな「財政危機」におそわれている。これから高齢化社会が進むにつれ、医療や福祉などの財源もますます必要になる。果たしてそんなことは可能なのか、という疑問をもつ人も少なくないだろう。しかし、不可能だろうか。

「財政危機」の原因と責任はどこに？!

　東京を例に考えてみよう。現在の財政危機の原因の一つは、長引く景気の低迷がもたらしている税収の減少、とくに法人税の大幅な減少にある。しかし、それは原因の一つにすぎない。大きなもう一つの原因、とくに12兆円を超える借金の多くは、バブル期から90年代前半までの、「ハコもの行政」といわれた巨大施設建設のためである。この時期、政府はアメリカとの間に取り交わした「内需拡大」のため、大型公共事業を大幅に拡大する方向をとるとともに、実際にはその大部分を地方自治体に負担させた。具体的には、建設事業のための地方自治体の起債基準を自治省が緩和し、借金による大型工事を奨励したのだ。

　そういう中でつくられた大型施設は、都庁・東京国際フォーラムなど主な施設だけでも9つあり、その維持管理費だけでも、現在、年間276億円にも上っている。さらに、88年から始まった臨海副都心開発には、97年度までに1兆7,000億円がつぎ込まれているばかりでなく、バブル崩壊後、進出している企業への権利金や地代の大幅な値引きをおこなったため、その減収額は30年間で5兆円以上となっている。

　こうしたバブル期以来の大型施設建設による膨大な負債は、他のほとんどの道府県にもあてはまる。10年前は日本中がバブルに踊らされていたとはいえ、こうして作られた負債は、明らかに行政の判断ミスだ。それを子

どもたちにしわ寄せさせることは、あまりに不当だ。しかも東京都の場合、これだけの「危機」に陥ってもなお、今後数十年赤字の続く臨海開発に、未だに毎年数百億円をつぎ込み続けており、その額は総額2兆円近くとされている。

30人学級化のために必要な費用は？

　ところで、東京で都立高校全体の30人学級化のためには、どの程度の追加費用が必要なのだろうか。1学級あたり教員約2.3人といういまの基準をもとに算定すると、01年から直ちに実施する場合、教員数をあと約1,800人増やす必要があり、そのための費用は毎年約180億円。もし少しずつ学級規模を縮小していって、09年に30人に到達する計画にすれば、必要な教員数は500人を下回り、毎年50億円程度の費用で可能になる。小中学校まで含めてもこの4倍弱だ。また、現在の都立高校全体の学級数をそのまま維持すれば、追加予算はゼロで09年には32人学級にすることが可能となる。

　いずれにしても、東京都の年間予算（経常経費）約4兆円という規模からすれば、1％にも満たず、臨海開発など不要不急の大型公共事業に費やされる投資的経費約9,000億円に比べて、何10分の1かで30人学級は可能だ。

一部の豪華な校舎よりもみんなの創意を生かした学校改装を

　総合学科や単位制高校など、「新しいタイプの高校」を新設するにあたって、これまで各都道府県では、1校何十億という予算を使って、豪華な校舎を、競うように建ててきた。確かにそういう校舎は、施設設備が整っていたり、いろんな工夫がされている。しかし、一方で40人学級を放置し、一部の学校にだけ贅沢にお金を使うのは、やはりおかしい。もし「財政難」をいうのであれば、本当に一人ひとりの生徒みんなのためになるものから、優先的に予算が組まれるべきだろう。

　むやみに統廃合せず、一つひとつの学校の規模を小さくしていけば、空き教室などの余裕も生まれる。そういうゆとりを利用して、生徒や保護者、教職員らの要望と、創意を生かしながら改装していけば、費用をむや

みにかけずに、もっと居心地のいい学校ができるのではないだろうか。

第7章 どんな高校改革が求められるのか

1. 保護者が求める高校像

　高校改革が求められているといわれている。東京都教育庁は抜本的な改革が必要として、「都立高校改革推進計画」の実施を推進している。だが、改革が必要だとしても、改革すべき問題点と、逆に残して発展させるべき良い点とがあるはずだ。そもそも都立高校は、教育庁が指摘するように、本当に「抜本的な改革」が必要なほど、問題点ばかり抱えているのだろうか。

　そこでまず初めに、実際に都立高校に子どもを通わせている、保護者の声をみてみよう。都高P連が99年秋に「保護者が期待する都立高校」アンケートを実施した。このアンケートは、全都立高校208校のPTA（保護者）を対象に行われたもので、114校3,634人から回答が寄せられている。回答者は主に各校のPTA役員・委員で、子どもが通っている高校への関心や認識の高い人たちの声といえる。

(1) 都立高校への期待と評価は高い

「地元の学校」である都立高校

　まず初めに、都立高校にはどんな生徒が、どう通っているのだろう。通学時間や通学方法を見ると、二人に一人が30分以内、9割までが1時間以内で、また二人に一人は徒歩や自転車だ。学区のある普通科ばかりでなく、コース制や専門高校など、都内全域から入学可能な学校の中にも、こういう学校は少なくない。いまの都立高校は、多くの生徒が地元から通っていることがわかる。

「都立だから」「自由な雰囲気だから」この学校を

　いまの学校を選んだ理由で、圧倒的に多いのは「都立だから」という回答だ。「都立高校だから」にはいろんなイメージが含まれていると思われる。しかし、それ以上に都立（公立）高校であるということに、圧倒的多くの保護者が信頼し、期待していることが、ここに示されているのではな

通学時間

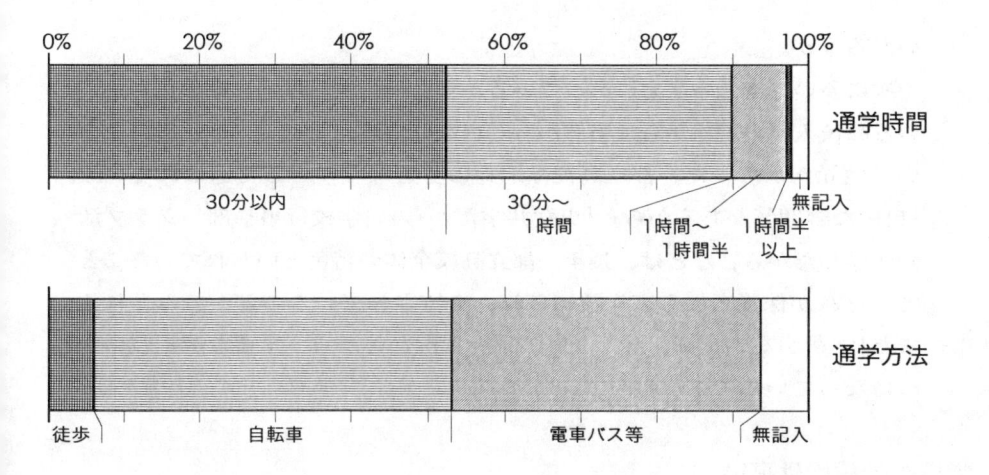

30分以内 / 30分〜1時間 / 1時間〜1時間半 / 1時間半以上 / 無記入

通学方法

徒歩 / 自転車 / 電車バス等 / 無記入

いまの学校を選んだ理由（3つまで）

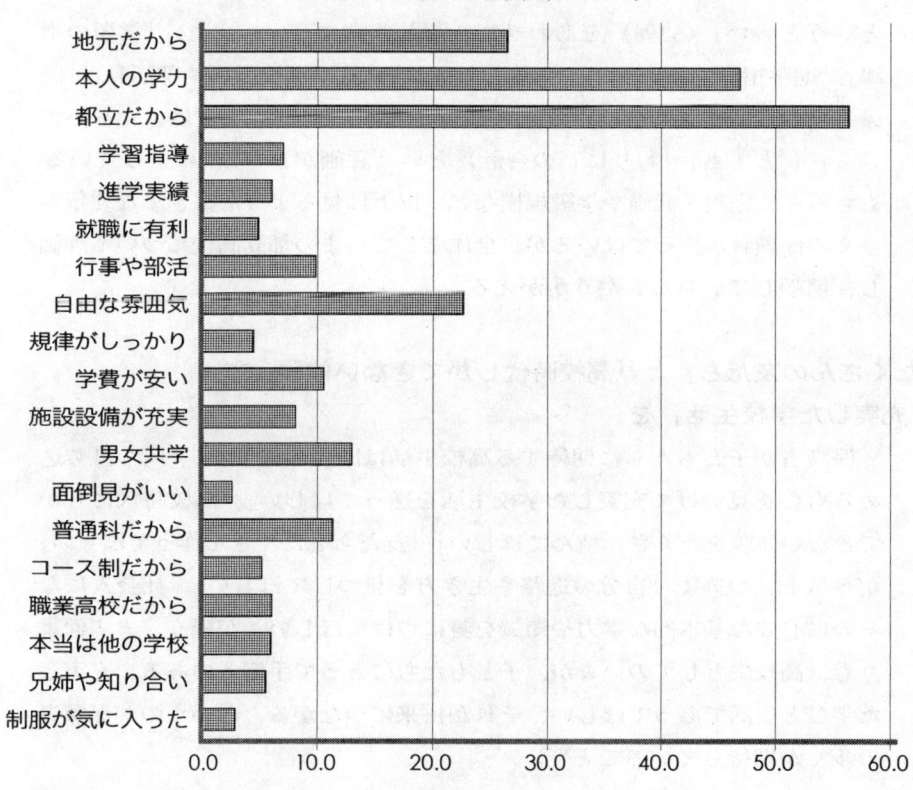

- 地元だから
- 本人の学力
- 都立だから
- 学習指導
- 進学実績
- 就職に有利
- 行事や部活
- 自由な雰囲気
- 規律がしっかり
- 学費が安い
- 施設設備が充実
- 男女共学
- 面倒見がいい
- 普通科だから
- コース制だから
- 職業高校だから
- 本当は他の学校
- 兄姉や知り合い
- 制服が気に入った

いだろうか。

次に多い「本人の学力にあっているから」は、難易度別に細分化されている高校入試の現状からは当然かもしれない。注目したいのは三番目に多い「地元だから」だ。都立高校は地元の身近な学校として選ばれている。「自由な雰囲気があるから」「男女共学だから」「学校行事や部・クラブ活動が盛んだから」などは、長年、都立高校全体の特色といわれていたことで、それが保護者にも広く認知され、支持されていることが読みとれる。また「学費が安いから」も、今日の家計状況などから、重要な選択肢の一つになっていることがわかる。

学校への評価は高い

それでは子どもが通っているいまの学校について、保護者はどう評価しているだろうか。全体的な評価としては「とてもいい」（36％）「どちらかというといい」（53％）をあわせて9割と非常に高い。また、「学習の指導」「進学指導」「HR指導や生徒とのふれあい」「学校行事や部活動」「保護者との連絡や話し合い」のそれぞれについても、「先生方はよくやっている」（「とても」「わりに」の合計）という評価が6〜7割に上っている。もちろん、施設・設備や学級規模など、以下に見るような様ざまな要望も多くの保護者が持ってはいるが、全体としていまの都立高校について評価し、信頼していることがうかがえる。

「たくさんの友だち」と「高校時代しかできない体験」で「充実した学校生活」を

保護者が子どもたちに期待する高校生活は図表の通りだ。「何か打ち込めるものを見つけて充実した学校生活を送ってほしい」「高校時代にしかできない体験をたくさん積んでほしい」「友だちをたくさん作ってほしい」がベスト、ついで「自分の進路や生き方を見つけてほしい」「社会人になるのに必要な基本的な学力や知識を身につけてほしい」が続く。まず何よりも、高校生としてのいまが、子どもたちにとって手応えのある、充実した学びと生活であってほしい、それが将来につながる、というのが保護者の多くが期待していることだ。

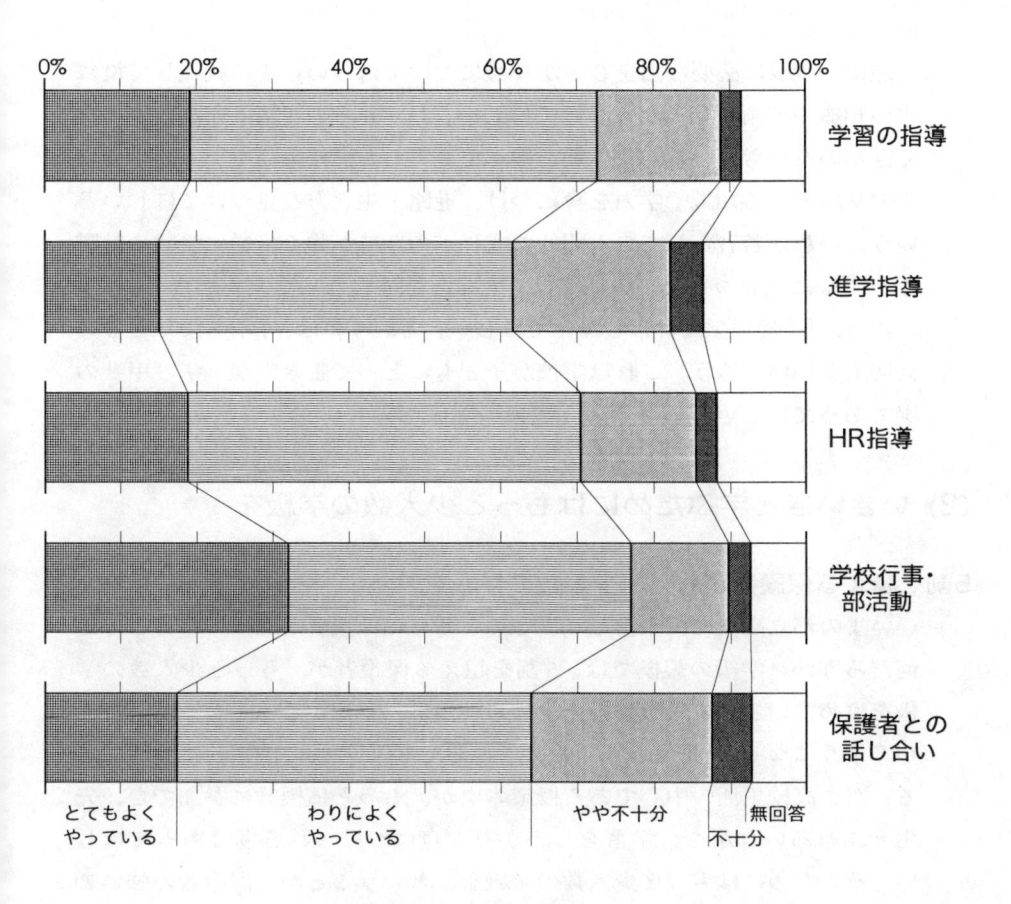

(グラフ凡例) 0% 20% 40% 60% 80% 100%	
	学習の指導
	進学指導
	HR指導
	学校行事・部活動
	保護者との話し合い

とてもよくやっている　わりによくやっている　やや不十分　不十分　無回答

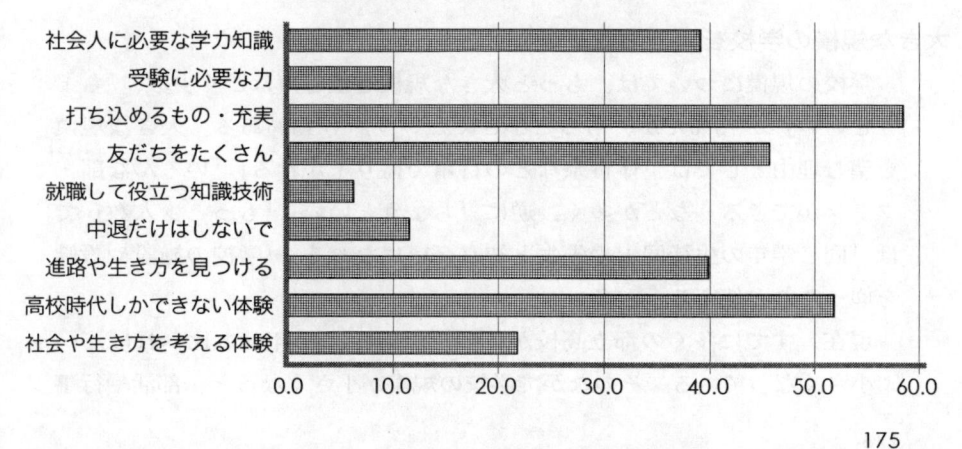

高校生活への期待（3つまで）

- 社会人に必要な学力知識
- 受験に必要な力
- 打ち込めるもの・充実
- 友だちをたくさん
- 就職して役立つ知識技術
- 中退だけはしないで
- 進路や生き方を見つける
- 高校時代しかできない体験
- 社会や生き方を考える体験

0.0　10.0　20.0　30.0　40.0　50.0　60.0

逆に「受験に必要な力をしっかり身につけてほしい」や「就職して役に立つ知識や技術をしっかりつけてほしい」はそれぞれ1割に充たない。たくさんの友だちといろんな体験を積んで充実した高校生活を、その中で将来の基礎となる知識や学力を身につけ、進路・生き方を見つけてほしいという、いわば若者としての人間的な成長への期待が強く、逆に受験や就職などすぐに役立つものへの期待はそれほど強くはないことがわかる。

　ただ、「中途退学だけはしないでほしい」というのは、1割あまりとはいえ切実な願いだろう。これは学校が子どもにとって生き甲斐・学び甲斐の場であってほしいということと表裏の関係だ。

(2) いきいきと学ぶためにはもっと少人数の学級を

5割を越える保護者がもっと少人数の学級を

　いまの都立高校で、改善してほしいと多くの保護者が思っていることは何だろうか。学級の規模では、5割を超える保護者が、もっと少人数の学級を求めている。少人数学級を求める理由は「学習することがもっと身につくようになる」「先生と人間的にふれあえる」「授業に積極的に参加できる」だ。高校生活の中心である授業の場が、もっと積極的に参加でき、先生とふれあいながら、学習をしっかりと身につけられる場であってほしい、そのためにはもっと少人数の学級を、ということが、保護者の強い願いとして現れている。

大きな規模の学校を望む声は少数

　学校の規模については、もっと大きな規模を望む声はごく少数、「ちょうどいい」が75％だが、もっと小さくという声も15％ある。大きな規模を望む理由としては「体育祭などの行事で盛り上がれる」「いろんな部・クラブができる」などが多く、逆に「ちょうどいい」「もっと少人数」では「同じ学年の生徒同士や先生と知り合いになれる」「学校の施設や設備をゆったりと使える」が多い。

　現在、すでに多くの都立高校が、学校規模では10年前と比べればだいぶ小さくなっている。そのなかで学校の規模が小さくなると、部活や行事

学級の規模

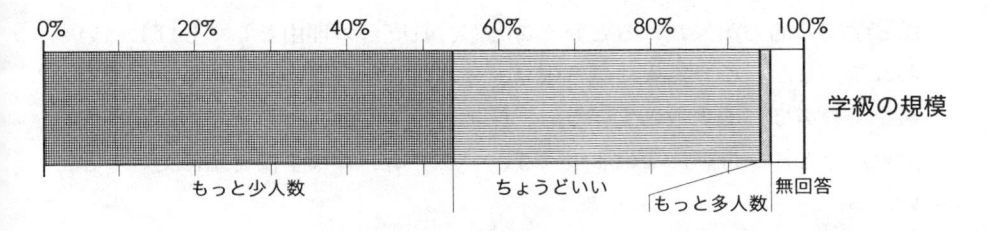

少人数学級の方がいい理由（2つまで）
- 学習が身につく
- 先生とのふれあい
- 授業参加
- いろんな友だちと親しく

学校の規模
もっと少人数 / ちょうどいい / もっと多人数 / 無回答

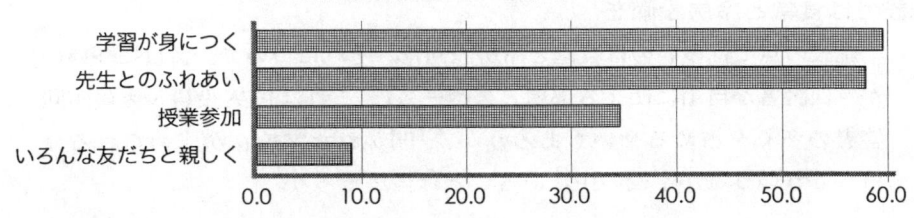

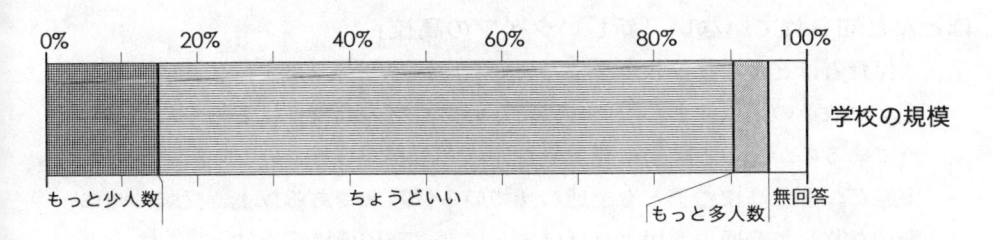

望む学校規模別その理由（2つまで） (%)

	もっと少人数	ちょうどいい	もっと多人数
出番がたくさん	15.2	7.3	5.0
生徒先生と知り合える	72.7	37.1	22.4
施設設備がゆったり	46.6	17.9	2.5
いじめ減る	8.8	2.8	0.6
行事が充実	4.4	37.8	60.9
いろんな部活	1.3	19.8	49.1
その他	3.5	1.7	6.8
とくに理由なし	4.4	18.4	5.6
無回答	2.2	6.8	3.1
回答数	545人	2,729人	161人

など学校の活力が失われるということが、統廃合の理由としてしばしばいわれる。しかしこの結果に見る限り、そういう理由でいまよりも大きな規模を望む声はごく少数にすぎない。保護者の多くは、同じ学年の生徒や先生みんなと知り合いになれるような、アットホームな学校を望んでいるといえる。

施設では食堂と冷房設備を

施設の点では多いのは食堂と冷房設備だ。それについで三番目に多いのが「保護者が自由に使える部屋とスペース」。これはPTA役員・委員が回答者の多くを占めるせいもあろうが、「開かれた学校」が求められる今日、こういう場が学校の中にあることは当然だろう。

(3) 望まれる高校改革のあり方は

ほとんど知られていない「新しいタイプの高校」

保護者はどんな高校改革を望んでいるのだろうか。まずはじめに、教育庁が「改革の目玉」としている「新しいタイプの高校」はどのぐらい知られているのか。この結果に見る限り、ほとんど知られていないというのが実態だ。都立高校に子どもを通わせている保護者である以上、受験の時に調べたりして普通の都民よりははるかに都立高校の様子を知っている方々のはずだが、「よく知っている」「少し知っている」をあわせて3割を越えるのは、すでに発足して10年以上経つ「普通科コース制」だけ、「チャレンジスクール」や「進学重視型単位制」などはわずか1割程度だ。

「もう一度、子どもを入学させるとしたらどんな高校に」という問いへの回答は図表のとおりだ。やはり「普通高校」が一番多い。ついで多いのが「総合学科」となっている。「進学重視型単位制高校」「チャレンジスクール」などは、ほとんど知られていないということもあるが、ごく少数だ。

「いまある高校の充実」を望む声

また改革の方向性としては、「いまの学校を減らしても『新しいタイプの

今後必要な施設設備（2つまで）

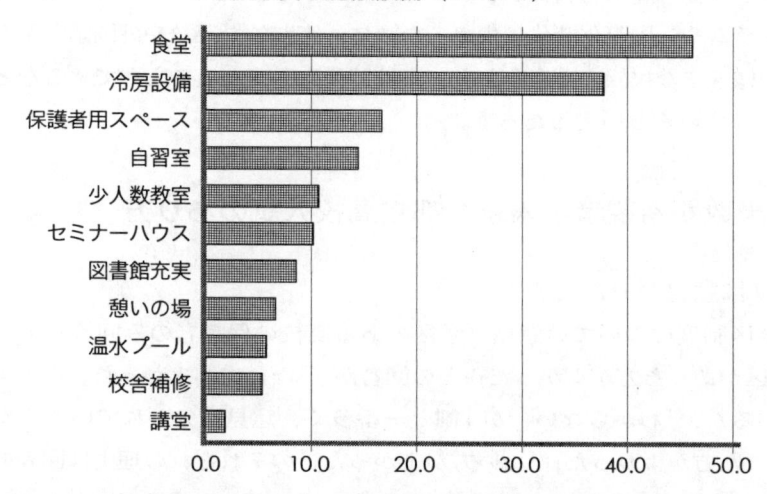

- 食堂
- 冷房設備
- 保護者用スペース
- 自習室
- 少人数教室
- セミナーハウス
- 図書館充実
- 憩いの場
- 温水プール
- 校舎補修
- 講堂

「新しいタイプの高校」の認知度
（「よく知っている」と「少し知っている」の合計）

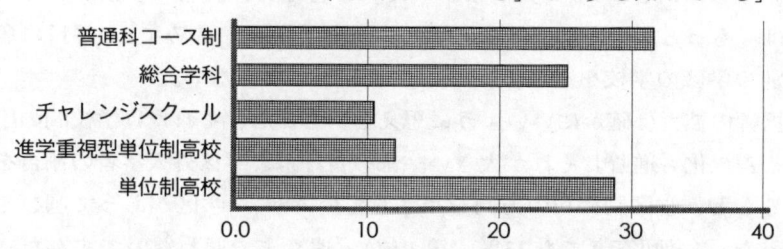

- 普通科コース制
- 総合学科
- チャレンジスクール
- 進学重視型単位制高校
- 単位制高校

高校』を」という、「都立高校改革推進計画」が示しているような方向への賛成は2割あまり、過半数の保護者が「いままでの普通高校や職業高校をもっと充実させる」ことを望んでいる。

　この結果からは、少なくとも多くの保護者は、大胆な多様化によって都立高校全体をバラバラにすることは望んでいない。その中で、「総合学科」「国際高校」「単位制高校」などが、「普通科」に次いで多く選ばれているのは、いまの普通高校や職業高校を、どう充実させてほしいかという方向性を示しているものと受け取るべきではないか。多様なタイプの高校をというよりは、例えばどの普通高校でも、将来の進路選択の手がかりと

なるような、職業的科目を含む多様な科目から、選んで学べる柔軟なカリキュラムや、国際化時代に生きるために、実践的な英語や外国語を学んだり、様ざまな民族の若者たちと、高校時代から交わることができるなどが望まれているといえるだろう。

(4) 過半数が希望者全入を　都立高校入試のあり方

学区制度は意見が分かれる

　学区制度についての意見（学区のある高校の保護者のみ回答）では、「学区があった方がよかった」との回答が、「ない方がよかった」を上回っているが、「わからない」が4割と一番多く、意見は分かれている。ただ、「あった方がよかった」「ない方がよかった」のそれぞれの理由は図表のとおりになっている。「あった方がよかった」と回答した保護者の73％が「学区があって選びやすかった」、53％が「遠くまで通わなくてすんだ」を選んでいるのに対し、「ない方がよかった」と答えた保護者の多数が選んだ理由は「もっと多くの学校から選びたかった」（73％）のみで、2番目に多い「別の学区の学校を選びたかった」は14％にすぎない。

　選択幅の拡大は確かにいいように思える。しかし、それだけ学校間の序列化や差異化も進むおそれが大きい。都教育庁は、学区外入学者の割合を広げるなど、学区制緩和の方向をめざしているが、「学区があって選びやすかった」（全回答者でも33％、第1位）「遠くまで通わないですんだ」（同じく29％、第2位）などの意見が多数を占めることを考えれば、もう少し慎重な検討が必要ではなかろうか。

希望者全入　内申書の比重は低く

　入学試験での選抜については、「入試廃止」「試験は残すが希望者全入」をあわせて57％の保護者が、希望者全員が入学できるようにあらためるべきと回答している。全日制高校を希望しながら、入学できなかった公立中学校卒業生が、2,000人を超える状況が未だに続いている。希望する生徒全員が入学できるだけの都立高校全日制定員を確保することは、現状ではそれほど難しいことではない。学校間の調整や、私立高校との間の関係な

もう一度入学させるなら（2つまで）

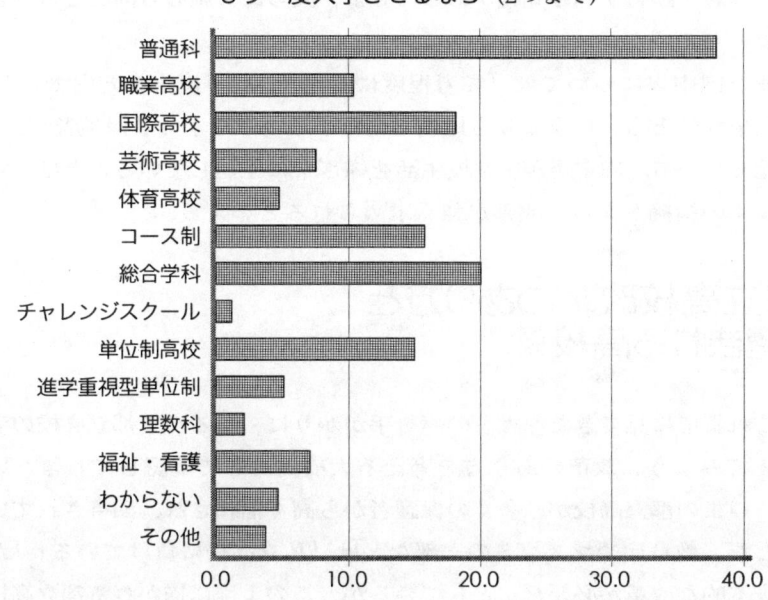

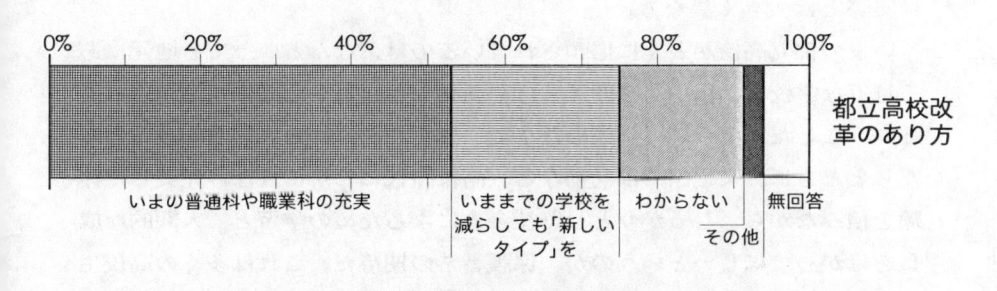

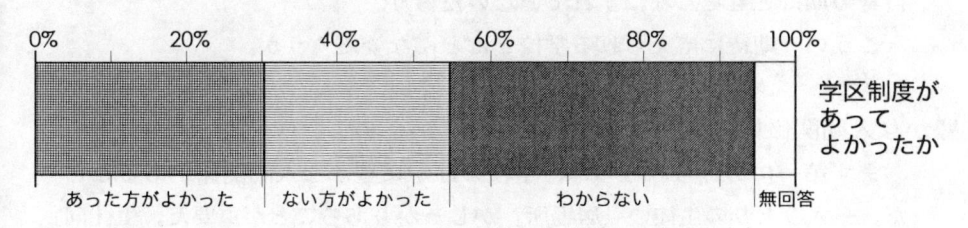

- 普通科: 約38
- 職業高校: 約10
- 国際高校: 約18
- 芸術高校: 約8
- 体育高校: 約5
- コース制: 約16
- 総合学科: 約20
- チャレンジスクール: 約1
- 単位制高校: 約15
- 進学重視型単位制: 約5
- 理数科: 約2
- 福祉・看護: 約7
- わからない: 約4
- その他: 約4

都立高校改革のあり方

いまの普通科や職業科の充実 ／ いままでの学校を減らしても「新しいタイプ」を ／ わからない ／ その他 ／ 無回答

学区制度があってよかったか

あった方がよかった ／ ない方がよかった ／ わからない ／ 無回答

ど、検討・調整すべき問題があるにせよ、直ちに実施の方向をとるべきではないだろうか。

また内申書については「参考程度に」が59％、「廃止の方向で」が13％。少なくとも、いまよりも比重を軽くすることを求める保護者が、7割を超えている。内申書が中学校生活を様ざまに圧迫していることは、すでに多くの指摘がある。改善が強く求められるといえる。

2. 都立高校改革のあり方と望まれる高校像

これまでに見てきた保護者の声を手がかりに、あるべき都立高校の姿を考えてみよう。改革のあり方を考える大前提として確認しておきたいのは、いまの都立高校が、多くの保護者から高く信頼され、期待されていることだ。教育庁やマスコミの一部などは「私立高校に負けている」「だから抜本的な改革が必要だ」としているが、このように描かれる都立高校像は実際とは大きく異なる。

いまの都立高校がとくに信頼されているのは、なんといっても地元にある身近な学校で、自由な雰囲気と行事活動など、豊かな高校生活が送れるということだ。そういう学校のなかで、先生方とふれあい、たくさんの友だちとともに、文化祭や部活動など、高校時代にしかできない充実した体験を積みながら、しっかりとした社会人になるための学習と、人間的な成長をはかってほしいというのが、保護者らの期待だ。これは多くの高校生自身の期待ともそんなにずれていないだろう。

こういう期待に応えられる学校とはどんな姿だろうか。

豊かな人間関係に支えられた高校

まず第一にあげられるのは、学校のなかに豊かな人間関係があることだ。一人ひとりの生徒の「居場所」がしっかりあることが重要だ。生徒同士や教職員との人間的なふれあいが豊富にあり、安心して自分が自分でいられる居場所。そういう場は、部活動であったり、おしゃべり仲間であったりいろいろだろう。人によっては図書室や保健室などということもあ

学区があってよかった理由

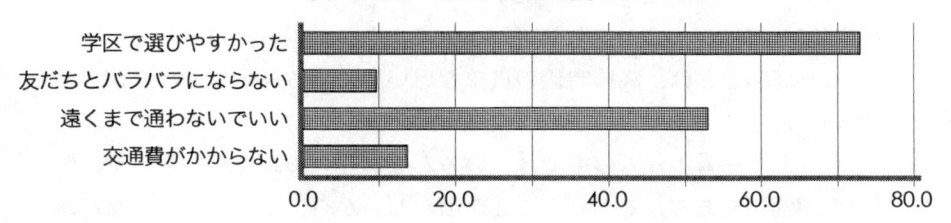

- 学区で選びやすかった
- 友だちとバラバラにならない
- 遠くまで通わないでいい
- 交通費がかからない

学区がない方がよかった理由

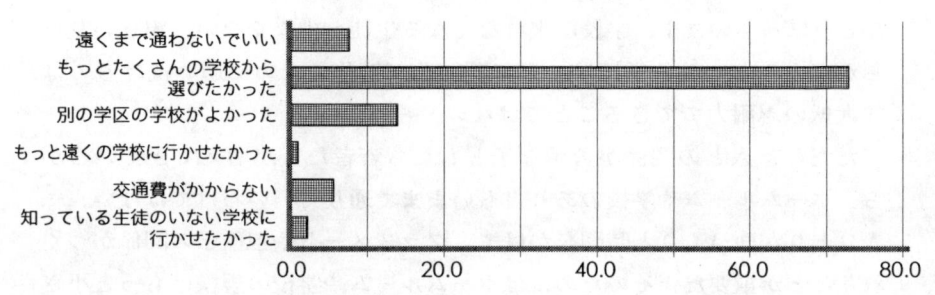

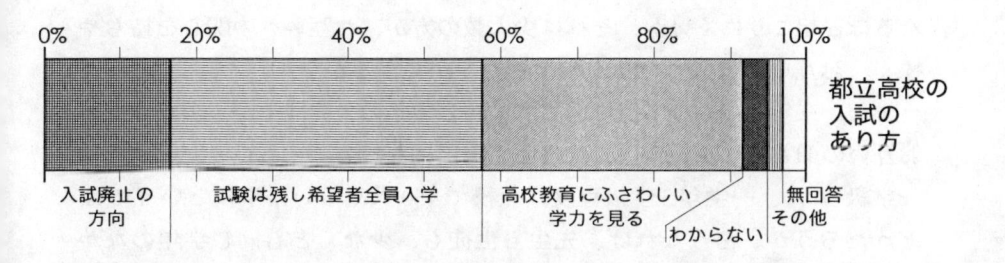

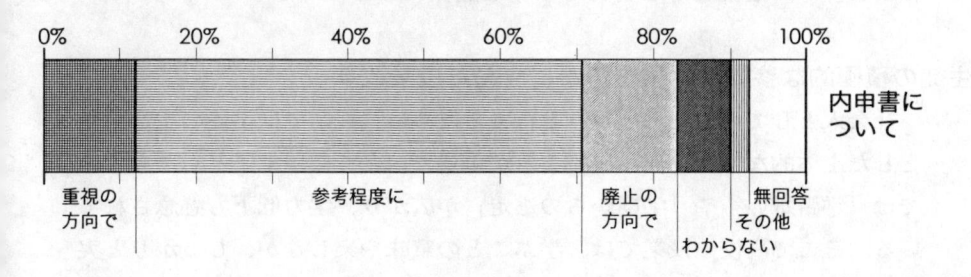

- 遠くまで通わないでいい
- もっとたくさんの学校から選びたかった
- 別の学区の学校がよかった
- もっと遠くの学校に行かせたかった
- 交通費がかからない
- 知っている生徒のいない学校に行かせたかった

都立高校の入試のあり方

入試廃止の方向 / 試験は残し希望者全員入学 / 高校教育にふさわしい学力を見る / わからない / 無回答 その他

内申書について

重視の方向で / 参考程度に / 廃止の方向で / わからない / 無回答 その他

る。だが、多くの生徒にとって基本はホームルームだろう。例えば文化祭や合唱祭などにがんばって取り組むなかで、ホームルームのみんなが一つになれた経験などは、高校時代の貴重な思い出になるばかりでなく、その中でいろんなことを学ぶことができる。

　もちろんホームルームの中では、いろんなお互いのぶつかり合いや、難しい人間関係もある。そういうことが煩わしいから、ホームルームなんかない方がいいという声も最近は聞かれる。しかし、ホームルームのない単位制高校などでは、逆に入学してもなかなか自分の居場所が見つからず、ひとりぼっちのまま、学校に来れなくなる生徒も少なくない。親しい友だちがほとんどいない学校に、三年間、ただ勉強のために通い続けるのは、並大抵の忍耐力でできることではない。

　ただし、人との関係が苦手な子どもたち若者たちが増えてきているから、ホームルームや学校のあり方もいままで通りでいいわけではない。一人ひとりがゆっくりと時間をかけて、クラスメートや担任との関係がつくれることが重要だ。そのためにはホームルームや学校の規模はもっと小さい方がいい。一般に深刻ないじめは、ホームルームの人数が少なくなればなるほど起こりにくいが、それは少人数の方が、お互いへの関心を持ちやすく、お互いの気持ちをよくわかることができるからだ。

　また、三年間一緒の学校で過ごす、同じ学年の生徒同士が、少なくともお互いの顔と名前が一致するぐらいの関係になれることも重要だ。例えば一学級30人、一学年5学級程度、全校で450人ぐらいの学校というのはどうだろうか。そうなれば、先生も生徒も、少なくとも同じ学年のなかは、お互いの名前で呼び合えるような関係になるのではないか。

生徒の積極的な参加や体験を豊かに含んだ授業改革

　社会人としての力をしっかりと育てるために、授業では生徒の生き生きとした主体的な学習を作り出すことが重要だ。とくにいま子どもたちの中では「学習嫌い」や「学びからの逃走」が広がり、学力低下も懸念されている。そこで高校の授業では、学ぶことの意味や楽しさが、しっかりと実感できるようなものが強く求められる。実際の体験や実験、教室の外にでる調査、発表や討論など、生徒がもっと積極的に参加できる授業を増やす

ことが重要だ。とくに学びを通して生徒たちが、様ざまな人びとや世界と出会い、社会に参加していくことが、今日の高校生にとって重要な課題だろう。

また、生徒と先生、生徒同士の豊かな人間関係は、授業外のホームルームや部活動などばかりではなく、授業でともに学びあう中でつくられていくものでもある。一つの事実をそれぞれがどう感じ、受けとめるかというようなことを通して、お互いのいままで知らなかった一面を見ることが、新しい関係をつくったりする。ただ、講義形式で先生が一方的に話すだけの授業では、このような新しい関係をつくっていくことは難しい。

生徒が主体的に参加する授業や学習を豊富にしていくためには、まず教職員の授業改革への努力が求められる。しかしそればかりではない。学級規模を小さくし、少人数授業にすることがやはり不可欠だ。40人学級のままで、生徒一人ひとりが主体的に参加し、活動する授業を創るのは困難だ。また、例えば英会話など、科目によっては10数人程度の人数でなくては、十分な効果の上がらないものもある。少人数授業や選択授業が可能な、教室などの十分な施設設備も重要だ。

将来の進路や生き方を探す学習

高校生活のなかで、いろいろな体験や出会いを通して、将来の生き方や進路を考えたいという期待は強い。とりわけ高校や大学を卒業したらすぐに安定した仕事に就くという、これまでの社会の仕組みが大きく崩れているいま、だからこそ、将来の生き方や進路をじっくりと考える基礎を、高校時代に創ることがうんと大切になっている。そのためには、職業高校や総合学科ばかりでなく、都立高校の8割を占める普通高校でも、様ざまな職業や労働に触れる学習が不可欠だ。普通高校でも実習を含む職業的な科目が学べるようにすることや、地域の産業・企業などの協力を得ることが必要だ。

また若者たちの多くは、東京でも全国でも、高校を卒業後も地元で暮らしている。そういう将来の生活を見通せるように、高校のなかで地域の労働や産業を知り、地域に働く人びとと出会うことは重要だ。長野のいくつかの高校では「地域」という科目を置いて、地域の産業・労働や暮らし、

福祉や環境問題などを、地域の人々の協力も得ながら学習している。そこではその科目を通して、生徒たちが地域について学ぶことが重要であるばかりでなく、そういう科目を地域の人々と一緒に創ることを通して、地域と高校との結びつきが次第に強められている。そこに学ぶ高校生の将来に地域の人々が期待し、生徒たちを学校と地域とが一緒になって育てていく、そういう関係がつくれたらすばらしいだろう。

多様な授業や部活動などを地域の高校同士の連携で

だが様ざまな体験的な授業や、職業・労働・地域などを学べる科目を置くには、統廃合して大規模な学校にしないと難しいのでは、という疑問もあるかもしれない。規模の大きくない一つ一つの高校だけでは、確かに教職員の数なども限られる。しかし地域のなかのいくつかの都立高校が連携すれば、そういうことは十分に可能ではないだろうか。とくに職業科目などは十分な施設のない普通高校では難しいものもあるが、同じ地域の専門高校などと連携すれば、いままでできなかった授業や実習も可能になる。

また部活動なども、生徒の数が少ないと種類も限られ不活発になりやすいといわれるが、これも同様に複数の都立高校が連携すれば、いまよりももっと豊かで活発な活動を創ることが可能だろう。

そのためには、たとえば現在の学区や、それをいくつかに分割した程度の範囲で、専門高校などを含む、地域のすべての都立高校が連携して、選択科目の一部を提供したり、部活動の指導にあたれるような体制をつくれるシステムを考えることが必要ではないだろうか。あるいは体育祭などの行事も、そういう連携のなかで行うことも考えられる。このような形をとれば、誰もが居場所をもてる比較的小規模の学校と、複数の学校の連携による多様な生徒同士の交流とを、ともに保証することができるのではないか。

生徒や保護者・地域の人々の学校参加を
生徒は学校の主人公

学校をもっと開くことが、いま強く求められている。生徒や保護者、地域の人々の声がもっと学校に反映する必要性は、都教育庁などからも再三

語られている。いろんな人の声を反映させる場となる仕組みが作られることは重要だ。ただ、いま都立高校につくられている学校運営連絡協議会には問題がある。

その第一は、そこに生徒が含まれていないことだ。都教育庁は生徒の意見は別に聞くとしているが、そのための具体的手だても保障もない。東京都よりも前から「開かれた学校づくり」を進めている高知県では、学校はまず子どもたちに開かれていなくてはならないとして、各中学校・高校の「開かれた学校づくり推進委員会」には、みな生徒代表が加わっている。しかも多くでは、生徒代表の人数が委員会全体の約半数で、生徒の声をとりわけ重視している。そこでは生徒会が生徒全員にアンケートをおこなったり、ホームルーム討論、生徒総会などを積み重ねて生徒の意見を集約している。都立高校の学校運営連絡協議会にも、当然生徒代表が、それも大人たちの前で生徒の声を十分に表明できるだけの人数で加わるべきである。学校側がたまにやる一方的なアンケートなどで、「生徒の声」を聞くなどのなおざりなやり方では、生徒を本当に学校の主人公にすることはできないだろう。

第二に、メンバーの人選は基本的に校長一人に任されていることだ。PTAをメンバーに加えられている学校は多いが、その場合でもそのほとんどはPTA側が自主的に選んだ代表ではなく、校長の側からの指名だ。そういう選ばれ方では、校長の意向に沿った人ばかりが選ばれるのではという懸念は払拭できないし、また参加する人たちも、例えば保護者代表としての責任と自覚を持って参加するようにはなかなかなれない。もっときちんとしたルールでメンバーが選ばれるようにするべきだし、とくに保護者からのメンバーは保護者全体の意見を代表できる人が、校長の指名ではなく、明確なルールで選ばれるようにするべきだ。

また生徒の参加については、学校運営連絡協議会とは別に、全国の高校に広がりはじめているような二者協議会（生徒会と教職員）、三者協議会（二者に保護者）など、もっと日常的に生徒が自分たちに直接関係する事柄について、意見をまとめ教職員と協議するような場が作られることも必要だろう。

地域に根ざした都立高校を

　都立高校は、もっとしっかりと地域に根ざすことが求められる。生徒の多くが地元から通い、卒業生もまた多くが地元にいることから見れば、「地域の学校」になっていることはこれまでも見てきたとおりだ。また統廃合の該当校を抱えた地元自治体や区・市議会の多くが意見書を出しているなど、地元自治体の都立高校への関心は高い。しかし、残念ながらいままで学校の方から地域に働きかけ、結びつきを強めようとする努力は、十分には行われてこなかった。例えば都立高校は、小中学校とは違って設置主体が区や市ではないということもあって、地元自治体との関係はほとんど皆無だ。

　だがこれまでに述べたように、いま生徒たちに自分たちの将来をしっかりと見つめる学びを保障し、地域と社会の担い手に育てるためには、地域の人々の様ざまな力を借りることが不可欠だ。都立高校の多くは、かつて地域の期待や増設運動のなかから生まれてきた。そういう地域との結びつきをもう一度取り戻し、文字通り地域に根ざし、地域に支えられる高校になることが必要だ。

　それぞれの高校の改革は、こうした地域のなかで高校に関心を寄せる人びとを含めて、生徒・保護者など、みんなの知恵と力をあわせて進められるべきだろう。密室の中で、ごく少数の人びとによって事実上決めてしまうような、いまの改革の進め方はあらためられるべきだ。

都立高校全体の極端な多様化をやめ、いまの学校の充実を

　高校生にはいろんなタイプがいる。関心や将来の進路も多様だ。だから都立高校にもある程度の種類は必要だ。社会の変化にあわせて新しい職業高校なども必要だろう。しかし、いま進められているような「改革」のやり方はいいだろうか。アンケートにも現れているように、保護者の多くは、いまある高校を廃校にして「新しいタイプの高校」を増やすよりも、まずはいまある高校の充実を優先させてほしいと願っている。

　いまの高校に不足していることは確かにいろいろある。しかしだからといって、それを満たすためにいろんなタイプの高校をたくさんつくらなければならないかどうかは別だ。例えば総合学科高校が目標としている、普

通教科と職業に関する科目をあわせて学びながら、将来の進路を選んでいくことができるのは、限られた生徒にのみでなく、多くの生徒に共通に必要なことだ。そうだとすれば、そういう希望を持つ生徒は限られた数の総合学科高校にどうぞ、というのはおかしい。むしろいまある普通高校すべてで、そういうことができるようにすべきではないか。

　一方、中学校時代や、一度入った高校で、人間関係でつまずいたり不登校になったりして、ホームルーム活動などになかなかなじめない生徒などにとっては、単位制高校は学校生活をやり直しやすい学校だろう。しかし逆に、そういう生徒は高校生全体から見れば必ずしも多数派ではない。逆に、普通の生徒にとっては、単位制高校は親しい友人や自分の居場所をつくりにくい学校だ。事実、単位制をとっている学校の中退率はむしろ高めだ。また生徒同士の関係が希薄な状態では、生徒同士が共同して取り組むことが求められる討論や調査、実習的なスタイルの授業はうまくいかない。そうすると、いま計画されているほどにたくさんの単位制高校をつくる意味が果たしてあるのだろうか。

　とくに「進学重視型単位制高校」は、高校生活全体を受験のための勉強中心にすることが可能なようにということだろうが、これはとても疑問だ。「進学校」と呼ばれる都立高校の多くは、むしろ勉強だけの学校というよりは、自由な雰囲気と生徒会活動・文化祭などいろんな活動が豊富にあり、豊かな高校生活を送られるからこそ、信頼され人気もあった。そうした都立高校の良さをむしろなくしてしまうのではないか。また、受験に必要な科目を重点的に学べるということは、逆に幅広い学習を犠牲にするということになる。しかしそうした高校時代の学習の偏りが、いま心配されている「大学生の学力低下」の大きな要因の一つだ。さらにいま大学では、専門性以上にバランスのとれた教養ということが強く求められている。「進学重視型単位制高校」は、こうした流れにも逆行するものだ。

　このように考えれば、高校改革に求められるものは、多くの高校に共通に求められるものと、特別なニーズに応えるためのものとに、もっと区別される必要がある。その上で重要なことは、いろんなタイプの高校を均等にたくさんつくるのではなく、多くの生徒の必要に応えられるための標準的なタイプの高校が、きちんと用意されることだ。例えばいまの都立高校

制度では学区に属する普通高校が過半数で、事実上の標準タイプとなっている。いま進められている「改革」ではこれを大幅に減らして「新しいタイプの高校」に置き換えることになるが、そうではなく、これらの普通高校を、これまでにも述べたような多くの生徒に必要な内容を充実させる形で、改革するべきだろう。

　一人ひとりの将来の生き方が、これまで以上に多様になっているとはいえ、多くの高校生にとっては、自分はどんな人間か、どんな風に生きるのかはすでに決まってしまっていることではなく、いまそれを見つけよう、つくろうとしている真っ最中なのだ。だからこそいろんな生徒が一緒に学ぶ中で、お互いの個性や持ち味を見つけだすことができる場が必要だ。15歳で「自分の個性」を決めるというのは、多くの生徒にとってはあまりに乱暴だ。

職業高校の充実・改革を

　一方、全体の割合からいえば多くはないとはいえ、専門的な知識や技能を学ぶことのできる、職業高校の果たしている役割は大きい。農業や工業などものを育てたりつくったりする実習的な学習が、学ぶことの大切さや楽しさを取り戻すのに重要な役割を果たしているなど、高校教育全体の中での役割は小さくない。それより何より、これらの学校の多くが、そこで社会に通用する力を実際に育てていることが重要だ。高校を卒業してすぐに正規の仕事に就ける機会が全体としては少なくなっているとはいえ、職業高校の卒業生の多くが、卒業すると就職して働いている。18歳で一人前に働くことができる力を身につけることができる機会が、きちんと保障されることは重要だ。

　ただ、社会の変化の中で新しく開かれてきている分野も多い。例えば福祉関係などの、新しい分野で活躍していける力を身につけられる職業高校も必要だろう。

様ざまな困難や特別なニーズに応える高校の十分な配置を

　また、働きながら学ぶ生徒、小中学校の時に不登校を経験したり、全日制高校を一度中退した生徒、様ざまな障害を持つ生徒、少人数でゆっくり

としたペースで学びたい生徒、日本語が不自由な外国人生徒など、いろんな困難や特別のニーズをもつ生徒たちも少なくない。そういう生徒たちの必要を満たせる高校がきちんと用意される必要がある。

そういう点からは、単位制高校やチャレンジスクールのようなタイプの高校も、限られた数であれば意味はあるだろう。ただ、そういう生徒たちにとっていま計画されているような、比較的規模の大きい学校でいいかどうかは、もう少し検討する必要がある。

しかしそれ以上に重要なのは、現在ある定時制高校の多くが、そのような様ざまなニーズに応える役割を果たしていることだ。定時制高校の生徒数はかつてと比べれば大きく減少している。しかし、だからこそ一人ひとりの生徒の必要に即した、丁寧な指導が可能になっている。そればかりでなく、定時制高校に通う生徒たちの中には、障害やいろんな事情で電車やバスなどの交通機関を使えなかったり、仕事の関係で近くの学校でなくては通えない生徒も少なくない。

そういうことを考えれば、定時制高校の場合はなおさら、学校の規模が小さいから教育効果が低下するなどということはない。「教育効果」などを理由として、むやみに統廃合を進めるのは、大規模な学校にはなじめない生徒、近くでなくては通えない生徒たちの学習の機会を奪うことになる。むしろいまある定時制高校を、そういう様ざまな特別のニーズに十分に応えられるように、充実することこそ求められる。例えばスクールカウンセラーやソーシャルワーカー、障害を持つ生徒や日本語指導などの専門教員などの配置が、入学してくる生徒の必要にあわせて、十分になされる必要がある。

生徒や保護者、教職員、地域住民の声が届く高校改革を

私たちの求めるのは決して豪華な設備の高校ではない。これまで述べてきたのは、むしろいまある建物や施設・設備をできるだけ活かしながら、いまある高校をもっと発展充実させることだ。都教育庁が「新しいタイプの高校」のモデル校として建ててきた学校は、あまりに豪華すぎる。財政に限りがある以上、すべての高校をあんなふうにすることは不可能だし、同じ都立高校で一部の学校だけが豪華だとすれば、それはおかしなこと

だ。
　限られた財政であればあるほど、そこで何を優先させるか、何が本当に必要なのかを、生徒や保護者など、高校に一番直接関係している者たちの声、地域の声を十分に聞き、十分な話し合いと合意を作ることが必要だ。そういう意味では、これまでに述べたことも、私たちの一つの提案にすぎない。みんなの創意を出し合い、十分にみんなが納得するような進め方が何よりも大切だ。そういう改革の進め方に少しでも近づくために、是非とも多くの人びとが関心を寄せ、声を出してくださることを願いたい。

終わりに
三次計画に向けて、さらに反対の輪を

三次計画に向けて始動

　東京都教育庁は、都立高校統廃合・改編の「第三次実施計画」を「総まとめの意味合いも含めて」02年度に策定するとしている。都教育庁の具体的な動きは、01年度の開始とともに始まった。

　4月1日付の人事異動で、都立高校改革推進担当課長を従来の1人から3人に増員し、「第三次実施計画」に向けて体制を強化した。

　01年度の都教育庁定数は前年度に比して15名減ったが、「都立高校改革では、第二次実施計画が13年度で終了することから、2増とした」と、『都政新報』（01年3月2日付）は報じていた。その増員分を課長ポストの増設にあてたのである。

　そして5月24日、山際成一都立高校改革推進担当部長名の「学校の現状・課題について」（依頼）と題する記述式の調査が都立高校の全校長へ「事務連絡」として送付された。

　「事務連絡」の文章には、「計画の総まとめの意味合いも含めて、平成14年度に第三次実施計画を策定する予定」「計画の策定に先立って、各校長先生方の現任校の将来像についてのご意見や都立高校改革に関する率直なご意見・ご要望を伺いたい」「これを基に、別紙日程表のとおり、各校長先生方と意見交換等の場をもちたい」と書かれ、送付期限は6月11日とされていた。

　調査項目は、「1 自校の現状と課題」「2 自校の課題への対応と将来像に向けた学校づくり」「3 都立高校改革」に大別されている。その上で各項目ごとに「小項目」があり、小項目の内容について記述する様式になっている。

　では、全日制高校用を例にどのような「小項目」が挙げられているのかを見てみよう。

　「1 自校の現状と課題」の項目では、「生徒の状況（学習指導面、生活指導面及び進路）」「生徒募集の取組みと入学者選抜の状況」「中退者の状況と対応の状況」「教職員の構成、異動、研修等」「地域・PTA・同窓会等との関わり」「施設の状況」など10の小項目について記述する。

　「2 自校の課題への対応と将来像に向けた学校づくり」では、「自校の都立高校における役割についての考え」「個性化・特色化など改革へ向けた

取組み」「学科（コース）・学級数のあり方、新タイプ（単位制、総合学科、中高一貫等）転換の意向等」「今後数年（3年程度の期間または校長在任期間を想定）の自校の学校経営・教育活動上の目標」「学校の自主性・自律性の確立や経営責任のあり方への意見・要望・提案」など7項目について記述する。

「3 都立高校改革」は、「都立高校全体の課題と対応の方向」「都立高校の適正配置についての考え方」「都立高校改革への意見、要望、提案、自校のあり方等」の3項目について述べる。

定時制高校用も全日制高校用とほぼ同一内容であるが、「全・定併置の課題とそれに対する考え方」という小項目が独自にあることが眼に付く。

この記述調査に基づく校長との「意見交換等の場」は、「学校の現状・課題について（依頼）」の「事務連絡」のなかで、各学校ごとの日時が記入された「都立高等学校長との懇談日程について」という一覧表が送付されていた。それによると各学校50分、提出期限の6月11日から7月13日にかけて「懇談」が行われたことになる。

校長と都立高校改革推進担当者との「懇談」の内容を知るよしもない。しかし、「調査項目」を見ると、統廃合計画のための調査であり「懇談」であると思わざるを得ない。

都教育庁は統廃合該当校の選定基準として「施設の老朽化など著しく改築改修を必要とする学校」「校地面積が狭隘な学校」をあげている。この点は調査項目の「施設の状況」と符合する。また、選定基準の「二次募集あるいは中途退学が多いなど改善の必要のより高い学校」は、調査項目の「生徒の状況（学習指導面、生活指導面及び進路）」「生徒募集の取組みと入学者選抜の状況」「中退者の状況と対応の状況」などと重なる。

「新タイプ（単位制、総合学科、中高一貫等）転換の意向等」は非常にストレートに聞いているが、その他の調査項目においても各学校の「個性化・特色化」の推進を問う項目が目立つ。都立高校間の「個性化・特色化」競争をあおり、都教育庁の基準でみて「個性化・特色化」しない学校は統廃合の該当校になりうるということであろう。また、「地域・PTA・同窓会等との関わり」について調査項目にあげているのが、これは統廃合反対運動が起きるか否か、反対運動の持続性についての判断材料にもなる。

いずれにしろ校長への調査と「懇談」を行うことにより、都立高校の大規模な統廃合計画の「総まとめ」と位置づける「第三次実施計画」に向けて、統廃合該当校選定の具体的な動きが始まった。

都立高校の学区が無くなる

東京では、都立高校の大規模な削減計画と一体となりながら、都立高校の入試制度の改変が急速に進み、学区制度も撤廃する方向で動いている。

01年7月6日、都立高校改革推進担当者と都立高校校長との「懇談」が行われている時期に、東京都立高等学校学区制度検討委員会の最終回（第6回）の審議が行われた。この日の委員会は、翌7月7日の朝刊各紙が報じたように、「都立高の学区制撤廃」（『日本経済新聞』）を内容とする「これからの都立高等学校にふさわしい学区制度の改善について」、横山洋吉東京都教育委員会教育長に「答申」した。

学区制度検討委員会は教育長の諮問機関として99年12月20日に第1回目の会合を持ち、高倉翔明海大学学長を委員長に互選してスタートした。設置目的は、都立全日制高校の6割を占める普通科高校（コース制を除く）の学区制度について、「各学区を越えた生徒の学校選択幅を広げ、都立高校の特色ある学校づくりを進めるため、他学区からの入学者限度枠の拡大や学区域の拡大、学区間同士での相互受検の一層の推進など、より実効性のある学区制の在り方ついてについて検討する」（諮問事項）ことであった。

東京では急速に「学区制度の弾力化」が進んできた。学区制度がある全日制普通科高校も、00年度入試から学区外の高校を募集定員の一部（2割、01年度入試からは3割・4割・5割と学校ごとに選択）という条件付きだが都内全域から受験可能となり、学区制が実質上撤廃された。また、99年11月26日に公表された「危機突破・戦略プラン」においても、「都立高校間に適切な競争原理を導入する」として、学区制度検討委員会の設置が公表されていた。

このような流れから見て、諮問事項が求める「実効性のある学区制の在り方」の検討とは、「特色ある学校づくりを進めるため」ということを理由に、「適切な競争原理」を導入するために学区を撤廃することであるこ

とは容易に想像がつく。

「答申」は、「生徒の学校選択幅の拡大や都立高校の特色ある学校づくりを推進するため」として、「(1) 現行の学区を撤廃する。(2) ただし、島しょの学区については、当面、現行のとおりとする。」という「学区の抜本的な見直し」の結論を出した。その上で「一年程度の準備と周知のための期間を置いた後に速やかに実施することが望ましい」と述べている。

次に、「答申」の問題点を見てみよう。

まず第1は、国連からも指摘された過度の受験競争をさらにあおり、学校の序列化・学校格差をさらに助長する危険性があるということである。

この点に関しては「答申」は、学区撤廃は、「学校選択幅の拡大」と「都立高校の特色ある学校づくりを推進するため」に「適切な競争原理」を導入するものであり、「学校差」をつくるためのものではない。中学校の進路指導が適切に行われており、「学校差」を拡大する懸念はないとしている。

本当に懸念がないと言い切れるのだろうか。東京での01年度高校入試（全日制）での募集校を見てみると、都立高校197校、私立高校200校、計397校にもなる。受験可能な学校数が増えれば、それだけ「学校差」が細かくなる可能性があると思うのが常識的な見方であろう。都教育庁が設置する「新しいタイプの高校」も、同じ単位制高校でも「進学重視型単位制高校」と形容詞が付かない「単位制高校」がある。まさに「学校差」をつけているのではないのか。

答申時の審議においても、清水前東京都公立高等学校PTA連合会会長は「進学を特色としている高校が現にある。学区拡大は学校差を広げる懸念があるが、その際には見直すべき」という主旨の発言をしていた。これに対して、高倉委員長は否定はしなかった。

学区撤廃が「学校差」を助長する「懸念」がある場合には、審議の流れや「答申」の趣旨からして、速やかに学区撤廃を撤回すべきであろう。

第2は、高校生の意向と乖離しているということである。

都教育庁は、学区制度の検討にあたって「都立高校の学区に関する都民意識調査」を行った。96年2月に実施された「都立高校に関する都民意識調査」では、中学生、高校生を対象にしていなかったが、今回の「意識調査」では対象に含まれている。

「中学生・高校生調査」を見ると、「入りたい学校を自由に選ぶことができて良いことだと思う」が81.3％いた。

その一方で、受験時には隣接学区の高校への受験は可能であったが、どの学区でも受験可能とはなっていなかった高校2年生と3年生を対象とした、「都内のどの学区の都立高校でも受験ができるようになっていたとしたら、あなたの都立高校の選び方は、変わっていたと思いますか」という設問では、志望校が「変わっていたと思う」25.9％に対して、「変わらなかったと思う」が64.4％であった。現実的にどう選択するかという点から見て、学区拡大を望んでいる声は4分に1にすぎない。

フィーリングでは、学区拡大を望むが、実際には（現実に選択するという本音では）拡大を望んでいないというのが多数の高校生の声であろう。

01年度入試の結果を見ると、他学区からの受験者が多かったのは、旧制中学校からの伝統がある高校と、何とかして全日制高校に進学したいという子どもたちが受験する高校であった。高校2年生と3年生を対象にした設問の結果と同様、子どもたちの多くは学区の拡大を望んでいないことを示しているのではないだろうか。

第3は、統廃合と関わって考えると「学区間のバランス」を考慮する必要がなくなり、より「効率的」に学校つぶしを行う条件になるということである。

今まで改革推進担当者は、市区ごとの地域バランスが崩れると指摘されると、学区制度を前提にして学区で考えていると強調していた。この論で行くと、学区がなくなるのだから、学区という単位でさえも考慮しなくても良いことになると危惧される。

ともあれ東京では、現行の学区でも、都立全日制高校を合計した学校数から見れば少ない学区でも20校近くある。それに私立高校も加わる。現状の学区でも大きいという認識が必要なのではないだろうか。

9月12日、都教委は03年度入試から島しょを含むすべての学区の撤廃を決めた。

全日制高校が足りない！

01年3月には、羽田高校・羽田工業高校・城北高校・化学工業高校・

秋川高校が廃校した。

　都教育庁は、都立高校「統廃合・改編」の「第三次実施計画」を02年に策定するための準備を体制を強化しながら進めている。「説明責任」を果たさないまま、都立高校の大規模な削減計画である「都立高校改革推進計画」を「揺ぎのない」計画として強行する姿勢を崩していない。

　その一方で、01年春の入試でも、前年の12月時点で全日制高を志望していた都内公立中学3年生のうち定員不足で進学できなかった子どもたちが2,721人もいたと推計される。卒業生の3.46％だ。これを、標準的な全日制都立高校募集定員（1校240名）で計算すると11.33校分になる。全日制高校が、都立高校の5.75％分も不足していることになる。

「都民のニーズ」と矛盾？

　また、01年7月26日の都教委において、羽田高校と羽田工業高校を廃校にして新設する「新しいタイプの高校」である羽田地区総合学科高校の正式名称を「つばさ総合高等学校」とし、都知事に条例制定を依頼する案件を議決した。

　同じ日に、全日制商業高校2校の学科改善も決められた。荒川商業高校の商業科・情報処理科の小学科を統合し、総合ビジネス科にすることと、赤羽商業高校の商業科・情報処理科・国際会計科の小学科を統合し、商業科にするという内容だ。両校とも学級数は変わらない。

　都教育庁作成の資料には、「改善の背景」として「中学生の段階では進路の決定は難しく、小学科の選択は困難」（荒川商業高校）、中学校校長会「都立高校全日制志望予定（第1志望）調査（毎年12月実施）によると……『国際会計科』の希望者は大幅に少ない」（赤羽商業高校）と書かれていた。

　荒川商業の情報処理科は86年、赤羽商業の国際会計科と情報処理科は89年に商業高校の学科改善＝特色ある学科づくり・新しいタイプの学科づくりの一環として、小学科として設置された。それが、「希望者が少ない」「中学校段階では進路の決定は難しい」として、商業科という大学科制にもどす。

　都立高校の大規模な削減計画は、「新しいタイプの高校づくりによる統

廃合策を取り入れながら」(『都政新報』95年2月10日付) 行われている。その際、「新しいタイプの高校」は、「都民のニーズ」であると説明される(「潜在的ニーズ」と語った担当者もいた)。2つの商業高校の学科改善の説明は、両校にある小学科が都民のニーズではなかったとも読める。

「新しいタイプの高校」が「都民のニーズ」ということと矛盾しないのだろうか。それとも、「高校」と「学科」は違う、80年代後半とは状況が変わったなどと、説明するのだろうか。

引き続く見直しを求める動き

97年7月15日の「第一次実施計画」該当校(案)公表以来、都教育庁の都立高校改革推進担当者を呼んで行われた「説明会」は数多く持たれた。若林都立高校改革推進担当部長は「総論的には理解を得られた」と教育委員会の席で述べている。しかし、「議論の入口」のところで納得できない内容が余りにも多いと感じている人も多い。

「議論の入口」での問題点を整理してみる。

第1は、東京都教育庁に積極的に説明する意志と、関係者をはじめとした都民の声を聞く姿勢が感じられないことである。

「中間のまとめ説明会」の周知は学校長にまかせ、教育庁自ら積極的に知らせる姿勢は感じられなかった。また、再度の説明会を求めた参加者がいた会場でも多くのところでは無視され、説明会を開くと約束した中等教育学校でさえも開かれなかった。再度開き、出された意見や質問に対してどう対応したか、回答するのが義務ではないのだろうか。また、発言の内容についても「中間のまとめの範囲で」と司会者が歯止めをかけていた。

情報公開法を持ち出すまでもなく、公務員に「説明責任」があることは常識になってきている。しかも、都教委と教育庁は「開かれた学校」を繰り返していっている。開かれた教育行政を、まずに実践してほしい。

第2は、「都民のニーズ」の根拠が納得できないことである。

『都立高校白書』から始まり、長期懇、「都民の意識調査」をあげる。

しかし、「都民のニーズ」として明確なものは「意識調査」ぐらいであろう。「意識調査」も丁寧に読めば、必ずしも「ニーズ」の根拠にはならないであろう。第三者が実施した他の「調査」も参考にすべきであろう。

第3は、かつての施策に対するきちんとした総括がされていないことである。

かつて、「コース制」は「都民のニーズ」といわれた。しかし、コース制高校における統廃合該当校の比率は高い。どういうことなのだろうか。

第4は、高校生を含む該当校関係者への説明をなぜ校長任せにするのか、である。

「教育庁と校長は一体なので、同じ考えだと思っている。校長は学校の長であるとともに東京都の校長である。だから校長が説明する」という。

該当校になったことを「ババ抜きで引かされた気分」という校長と教育庁が本当に「一体」なのか。本当に教育庁と同じだけ「説明する」材料を持っているのか。否であろう。

資料を準備してのきちんとした説明責任は、第一義的に教育庁担当者にあるのではないか。

第5は、市区議会の意見書や東京弁護士会勧告、集めた署名の重みなどを、きちんと受けとめてはいないと感じることである。

いずれも、関係者が血のにじむ思いをして取り組んだ汗の結晶だ。しかも、意見書や勧告は関係機関で審議されて出されてきたものだ。

教育は国家百年の計といわれる。小泉首相の施政方針演説で有名になった「米100俵の精神」は、未来への大きな投資である教育にお金をかけることだ。子どもたちの健やかな成長を願い、すべての子どもたちにゆきとどいた教育を求める気持ちと都立高校の削減計画は矛盾するとして、「都立高校の統廃合に異議あり！」の草の根からの取り組みは、続いている。

該当校連絡会は、2回目の都議会請願署名を開始した。全都連絡会も、2回目の都議会請願署名の準備を開始し、01年10月27日には責任ある都立高校改革推進担当者を招いて公開討論会を行おうとしている。

97年以来の取り組みの成果を基盤に、未来への確信を持ちながら、「都立高校改革推進計画」の抜本的見直しを求める草の根の動きは、すそ野を広げながら続いている。

「統廃合・改編」該当校一覧（第一次・第二次計画）

[第三次実施計画は2002年度策定予定]
全日制208校中44校、定時制104校中31校が該当校
①：第一次実施計画（1997年9月11日策定）
②：第二次実施計画（1999年10月14日策定）
＊：設置場所

	■ 統廃合・改編後の学校	■ 対象校	■ 開校予定
1学区	①羽田地区総合学科高校(全)	＊羽田高校(全) ＊羽田工業高校(全)	2002年度 《つばさ総合高校》 として開校予定
	①大田地区 　単位制工業高校(全・定)	羽田高校(定) 羽田工業高校(定) 鮫洲工業高校(定) 港工業高校(全) 港工業高校(定)	2004年度
	②大森地区単位制高校(全)	＊大森東高校(全) 南高校(全)	2005年度
	②港地区 　チャレンジスクール(定)	＊城南高校(全) 日比谷高校(定) 三田高校(定) 芝商業高校(定) 青山高校(定) 第一商業高校(定)	2005年度
2学区	①世田谷地区単位制高校(全)	＊千歳高校(全) 明正高校(全)	2003年度
	①世田谷地区 　チャレンジスクール(定)	明正高校(定) 代々木高校(三部) 代々木高校(定) ＊烏山工業高校(全)	2001年度 《世田谷泉高校》 として開校
	②新宿地区単位制高校 　〈進学を重視する型〉(全)	＊新宿高校(全)	2003年度
	②世田谷地区工業高校(全・定)	小石川工業高校(全) 小石川工業高校(定) ＊世田谷工業高校(全) ＊世田谷工業高校(定)	2006年度
	②世田谷地区 　総合学科高校(全)	玉川高校(全) ＊砧工業高校(全)	2008年度
	②中等教育学校 　〈中高一貫6年制〉(全)	＊都立大附属高校(全)〈定時制廃止〉	2006年度
3学区	①杉並地区総合学科高校(全)	永福高校(全) ＊桜水商業高校(全)	2004年度
	②練馬地区単位制高校(全)	＊大泉北高校(全) 大泉学園高校(全)	2005年度
		＊城北高校(全)	

学区	地区・校種	対象校	年度・備考
4学区	①北地区 　　チャレンジスクール(定)	＊城北高校(定) 北園高校(定) 赤羽商業高校(定) 池袋商業高校(定)	2000年度 《桐ヶ丘高校》 　として開校
	①豊島地区商業高校(全)	池袋商業高校(全) ＊牛込商業高校(全)〈定時制廃止〉	2004年度
	②板橋地区単位制高校(全・定)	＊北野高校(全) ＊北野高校(定) 志村高校(全)	2007年度
5学区	①台東地区単位制高校(全)	＊忍岡高校(全) 上野忍岡高校(全)〈定時制廃止〉	2006年度
6学区	①墨田地区単位制高校 　〈進学を重視する型〉(全)	＊墨田川高校(全) 墨田川高校堤校舎(全)	2000年度開校 《墨田川高校》
	①江東地区工業高校(全)	化学工業高校(全) ＊江東工業高校(全)	2001年度 《科学技術高校》 　として開校
	①江東地区 　　チャレンジスクール(定)	深川高校(定) 東高校(定) 深川商業高校(定) [＊化学工業高校跡地]	2004年度
	②葛飾地区総合学科高校(全)	水元高校(全) ＊本所工業高校(全)	2007年度
	②墨田工業高校(全・定)	＊墨田工業高校(全) ＊墨田工業高校(定) 墨田工業高校月島分校(定)	2001年度
7学区	②八王子地区単位制高校(全)	＊館高校(全) 八王子高陵高校(全)	2005年度
8学区	①	多摩高校奥多摩分校(定) 〈2000年度廃校〉	
	②武蔵村山地区 　　単位制高校(全)	砂川高校(全) ＊武蔵村山東高校(全)	2004年度
	②青梅地区 　　総合学科高校(全・定)	青梅東高校(全) ＊農林高校(全) ＊農林高校(定)	2006年度
	②体育・福祉高校(全)	＊秋川高校(全)〈全寮制〉	2006年度
	②多摩地区単位制高校 　(昼間定時制・通信制)	昭和高校(定) 北多摩高校(定)〈定・商業科廃止〉 ＊砂川高校	2005年度
9学区	②東久留米地区 　　総合学科高(全・定)	＊久留米高校(全) ＊久留米高校(定) 清瀬東高校(全)	2007年度
	②国分寺地区単位制高校 　〈進学を重視する型〉(全)	＊国分寺高校(全)	2002年度
10学区	②稲城地区総合学科高校(全)	南野高校(全) ＊稲城高校(全)	2005年度

教育は
未来への投資です。
都立高校「統廃合・改編」の
実施計画の凍結と、
都立高校改革推進計画の
丁寧な都民参画による
抜本的見直しを、
再度、強く求めます。

東京都教育委員会の「第二次実施計画」策定強行にあたっての声明

　本日、東京都教育委員会は学校関係者をはじめ多くの都民の声に真摯に耳をかたむけることなく、子どもたちにゆきとどいた教育を実現するという教育行政の本来の役割からも逸脱して、都立高校の大幅な統廃合・改編計画である「都立高校改革推進計画」の「第二次実施計画」を、行政計画として策定しました。

　97年9月に策定された「第一次実施計画」と併せると、現在208校ある全日制高校を44校、104校ある定時制を31校を廃校にし、その代わりに総合学科・単位制・チャレンジスクール（昼間定時制）など「新しいタイプの高校」を全日制23校、定時制5校、昼間定時制5校（チャレンジスクール4校を含む）新設するものです。その結果、都立高校の約4分の1が「統廃合・改編」の対象になり、全日制高校が21校、定時制高校が21校削減されることになります。

　6月29日に「第二次実施計画（案）」が発表された以降、該当校や地域、PTAなどの強い要請で説明会が行われました。その場で、都教育庁の改革推進担当者は「新しいタイプの高校は中学生の潜在的ニーズ」と述べ、該当校は「総合的判断」で選んだ、「見解の相違」と繰り返すばかりで、出席者に対して納得のゆく説明がなされておりません。

　「都立高校改革推進計画」において、直接影響をうける小学生や中学生の保護者をはじめとした関係者に対して積極的に説明を行っているという話も聞いておりません。「母校が無くなる」当事者である高校生への質問や疑問、意見に直接答えることは拒否しています。

　9月27日の都議会文教委員会の審議においても各会派から異論や批判があいつぎました。同じ日、東京都公立高等学校PTA連合会が「決定を延期する要望書」を提出しました。また、「第二次実施計画（案）」発表後、短期間にもかかわらず、東久留米市議会・多摩市議会・国分寺市議会・小金井市議会・北区議会・昭島市議会において、「抜本的に見直すこと」「学校関係者となどと十分慎重に協議・検討するよう強く要望する」「一方的な廃校は認めるわけにはいかない」などの意見書が採択されました。97年の「第一次実施計画」以降、市区議会から17の意見書が東京都知事・東京都教育委員会教育委員長などに提出されています。

　東京都教育委員会の「都立高校改革推進計画」のスタートラインには、40人（定時制30人）学級を前提に「都立高校過剰時代がやってくる！」（『都立高校白書』）との認識があります。しかし、今春の高校入試においても全

日制高校を希望しながら、定員不足のため進学できなかった都内公立中学校卒業生が約2,500名おりました。中央教育審議会が高校への希望者全入を視野に入れはじめた今、都の教育行政の責任として先ず行うべきことは、都立高校の「統廃合・改編」ではなく中学生の高校進学の希望を実現することではないでしょうか。また、都立高校の大規模な「統廃合・改編」の強行は、欧米諸国並みの20人台学級とはいわないまでも、国政レベルで現実的に検討され始めた30人学級の実現を東京都において阻むものになると危惧されます。

ハンディを背負った生徒をはじめ多様な生徒が学び舎を求めて集い、教育とは何かを真正面から受け止めた実践が行われている多くの定時制高校が廃校の対象とされていることも看過できません。

東京都教育委員会及び教育庁は「都民の声を都政に生かす」「開かれた都政」を標榜する行政の一翼を担っているはずです。だからこそ、都立高校改革推進担当者は「都民のニーズ」と繰り返しているのです。しかし、重要な地位にある担当者が、私たちの要請の席上、「都民の声を都政に生かす」と記した『都民の声白書』は「まだ読んでいない」と述べ、理由付けに再三使われている『都立高校に関する都民意識調査』(調査票回収数：1755票) 概要版の冒頭部分に調査対象から「高校生を除く」と記されているのにもかかわらず、「高校生は含まれるのか」との質問に応答できませんでした。本当に、都民のニーズにもとづいて行政を進めているのでしょうか。疑問です。

教育に必要なことは「ゆとり」です。教育は「未来への投資」です。いま、子どもたちに必要なことは、都立高校つぶしではなく、30人学級・20人学級の早期実現などの教育諸条件の改善と教育内容の充実ではないでしょうか。東京都教育委員会の大規模な都立高校「削減・改編」計画は、深刻さをます教育問題をどう解決していくかという視点がないばかりでなく、多くの子どもたちから高校進学の機会を奪い、競争をさらに激化させることにつながることは明白です。

都立高校のいまを考える全都連絡会（略称：「守る会」「考える会」全都連絡会）は、教育の視点ではなく、財政効率優先の視点から計画された都立高校の統廃合・改編問題を契機に各地域などで結成された「守る会」「考える会」などの関係者が、40万筆を越える署名（97年以降）や、議会への請願・陳情などの取り組みの積み重ねの過程で、教育委員会・教育庁の上意下達の教育行政は許せないと、運動を交流し、全都的規模の取り組みを行うために結成しました。

「第一次計画」の大田地区単位制工業高校はいまだ開設予定地が決まっていません。99年度就学計画では統廃合を強行する一方で2学級の増学級をしました。計画のもととなる教育人口推計も予想より減少幅が少なくなっています。都教育庁は定時制生徒の有職者数は8％といいますが、その根拠すら示せません。92・93年の都議会文教委員会や教育委員会で述べていた「定時制の通学時間は30分」といっていたことさえ反古にし始めています。すでに、「都立高校改革推進計画」は綻びが出てきています。

また、教育庁が鳴り物入りで導入した"コ

ース制高校"や"3年で卒業可能な定時制高校"が、なんらの総括なしに廃校対象校に含まれていることは、都の教育行政の朝令暮改さを示していると指摘せざるを得ません。

私たちは、「改革の具体的実施に当たっては、さまざまな形を工夫して、保護者、学校関係者、地域の意見などを幅広く聞く機会を持ち、関係者の理解のもとに施策を展開するよう」求めた「都立高校長期構想懇談会の答申にあたって」の「座長談話」や区市議会意見書を尊重し、拙速に強行することを取りやめ、「第一次実施計画」「第二次実施計画」を凍結し、「改革推進計画」の丁寧な都民参画による抜本的見直しを強く求めます。

1999年10月14日
都立高校のいまを考える全都連絡会

全都連絡会・東京都教育庁要請記録

【事前に提出した質問項目】

1. 基本計画検討委員会の中間まとめ説明会の状況について
   ①各説明会場で出された主な意見・質問と、都教委担当者の具体的な応答内容
   ②各説明会場における配付資料一覧
   ③各会場別説明会実施についての告知方法と範囲、並びに通知文章
2. 基本計画検討委員会報告書はすでに決定したのか、及び審議内容・議事録
3. 繰り返しいわれている「都民のニーズ」の根拠について
4. 25人・30人・35人学級(全日制)についてのシミュレーション
   〈学校数・学級数・教職員定数の「自然減」を除いた実負担額〉
5. 都の就学計画はなぜ達成されないのか
   ①その理由
   ②毎年数ポイント低いことについて、都教委として行政責任をどう感じているのか
   ③就学計画が達成されないままで、統廃合が先行していることについて
6. 跡地利用計画について
   ①跡地利用計画検討委員会の委員氏名と所属
   ②跡地利用検討委員会の議事録
   ③跡地利用計画の明示
7. 「新しいタイプの高校」について、各校ご

との予算措置を明確に提示を
8. 2001年度実施予定といわれる「意識調査」の、目的・実施方法・対象者・実施スケジュール・内容・質問事項
9. 2002年度策定予定の「第三次実施計画」の実施スケジュール（対象校含む）
10. 夜間定時制高校の統廃合に関連して、東京弁護士会の勧告を行政当局としてどう受け止めているのか

【吉田都立高校改革推進
担当課長からの回答】

質問項目ということで10点ほどいただいておりますので、回答をさせていただきたいと思います。

まず1番でございますけれども、「基本計画検討委員会の中間まとめ説明会の状況について」でございます。

新しい学校の基本計画につきましては、基本計画検討委員会を設置して現在検討を進めておるところでございます。検討の中間的な段階におきまして、中間のまとめというものを、第二次実施計画では新たにまとめまして、統廃合の関係者の方など含めまして説明の機会を設けたところでございます。そして、幅広いご意見、ご質問等を伺ったところでございます。

具体的な応答内容とございますけれども、例えばということで説明会におけます具体的な質問や意見の内容について申し上げますと、総合学科でございますとか単位制高校、あるいは中等教育学校といった学校制度とはどんなものですかというような一般的なご質問、

それから、新しい学校の教育理念あるいは育てたい学校像というものについてのご質問・ご意見。あるいは教育課程についての具体的な教科・科目等についての質問・ご意見ということで、いろいろ会場によって種種の意見があったわけでございます。

説明会での配付資料でございますけれども、説明会自身は中間のまとめについてご説明ということで、配付資料は中間のまとめでございます。ただし会場によりましては参加者の方々が、先ほど申し上げましたように、総合学科というのは一体なんだということで、参加者の理解を助けるという観点から、既存のパンフレットを配ったような場合もございますし、あるいは、新しい学科の、総合学科あたりの特徴をまとめたような資料を、これは担当の説明官によっては参考として配布したような場合もございます。いずれにいたしましても、参考資料を配付した場合、あるいは配布しない場合、いろいろございましたが、説明の中身はこれで、説明する場所によって変えたということではございませんので、同じ中身で説明をいたしております。

各説明会の開催についての周知でございますけれども、周知する範囲についてはPTA、同窓会、あるいは後援会等が考えられますが、具体的には該当校の校長の判断にゆだねてございます。各説明会の開催の通知につきましては当該学校の校長名でお出しをいたしておるわけでございます。なお、個々の説明会の日時、開催場所等については、東京都のホームページでも掲載をいたしてございます。

2番目の「基本計画検討委員会報告書は既に決定したのか」という問でございますが、第二次実施計画で計画化されました新しい学校

については、教育課程の編制、教育内容、教育方法、施設・設備等の専門的事項を検討するために、平成11年の12月に、教育庁関係者、都立高校関係者、公立中学校関係者等で構成いたします基本計画検討委員会を設置したところでございます。基本計画検討委員会は新しい学校ごとに16の委員会が設置されておりまして、現在、報告書のまとめに向けまして、検討、あるいは内部的な調整を進めておるところでございます。

3番目でございますが、「説明会などで行政側が繰り返し使用されるフレーズ『都民のニーズ』の根拠について」伺いたい、というものでございます。

都立高校改革推進計画の策定にあたりましては、平成7年12月に、都民に都立高校のありのままの理解していただくために『都立高校白書』というものを刊行いたしまして、都民の方に読んでいただくよう努めたわけでございます。また、平成8年1月には、学校関係者の他に一般の都民の代表の方も委員に加えまして都立高校長期構想懇談会を設置いたしまして、都立高校の長期的な展望にたった構想を検討し、発表したわけでございます。そのあいだ、平成8年の2月には都立高校に関します「都民意識調査」を実施いたしまして、広く都民を対象として、都立高校に関する印象や役割、都立高校への期待などについて意識調査を実施したところであります。このような過程のなかで都立高校の改革に、都民のニーズというものを反映させるように努めてきたところでございます。

説明会等で使用している都民のニーズというような言葉について、いろいろ説明者によりましていろんな意味で使用しておる場合があるわけでございますけれど、こういったこれまでの高校改革推進計画をつくるうえでの手順、手続きというものを踏まえておる場合もございますし、あるいは、公立中学生の進学希望調査といったものを毎年やっておりますので、そういったような結果がございますとか、あるいは、特定の意味で使用してない場合もあったりするかもしれません。その中身はケースバイケースであろうかと思います。

4番目でございますが、「25名、30名、35人学級についてのシミュレーション」でございますが、本件については直接的には高等学校教育課（注：学務部）が係りでございますが、メモをいただいてきております。

30人学級及び35人学級の実施に必要な経費等につきましては、学年進行方式によりまして、長期教育人口統計等に基づいた試算をしたという、過去に例がございます。資料については議会に提出してございますので、議会事務局で閲覧ができるかと思いますのでそちらにお問い合わせをいただければと思います。

5番目でございますが、「都の就学計画は何故達成されないのか」ということでございますが、本件につきましても担当課が高等学校教育課でございますが、メモを読み上げさせていただきたいと思います。

平成12年度の計画進学率は、都立高校と私立高校の適切な役割分担のもと、96％と設定をしております。この計画を確実に履行するため、都教育委員会、私立高校ともに努力をしておるわけでございますけれども、都立高校全体では受け入れ計画数を上回る水準を達成する一方で、私立高校全体では受け入れ計画が達成できない状況にございまして、公私立全体であわせてみますと計画進学率を下回

る水準、92％程度ということになっております。私立高校の受け入れの計画につきましては、毎年度、公私連絡協議会で十分に協議をいたしまして合意を得ております。計画を確実に履行するために、東京都私立中学高等学校協会内部に対策委員会を設けるなど、私立高校の方にもいろいろお願いをしております。私立高校の計画達成に向けましては公私連絡協議会においても対策を講じてきておりまして、都立高校合格者発表後、進路未決定の進学希望者の情報を追加募集の参考のため私立中高協会に提供しております。私立高校の追加募集の状況について都教育委員会では区市町村教育委員会を通じて各中学校に伝えるなどの工夫もいたしております。計画と実績について、公私連絡協議会において、さらに協議を深め就学計画の達成に努めて行くこととしております。

このように都立高校全体では就学計画を上回る水準を達成しておりまして、今後とも生徒数の長期的な減少傾向が続いていく状況のなかで、都立高校が就学計画を引き続き達成していくためには、規模と配置の適正化をはかっていく必要があると考えております。

次の6番目でございますが、「跡地利用計画について」でございます。本件については契約管財課（注：総務部）が所課でございますが、メモを読み上げさせていただきたいと思います。

教育庁における学校用地等将来の基本のあり方を総合的見地から検討するため、教育庁内に教育庁学校用地等利用検討委員会を設置しております。委員長は同和教育担当参事、副委員長は契約管財課長をあてております。その他、委員は各部の関係課長等で構成をいたしております。なお、議事録については作成をいたしておりません。

都立高校の適正配置計画による学校の跡地につきましては、まず教育財産として有効活用ができるかどうかということを検討いたしまして、当面教育財産としての活用が認められない土地については都有財産を管理しております財務局に引き継ぐことになっております。財務局に引き継がれましたあとについては、全都的な観点から、都として有効活用ができるのかどうかということを検討するということになっております。

現在の第一次実施計画あるいは二次計画の該当校の跡地の利用計画については、検討を進めておりますもの、あるいは、これから検討するものがあるという状況にあります。

7番目でございます「『新しいタイプの都立高校』について」各学校ごとの予算措置を明示して欲しいというご質問でございます。すでに開校済みの新しいタイプの学校については毎年度つくる『学校要覧』にすべて記載をいたしているところであります。また、施設・設備費につきましては、来年度以降開校するものでございますけれども、基本計画を検討中であるもの、それから施設の設計を行っている段階のもの、あるいは建設工事を行っているもの、個々でありますけれども、そのうち設計とか、あるいは建設工事に関する予算で既に契約が成立したものについては契約管財課の方で資料の閲覧ができるということをやっております。なお、教育庁主要予算の事業については東京都のホームページでも公開をいたしておりますのであわせてご覧をいただければというふうに思っております。

8番目でございますが「2001年度実施予定の

意識調査について」。第二次実施計画において平成13年度に教育世論調査、都立高校に対する都民意識調査というものを実施する予定にしております。その中身については現在検討中、主としてこれから検討するわけでございますが、都立高校の改革を推進するに当たっての都立高校のあり方や改善すべき点等について、意識調査をするということでございまして、詳細については今後検討していくという予定にしております。

9番目でございますが「2002年度に実施予定の『第三次実施計画』の実施スケジュールは」とございますが、都立高校改革推進計画におきましては、平成15年から18年度を計画期間といたします第三次実施計画を平成14年度に策定する予定というように記載をされております。第三次実施計画の策定の具体的なスケジュール、あるいは対象予定校等についてはまだ決定していないわけでありますけれども、今後、14年度の策定に向けて検討をしていくという予定でございます。

10番目にございます「夜間定時制高校統廃合に関連して、東京弁護士会の勧告を行政当局としてどのように受け止めているのか」という項目でございます。

勧告は定時制教育の改善・充実施策の全体を見ず、適正配置・適正規模により将来の入学希望者の通学区域が長くなるということのみを取り上げて、その学習権が侵害されると一方的に主張したものであって受け入れることはできない。東京都教育委員会は都立高校改革推進計画に基づき、今後とも定時制教育の一層の改善・充実に努めていく。なお、この勧告は、東京弁護士会のいわゆる内規に基づいて出された要望であって回答を要請したものではない。東京都としても回答することは考えていない。

大変早口で恐縮でございますが、いただいた質問に対する回答は以上でございます。

「都立高校改革推進計画」
関連の
市区議会
意見書・要望書

2001年7月現在

[北区議会]
都立高校の統廃合・再編計画に関する要望書

　東京都教育庁は、本年7月、大規模な都立高校の統廃合・再編計画を打ち出した。そして、近く開かれる教育委員会において、同計画等を柱とした「都立高校改革推進計画」を策定するとされている。この計画では、全日制高校17校と定時制高校15校が統廃合・再編の対象となっており、北区においては、城北高校全日制・定時制、池袋商業高校全日制・定時制、赤羽商業高校定時制が対象となっている。

　このような重大な問題を当該学校関係者等との十分な話し合いを経ることなく、性急に決定することは、拙速の感を免れず、今後に問題を残すと言わざるを得ない。

　よって、本区議会は、東京都並びに東京都教育委員会に対して、都立高校の改革を進めるにあたっては、当該学校関係者、地域住民と十分協議し、その意向が反映されるよう求めるものである。

東京都知事・東京都教育委員会委員長宛
　　平成9年9月9日　北区議会議長名

[板橋区議会]
都立北園高校定時制に関する意見書

　東京都教育庁は、本年7月、大規模な都立高校の統廃合・再編計画を打ち出し、9月11日の東京都教育委員会においては、同計画等を柱とした「都立高校改革推進計画」を決定した。

　この計画では、今後3年間に全日制高校17校と定時制高校15校が統廃合・再編の対象となっており、板橋区においては北園高校定時制が廃止の対象となっている。

　北園高校定時制は交通の利便性も高く、現在132名の生徒が学んでおり、その廃止は、近隣の学区域の生徒たちの就学保障を損なうものである。

　さらに、廃止という重要な問題を、当該学校関係者等との十分な話し合いを経ることなく決定することは、拙速の感を逃れず、今後に問題を残すと言わざるを得ない。

　よって、板橋区議会は東京都並びに東京都教育委員会に対し、都立北園高校定時制の廃止については、当該学校関係者及び地域住民と十分協議し、慎重に対処するよう強く要請するものである。

　以上、地方自治法第99条第2項の規定により、意見書を提出する。

東京都知事宛
　　平成9年9月29日　板橋区議会議長名

[渋谷区議会]
都立代々木（三部制）高校の現地存続を求める意見書

　東京都は、9月に発表した「都立高校改革推進計画」の中で、都立代々木高校の移転統合計画を明らかにしました。

　しかし、代々木高校は、午前・午後・夜間の三部制高校として、不定時・交替制勤務に従事する勤労学生にとって、仕事と学業を両立させるうえで不可欠の教育機関となっています。さらに、都の計画では都立明正高校も統廃合の対象となっているため、この計画が実施されれば、渋谷区西部及び世田谷区東部に公立高校が1校も存在しなくなります。

　このことは、地域社会における教育サービスの低下をもたらし、将来に夢を持った多くの若者の「学習の場」を奪うことにつながりかねません。

　よって、渋谷区議会は、東京都が次の対策を講じることを強く求めるものであります。
1. 都立代々木高校の募集停止計画を見直すとともに、今後とも、渋谷区内の都立高校の統廃合計画には慎重を期すこと。
1. 地域住民の意向が十分に反映されるような教育条件改善を行い、定時制高校教育の一層の充実を図ること。

　以上、地方自治法第99条第2項の規定により意見書を提出します。

　　　東京都知事・東京都教育委員会宛
　　　　平成9年12月1日　渋谷区議会議長名

[杉並区議会]
杉並区内の都立高校の統廃合計画に関する意見書

　東京都教育委員会は、平成9年9月、大規模な都立高校の統廃合・再編計画を含む都立高校改革推進計画を策定した。

　この計画では、当面、全日制高校17校と定時制高校17校が統廃合・再編の対象となっており、杉並区においては、永福高校、桜水商業高校が統廃合の対象となっている。

　永福高校は、15万人の署名と地域住民の強い要望のもとに開校し、地域の普通科高校への進学希望に応えている。

　また、桜水商業高校は、57年の伝統と特色ある教育課程を有する区内唯一の商業高校である。両校の関係者は存続を求めている。

　杉並区議会は、東京都及び東京都教育委員会に対し、杉並区内の都立高校の統廃合については、地域住民、保護者及び学校関係者の声を十分に聞き拙速に行わないことを求めるものである。

　右、地方自治法第99条第2項の規定により意見書を提出する。

　　　東京都知事・東京都教育委員会委員長宛
　　　　平成10年6月12日　杉並区議会議長名

[国分寺市議会]
都立高校改革に関する意見書

　平成9年、東京都教育委員会によって「都立高校改革推進計画」が打ち出され、その中で

国分寺市に設置された唯一の都立国分寺高校を、進学重視型単位制高校へと移行することが提示された。

国分寺高校は地元小・中学校PTA連合会をはじめとする地域住民、そして市議会ともども、10年の歳月をかけての大きな誘致運動の中で設立されたという、歴史的経過を持つ都立高校である。

また、開設以来その校風は勉学のみならず、クラブや学校行事、生徒会活動などを勉学と両立させ「進学校といわれながらも、生き生きとした高校生活が送れる学校」と周辺地域から高い評価を得ている学校である。

確かに、現代社会は国際化、情報化、科学技術の進展、環境問題等、様々な面での変化が急速に進み、今回の高校改革もそれらの時代的背景に対応したものと考えられるが、しかし、既設高校に関しては「地域の学校」としての住民の想いや期待に強いものがあることはいうまでもない。

これは、都立高校長期構想懇談会の答申の中でも、改革推進にあたっては「保護者、都民の理解と協力」等が必要であると、指摘されていることからも明らかである。

よって、国分寺市議会は既設高校の制度改正にあたり、下記の点を要望する。

記

1. 既設高校の制度改革推進に関しては、学校に対するその地域の強い期待や想い、歴史的経過等があるので、地域関係者への理解と協力を求めること。
2. 都教育委員会においては、地元関係者の意向を汲み、都立高校の「進学重視型単位制高校」への移行について、話し合いを重ね、慎重に検討されるよう強く求める。

以上、地方自治法第99条第2項の規定により意見書を提出する。

平成10年6月22日　国分寺市議会

[中野区議会]
都立高校改革推進計画に関する意見書

東京都教育委員会は、昨年、都立の全日制高校と定時制高校を統廃合し、新たに「総合学科高校」、「単位制高校」、「チャレンジスクール」等に「発展的統廃合」するという「都立高校改革推進計画」発表しました。この計画によると中野区を含む第三学区においては、桜水商業高校と永福高校が統廃合の対象となっています。

これまで、東京都教育委員会は都立高校の長期計画策定にあたって、広く都民の理解を求め、個性化・特色化、統合を含む適正規模・適正配置、教育条件の整備・改善という3つの柱で進めるとしてきました。このような重要な計画を保護者や地域住民、学校関係者との十分な協議と理解がないまま、教育委員会で決定したことは、極めて大きな問題であると考えます。今後、中野区内の都立高校の統廃合を含めた大規模な計画も予想されます。

よって、貴職におかれましては、上記のことを十分考慮し、「都立高校改革推進計画」を実施する際には、保護者や地域住民、学校関係者との十分な協議をするとともに教育条件の整備・改善に取り組まれるよう、要望いたします。

以上、地方自治法第99条第2項の規定に基

づき、意見書を提出いたします。

東京都知事・東京都教育委員会委員長宛
平成10年7月3日　中野区議会議長名

[品川区議会]
品川区内の都立定時制高校の
存続に関する意見書

　東京都教育委員会は、平成9年9月「都立高校改革推進計画」を策定しました。この中には、小規模化が進んでいる都立定時制高校の今後のあり方を考え、統廃合を盛り込んだ、適正規模、適正配置計画も立てられています。
　現在品川区内には、小山台高等学校、大崎高等学校、八潮高等学校、鮫洲工業高等学校の定時制課程が、設置されています。
　定時制高校は、勤労青少年をはじめ、さまざまな生徒に対して就学機会を提供しています。こうした生徒達が4年間通い続けるためには、学校が勤務先や家庭に近いことが大きな条件であり、学校間の距離、交通状況などへの配慮は必要不可欠です。
　よって、品川区議会は、定時制教育の一層の充実を求めるとともに、今後、区内定時制高校の統合を検討する場合には、当該校の生徒・保護者・教職員・地域住民等の意見を十分に聞く機会をもち、拙速には決定しないよう強く要望いたします。
　右、地方自治法第99条第2項の規定に基づき、意見書を提出します。

東京都知事・東京都教育委員会委員長宛
平成10年7月9日　品川区議会議長名

[練馬区議会]
都立高校の統廃合に関する
意見書

　東京都教育委員会は、昨年9月、「総合学科高校」など特色ある学校づくりの推進、都立高校の規模と配置の適正化、開かれた学校づくりの推進、教育条件の整備等を基本的な方向として「都立高校改革推進計画」を策定した。この計画によれば、当面、全日制高校17校と定時制高校16校が統廃合・再編の対象となっており、練馬区を含む第3学区においては、永福高校、桜水商業高校が統廃合の対象となっている。
　永福高校、桜水商業高校には、練馬区からも多くの生徒が就学している現況にあり、また、今後、練馬区内の都立高校の統廃合を含めた大規模な計画化についても懸念されるところである。
　よって、本区議会は、貴職に対し、「都立高校改革推進計画」の実施にあたり、教育条件の整備・改善を進めるとともに、都立高校の統廃合については、保護者、地域住民及び学校関係者の声を十分に聞き、拙速に実施することのないよう強く求めるものである。
　右、地方自治法第99条第2項の規定に基づき意見書を提出する。

東京都知事・東京都教育委員会委員長宛
平成10年10月8日　練馬区議会議長名

[小金井市議会]
都立高校の充実を求める意見書

 昨年9月、東京都教育委員会は財政難、少子化を理由に、「都立全日制高校17校、定時制高校16校を統廃合し、新たに11校の総合学科高校、単位制高校、チャレンジスクールなどに改編する」との「都立高校改革推進計画」を発表し、都立国分寺高校を進学重視型単位制高校へと移行することを提示した。

 これまで東京都教育委員会は、都立高校の長期計画策定に当たっては、広く都民の理解のもとに、個性化・特色化、統合を含む適正規模・適正配置、教育条件の整備・改善という三つの柱で、進めると言明してきた。

 本市を含む第9学区にある都立高校の一つである国分寺高校は、地元、小・中学校PTA連合会を始めとする地域住民の人々が、10年の歳月を掛けた誘致運動の中で設立された経過を持つ学校である。同校は、クラブや学校行事、生徒会活動などを勉学と両立させ、「進学校と言われながらも、生き生きとした高校生活が送れる学校」と、周辺地域から高い評価を得ている。

 東京都の未来設計に向けて、高校問題の長期計画を考えるならば、すべての学びたい子どもたちが、生き生きとした高校生活を送れるような教育条件の整備・改善こそ急務であると考える。

 よって、小金井市議会は、以下の事項を要請する。

1　全都内の都立高校の統廃合を拙速に行わず、高校就学の機会を保障すること。また、都立国分寺高校の地域性のある高校としての特色を生かし、第9学区の子どもたちの高校就学の機会を今より狭めないこと。
2　都立高校の「長期計画」の実施に当たっては、事前に関係者、地域住民の意見を十分に聞いて、合意の上で進めること。
3　高校生が生き生きと自立した高校生活を送れるよう、都立高校の30人学級など教育条件の整備・改善を進めること。

 以上、地方自治法第99条第2項の規定により意見書を提出する。

東京都知事・東京都教育委員会委員長宛
平成10年12月23日　小金井市議会議長名

[北区議会]
「北地区チャレンジスクール」の開校延期並びに閉校に向かう都立城北高校に対する必要・適正な職員配置を求める意見書

 東京都は、平成9年9月に策定された「都立高校改革10ケ年計画」に基づき、城北高校(全日制・定時制)、北園高校定時制、池袋商業定時制、赤羽商業定時制の都立5校を統廃合し、現城北高校の校舎を活用して平成12年4月に「北地区チャレンジスクール」(単位制の定時制高校)の開校を予定している。城北高校ではこのための校舎等の改修工事を、平成11年度から行う予定となっている。

 しかし、このスケジュールでは、現在の城北高校の生徒が在学中に工事が進められ、12年度には複数校の生徒(午前と午後は城北高校生徒とチャレンジ校生徒、夜間は城北高校定時制生徒とチャレンジ校生徒)が、同じ校

舎で授業を受けることになり、昨今の高校生の現状を見ると、生徒間のトラブルが増えるのではないかと危惧されるところである。また、工事に関しては、夏休み期間中に行うなど一定の配慮がされるとのことではあるが、生徒は部活等で学校を利用しており、工事車の進入など決して安全な環境とは言えない。

他方、教員の配置については、11年度以降の新規募集停止に伴うクラス（生徒）の減少から事務的に定数を削減したとき、生徒が選択できる科目が縮小され、進路希望に即した授業を受けられない事態が危惧される。

よって、本区議会は東京都に対し、生徒が安心して授業を受けられるよう、「北地区チャレンジスクール」の開校及び開校に向けての校舎等の改修工事を最後の都立城北高校生徒が卒業する平成13年4月以降の延期を求めるとともに、同校生徒の学習権を保障するために適正な教員の配置を求めるものである。

右、地方自治法第99条第2項の規定に基づき、意見書を提出する。

　　　　　東京都知事・東京都教育委員会委員長宛
　　　　　平成11年3月24日　　北区議会議長名

[板橋区議会]
　　板橋区内の都立高校の
　　　統廃合に関する意見書

東京都教育委員会は、平成9年9月、都立の全日制高校と定時制高校を、新たに「総合学科高校」、「単位制高校」、「チャレンジスクール」等に統廃合するという「都立高校改革推進計画」を発表した。

この計画により、第4学区では19校中5校の統廃合がすすめられ、当区では、伝統のある北園高校の定時制が廃止の対象となっている。

いうまでもなく、都立高校は、さまざまな生徒に対して就学機会を提供しており、統廃合計画は、地域住民とりわけ中学生の高校進学に大きな影響を与えることになる。

これまで、東京都教育委員会は、都立高校の長期計画策定にあたっては、広く都民の理解を求めて進めていくとされてきたが、学校関係者及び多くの区民から、今後の計画も含め、区内の都立高校の存続を求める強い意見が出されている。

このような状況のもとで、貴職におかれては、学校関係者、地元住民の意見に配慮した計画の見直しを行うとともに、将来に夢をもった多くの若者の「学習の場」である区内の都立高校の統廃合について慎重に検討するよう強く要望するものである。

以上、地方自治法第99条第2項の規定に基づき、意見書を提出する。

　　　　　東京都知事・東京都教育委員会委員長宛
　　　　　平成11年6月30日　　板橋区議会議長名

[東久留米市議会]
　　久留米高校と清瀬東高校の
　　　統合に反対する意見書

久留米高校は、昭和40年に開校して以来、1万人以上の卒業生を世に送り出してきた。この間、全日制、定時制ともに常に地域とのつながりを大切にし、部活動、勉学、課外活動、行事と、あらゆる場面で地域の方々の理解と

応援を得て発展した。
　この「久留米高校」の名前が教育委員会の一方的な統廃合計画のもとに学校関係者、地元住民の理解が得られないまま消え行こうとしている。
　教育委員会は、平成19年に久留米高校と清瀬東高校を統合し、全く別の全・定併置の総合学科高等学校をつくろうとしている。生徒数が減少している今こそ求められていることは、高校を減らすことではなく、1クラスの人数を減らして行き届いた教育を地域とともに育てていくことと考える。
　以上の趣旨から下記の項目について、意見を申し述べる。
1. 中学生の高校就学の機会を保障するため、予定している久留米高校と清瀬東高校の統廃合を行わないこと。
1. 学校関係者、地元住民の意思を尊重し、既に出された統廃合計画を抜本的に見直すこと。
　以上、地方自治法第99条第2項の規定により意見書を提出する。

東京都知事・東京都教育委員会委員長宛
　平成11年9月20日　東久留米市議会議長名

[多摩市議会]
都立高校の統廃合に関する
意見書

　平成11年6月29日に発表された都立高校改革推進計画に基づく、統廃合計画の第二次実施計画では、多摩ニュータウンの都立高校を含む、全日制28校と定時制15校を対象に、12校の削減となっている。
　多摩市にある都立南野高校が、稲城市の稲城高校と統合し、稲城地区総合学科高校とするとなっている。
　統廃合計画は、中学生の高校進学に大きな影響を与える。
　多摩市議会は、東京都及び東京都教育委員会に対し、都立高校の統廃合については、学校関係者などと十分慎重に協議・検討するよう強く要望するものである。
　右、地方自治法第99条第2項の規定により意見書を提出する。

東京都知事・東京都教育委員会委員長宛
　平成11年9月21日　多摩市議会議長名

[国分寺市議会]
都立国分寺高等学校改編に関する
意見書

　平成9年、東京都教育委員会は「都立高校改革推進計画」に基づき、都立国分寺高校をこれまでの全日制課程を改編し、「全日制単位制高校」に移行することを提示してきた。
　この計画が打ち出されてから、生徒、保護者、教師、地域住民の間に反対運動が起こり、同年10月には学校長より導入の凍結が表明された。
　当市議会は「都立高校改革推進計画」が打ち出されて以来、強い関心を持って議論を重ねてきたが、平成10年6月22日、既設高校の制度改革推進に関しては、学校に対するその地域の強い期待や想い、歴史的経過があるため地域関係者への理解と協力を求めること。ま

た、都教育委員会においては地元関係者の意向を汲み、「単位制高校」への移行についての話し合いを重ね、慎重に検討されるよう求める意見書を提出してきている。

しかし、今秋、都教育委員会はこの意見書の趣旨を十分に反映しているとはいえず、平成14年を開校予定としている。現在、関係者においては生徒募集の方法や時期をめぐり、理解が十分に得られず、不安を残したままの状況にある。

よって、国分寺市議会は国分寺高校の改編にあたり、下記の点を要望する。

記

「単位制高校」移行に関わる、開校時期や募集の方法については、既定の計画を最優先するのではなく、地域関係者や保護者など、広く関係者との話し合いを重ね、慎重に進めることを強く求める。

以上、地方自治法第99条第2項の規定により意見書を提出する。

平成11年9月28日　国分寺市議会

[小金井市議会]

　　　東京都立国分寺高等学校
　　　　改編に関する意見書

東京都教育庁は、都立学校改革推進計画に基づき、現在第2次実施計画の策定の準備を進めているが、国分寺高等学校は、進学重視型単位制高校への改編をめぐって、過去3年間にわたり、多大な混乱の中にある。

よって、小金井市議会は、東京都に対し、都立高校の発展を願い、国分寺高等学校改編に際し、以下の項目の実現を求めるものである。

1　生徒募集に関しては、男女枠を撤廃せず、男女同数とすること。
2　全都募集を行うと、9学区の都立高校の中で生徒が受験できる学校が1つ減るため、学区制がある間は、9学区の地域枠を何らかの方法で優先すること。
3　平成15年度には3つのカリキュラムの対象となる生徒（①旧教育課程の学年制の生徒、②旧教育課程の単位制の生徒、③新教育課程の単位制生徒）が同時に存在することになる。教師、生徒に与える負担や、来年度以降受験する生徒への影響を考慮し、平成14年度開校を避けること。

以上、地方自治法第99条第2項の規定により意見書を提出する。

東京都知事・東京都教育委員会委員長宛
平成11年9月29日　小金井市議会議長名

[北区議会]

　　都立北野高校(全日制・定時制)・
　　　　　志村高校の
　　　統廃合に関する意見書

今年6月、東京都は都立高校再編の計画案をまとめた。この計画は、単位制や総合学科を導入した新タイプの高校の設置を目指した都立高校の再編であり、第四学区（文京区・豊島区・板橋区・北区）については、北野高校（全日制・定時制）と志村高校を統廃合して単位制高校を現北野高校の敷地に発足させるという内容である。しかも、この計画案は、今

秋にも正式決定されるという。

　本区内では既に、都立城北高校（全日制・定時制）・池袋商業高校定時制・赤羽商業高校定時制の統廃合・再編が進められ、今年から城北高校全日制の募集停止が行われた。

　このような状況は、多くの中学生の進路を狭くしており、都立高校の統廃合については、関係者からさまざまな意見が出されている。

　よって、本区議会は東京都並びに東京都教育委員会に対し、都立高校の統廃合を進めるにあたっては、拙速に決定することなく、関係者、地域の声を十分聞くよう求めるものである。

　右、地方自治法第99条第2項の規定に基づき、意見書を提出する。

　　　東京都知事・東京都教育委員会委員長宛
　　　　平成11年9月29日　北区議会議長名

[昭島市議会]
昭和高校定時制の
存続を求める意見書

　本年6月、東京都教育委員会は少子化による生徒数の減少を理由に、第二次適正化実施計画（案）を発表した。この中には、昭和高校定時制・北多摩高校定時制及び砂川高校全日制を廃止し、新たに砂川高校に昼間定時制単位制高校を設置する項目が含まれている。

　定時制高校は、勤労青年の学ぶ場として、また、全日制になじめなかった生徒や中途退学者の再学習の場として、多様な生徒に後期中等教育を保障する教育機関としての役割を担っている。こうした生徒たちが、定時制に4年間安心して通い続けるためには、学校への距離が近く、またゆとりのある教育環境こそが必要である。

　昭島市で唯一の定時制高校である昭和高校定時制では、今年度の1年生は定員いっぱいの90人でスタートしている。このように、入学を希望する生徒が多数存在する中での一方的な廃校は認めるわけにはいかない。昭和高校定時制の役割は、今後も決して小さくなるものではなく、新たにできる昼間定時制単位制高校で代替えできるものではない。

　よって、昭島市議会は、下記の事項について強く求める。

　　　　　　　　記
1　昭和高校定時制の廃校を行わないこと。
2　学校関係者や地元住民の意見を聞く機会を十分持ち、その意思を尊重して、既に出された統廃合計画（案）を抜本的に見直すこと。

　以上、地方自治法第99条第2項の規定により、意見書を提出する。

　　　東京都知事・東京都教育委員会委員長宛
　　　　平成11年10月4日　昭島市議会

[新宿区議会]
都立小石川工業高校の
存続を求める要望書

　東京都教育委員会は、10月14日に都立小石川工業高校と都立世田谷工業高校を統廃合して、世田谷工業高校の地に新しい工業高校をつくり、両校を廃校とする「都立高校改革推進計画」を発表しました。

同校は80年の歴史があり、全日制・定時制合わせて1万数千人の卒業生が社会人として活躍し、社会的に高い評価を得ている伝統校です。また、全日制に5学科（機械・電気・電子・建築・建設）と定時制に3学科（機械・電気・建築）の基幹学科が設置されている全定併置の工業高校です。

同校の所在地は、新宿区富久町という交通至便の地に位置し、地元新宿を始め都内北部・東部（板橋・北・江戸川・足立・江東・練馬区等）が主な通学区域であり、特に建築科・建設科は設置校も少なく、この地になければ社会的ニーズに応じられません。

この計画案が実施されると、全日制で従来の通学区域の80％が通学不可能となり、また、定時制では働きながら学ぶ点などから従来の通学区域の100％近い生徒が通えなくなります。

よって、新宿区議会は、東京都に対し、都立小石川工業高校を新宿区富久町の地に存続させること、並びに現行の小学科（全日制5科・定時制3科）の廃科は行わないことを強く要望するものです。

ここに新宿区議会としての要望書を提出します。

　　　東京都知事宛
　　　　平成11年10月28日　新宿区議会議長名

[八王子市議会]
　　　都立高校の
　　　統廃合に関する意見書

東京都教育委員会は、「都立高校改革推進計画」における「第二次実施計画」を発表し、7学区（八王子・日野・町田）では、舘高校と八王子高陵高校を廃止し、舘高校の敷地に「八王子地区単位制高校」を新設するとしている。

しかし、両校は、大半の生徒が地元八王子出身であり、その統廃合の与える影響はきわめて大きいものがある。東京全体が生徒減少期にあるといっても、八王子市においては、今後、年少人口は増加すると推計されている。

八王子市議会は、東京都及び東京都教育委員会に対し、都立高校の統廃合については、学校関係者などと十分慎重に協議・検討するよう強く要望するものである。

以上、地方自治法第99条第2項の規定により意見書を提出する。

　　　東京都知事・東京都教育委員会委員長宛
　　　　1999年12月14日　八王子市議会議長名

[板橋区議会]
　　　板橋区内の都立高校の
　　　統廃合に関する意見書

東京都教育委員会は、平成9年9月、都立の全日制高校と定時制高校を新たに「総合学科高校」「単位制高校」「チャレンジスクール」等に再編する「都立高校改革推進計画」を発表した。

現在、第4学区では、第一次統廃合計画に沿って5校の統廃合が進められており、当区では北園高校定時制が廃止され、さらに昨年6月に発表された第二次統廃合計画案では、北野高校と志村高校を統廃合し、全日制及び定時制

併置した単位制高校を単位制高校を発足させることとなっている。

いうまでもなく、都立高校は様々な生徒に対して就学機会を提供しており、統廃合計画は地域住民、とりわけ中学生の進学に大きな影響を与えるものである。

これまで東京都教育委員会は、都立高校の長期計画策定にあたり、広く都民の理解を求め進めるとしてきたが、これらの計画は、いずれも地元住民や区議会等の関係者に充分な説明が行われないまま進められ、多くの区民から不安の声があがっている。

よって、板橋区議会は、東京都に対し、板橋区内の都立高校について、学校関係者、地元住民等に対する充分な説明及び意見聴取を行うよう強く要望するものである。

以上、地方自治法第99条の規定により、意見書を提出する。

東京都知事・東京都教育委員会委員長宛
　　平成12年11月22日　板橋区議会議長名

[葛飾区議会]
　葛飾区内の都立高校改革推進
　第二次実施計画に関する意見書

東京都教育委員会は、平成9年9月、都立高校について、特色ある学校づくりの推進や規模と配置の適正化などを目指した「都立高校改革推進計画」を発表し、引き続き平成11年10月には、葛飾区内の水元高校と本所工業高校とを統合し、新たに総合学科高校の設置を含む「都立高校改革推進計画第二次実施計画」を策定した。

都立高校は、様々な環境にある生徒に対して就学の機会を提供しており、この計画には、学校関係者をはじめ、地域住民、とりわけ中学生やその親から多大な関心が寄せられている。

これまで東京都教育委員会は、葛飾区内の都立高校の改革推進計画について、説明会を数次にわたり開催しているが、関係者から不安の解消や理解を深めるために、十分な説明の場を設け、意見聴取を行ってほしいとの声が上がっている。

よって、本区議会は、東京都に対し、葛飾区内の都立高校の改革推進計画について、学校関係者をはじめ地元住民等に対する説明及び意見聴取をさらに行い、関係者の理解を深めた上で計画を進めるよう強く求めるものである。

右、地方自治法第99条の規定により、意見書を提出する。

東京都知事・東京都教育委員会宛
　　平成13年3月29日　葛飾区議会議長名

統廃合該当校の選定基準

＊若林都立高校改革推進担当部長　適正配置の基本的な考え方として、規模の確保を図るということと、教育条件の維持向上を図るということをベースにしながら、適正配置の対象校の選定の基準といたしましては、施設の老朽化など著しく改築改修を必要とする学校であること、校地面積が狭隘な学校であること、交通が不便な学校であること、四点目といたしまして、都市計画道路等が予定されており、計画が実施されると教育環境が大幅に制約される学校であること、五点目といたしまして、二次募集あるいは中途退学が多いなど改善の必要のより高い学校であること、その他特別な事情のある学校であるということなどを総合的に判断して決定しているものでございます。

（都議会文教委員会での答弁・2000年2月17日）

あとがき

　1997年7月15日、東京都教育庁は「都立高校改革推進計画・第一次実施計画」該当校（案）を公表した。この日は、私たちが「都立高校統廃合・改編問題」を全都的に取り組みはじめる契機となった日でもあった。「都立高校統廃合・改編問題」を保護者や地域住民が教職員と共に取り組む過程で、教職員のおかれている状況も理解しはじめ、「子どもを中心に据えた教育のあり方」を考える機会を得た。

　そんな中、都立国分寺高校を進学重視型単位制高校にするという「改編問題」を、卒業生や歴代PTA会長に知らせた教員が、1998年3月に戒告処分を受けた。私たちは国分寺高校教員処分問題を、「都立高校改革推進計画」を遅滞なく進行させるための教員への口封じと受け止めている。その後、東京都の人事委員会に処分取り消しの不服申し立てがされたが、十分な審理が行われないまま、処分妥当の裁決が出された。現在、不当処分取り消しを求めて、東京地方裁判所へ提訴中である。

　いま、『人間の壁』（石川達三著）を読み返している。戦後民主教育が後退した時期でもある1957年、佐賀県教職員組合による教職員定員削減反対＝教育条件の劣悪化を阻止しようとする取り組みと、それに伴う教員処分をテーマとした小説だ。石川氏は『朝日新聞』での連載を終えて「無能にも、教師たちを圧迫することによって教育問題を解決しようとしている」（59年4月14日）と書いた。描かれた時代や地域に違いはあっても、現在、東京都で進行している教育リストラ政策とオーバーラップする。

　「教育は未来への投資」といわれる。私たちは、子どもたちに最善の条件と環境を提供する義務がある。東京都は「豊かさ」を教育へ提供しているのだろうか。

　学校関係者の意志を無視し踏みにじる、東京都教育委員会、事務局である東京都教育庁の都立高校リストラを進める強引な手法に対して、保護者や地域住民は明確に「No!」の意志を表明し続けている。

生徒の通学地域がまったく異なる二つの高校を統廃合する一典型として、都立小石川工業高校の廃校問題がある。同校関係者は昨年度、地元2町会長も世話人として名を連ねて、都議会に請願を提出した。請願は保留にされたが、あきらめず、三度目の請願署名に取り組んでいる。
　該当校関係者はもとより、市民の発言・意思表示の機会が保障され、行政に説明責任があると考え、私たちはあきらめることなく運動を続けていく。
　東京都教育庁は、東京の全日制高校進学率が全国平均からみて低いことを認めている。また、国立教育政策研究所は、少人数の教育効果を立証する調査報告書を発表した。
　「理は私たちに有り」と信じて、私たちの取り組みが、子どもたちの教育条件や教育環境を改善するための一助となることを希望する。地域の動きなど、情報をお寄せいただきながらご意見・ご協力を賜れば幸いである。

　　2001年10月1日

　　　　　　　　　　　　　　　都立高校のいまを考える全都連絡会
　　　　　　　　　　　　　　　　　　　　代表　國松芳美

　　　　連絡先：〒181-0005　三鷹市中原2-20-13　國松芳美 気付
　　　　郵便振替口座：口座番号　00180-3-76185
　　　　　　　　　　口座名称　都立高校のいまを考える全都連絡会

都立高校のいまを考える全都連絡会／編集委員会

全都連絡会は1999年8月に発足。都立高校の統廃合問題を契機に各地域などでつくられた会の関係者（保護者、卒業生、教師、市民など）が、都立高校を守り、東京の高校教育を発展させる運動の推進と、そのための交流と情報交換を行うことを目的として結成。これまで4回の大きな集会（「都立高校の統廃合と高校教育を考える」）を主催してきた。

國松　芳美（東京都公立高等学校PTA連合会元副会長）
乾　　彰夫（東京都立大学）
城宝　　保（東京都立文京高校）
三浦久美子（東京都公立高等学校PTA連合会前副会長）

意義あり！
都立高校の統廃合
―私たちが望む高校改革

2001年10月27日　　第1刷発行©

編著・発行　都立高校のいまを考える全都連絡会編集委員会
発売元　　　株式会社　高文研
　　　　　　〒101-0064　東京都千代田区猿楽町2-1-8
　　　　　　☎ 03-3295-3415　振替口座　00160-6-18956

組版　パンオフィス
印刷・製本　平河工業社

ISBN-87498-268-9 C0037